本书由国家社会科学基金项目“‘两型’农业全要素生产率增长的时空演变及驱动机制研究”（项目批准号：14BTJ014）资助

“两型农业”全要素生产率增长研究

韩海彬 著

中国社会科学出版社

图书在版编目（CIP）数据

“两型农业”全要素生产率增长研究/韩海彬著.—北京：中国社会科学出版社，2020.8

ISBN 978-7-5203-6331-0

Ⅰ.①两… Ⅱ.①韩… Ⅲ.①农业生产—全要素生产率—研究—中国 Ⅳ.①F323.5

中国版本图书馆 CIP 数据核字(2020)第 065392 号

出 版 人 赵剑英
责任编辑 李庆红
责任校对 冯英爽
责任印制 王 超

出 版 中国社会科学出版社
社 址 北京鼓楼西大街甲 158 号
邮 编 100720
网 址 http://www.csspw.cn
发 行 部 010-84083685
门 市 部 010-84029450
经 销 新华书店及其他书店

印 刷 北京君升印刷有限公司
装 订 廊坊市广阳区广增装订厂
版 次 2020 年 8 月第 1 版
印 次 2020 年 8 月第 1 次印刷

开 本 710×1000 1/16
印 张 16.5
插 页 2
字 数 254 千字
定 价 88.00 元

前　言

党中央高度重视农业的生态化、绿色化和可持续发展，从国家战略的高度，提出了建设“美丽中国”和“美丽乡村”的重大战略任务；党的十七届三中全会提出的资源节约型、环境友好型农业生产体系（下文简称“两型农业”）发展思路和目标，对于破解农业增长与资源环境之间的矛盾具有划时代的积极意义。党的十九大报告明确指出，我国经济已由高速增长阶段转向高质量发展阶段，农业发展由追求发展速度转向追求发展质量，人民对农产品的需求由产品的丰富多样化逐渐转向对绿色健康农产品的迫切需求。因此，未来农业发展必须坚持质量第一、效率优先，以供给侧结构性改革为主线，提高农业全要素生产率。在资源环境约束趋紧，经济下行压力加大的背景下，着力解决突出的资源环境问题，加强农业面源污染防治，转变农业发展方式，提升农业全要素生产率，构建“两型农业”发展模式是破解中国农业发展面临多重困境的必然选择。

本书共由八章组成，其中，第一章为绪论，第二章至第七章是全书的重点，第八章为研究结论与对策建议。重点章节的主要内容和观点如下。

第二章为理论基础与分析框架。该章全面介绍了“两型农业”、技术效率、全要素生产率以及“两型农业”全要素生产率等基本概念，并进行了对比分析，为后续研究奠定了基础。在此基础上，梳理了支撑“两型农业”建设的生态文明理论、可持续发展理论、循环经济理论、低碳经济理论等理论基石，探讨了“两型农业”生产体系构建的农业经济学、发展经济学、资源经济学和环境经济学等经济学理论基础，并进一步综述了农业全要素生产率方法体系，最后详细阐述了本书的分析框架。

第三章为“两型农业”生产中资源与环境双重约束的定量评估。全面了解和掌握农业生产过程中的资源利用和环境污染情况是对“两型农业”全要素生产率进行研究的一个基本前提。本章首先对农业生产过程中的资源利用情况进行简单统计性描述。然后重点测度了农业生产过程中由于不合理的农药和化肥的使用、畜禽粪便排放、农田废弃物处置以及耕作措施等对环境产生的水体污染（即农业面源污染）和大气污染（即农业碳排放），并深入分析了农业面源污染和农业碳排放的时序特征和区域特征。在此基础上，分别对农业面源污染和农业碳排放的脱钩效应进行了探讨。这将为后续实证研究打下基础。本章的主要观点为：（1）中国农业面源污染排放总量整体呈现稳步上升态势，而中国农业面源污染排放强度则整体呈现下降态势；（2）中国农业面源污染排放总量在区域层面呈现“中高西低”的格局，而中国农业面源污染排放强度在区域层面则呈现“西高东低”的格局；（3）考察期内中国农业碳排放总量呈现波动上升态势，而中国农业碳排放强度则呈现稳定下降态势；（4）中国农业碳排放总量在区域层面呈现“中高东低”的格局，而中国农业碳排放强度在区域层面则呈现“西高东低”的格局。

第四章为“两型农业”全要素生产率评价。本书同时将农业面源污染和农业碳排放作为非期望产出指标纳入“两型农业”全要素生产率投入和产出指标体系。在此基础上，本章首先利用基于方向性距离函数的ML生产率指数对“两型农业”全要素生产率进行测度，并通过与传统的农业全要素生产率进行对比分析，探讨了农业环境因素对农业全要素生产率的影响。进一步，利用基于SBM距离函数的ML生产率指数对“两型农业”技术效率以及“两型农业”全要素生产率的总体特征、区域时空特征和省域时空特征进行了深入研究。本章的主要观点为：（1）不考虑环境约束时，可能会高估农业全要素生产率；（2）农业技术进步是推动农业全要素生产率增长的主要动力；（3）“两型农业”技术效率整体呈现波动下降趋势；（4）“两型农业”技术效率在空间分布上呈现四种状态；（5）整体来看，东中西部地区“两型农业”全要素生产率和“两型农业”技术进步呈现增长态势，而“两型农业”技术效率呈现恶化态势；（6）东中西部地区“两型农业”SBM_ ML 指数的动态变化特征明显；（7）省域“两型农业”全要素生产率具有四种增长模式。

第五章为考虑技术差距的“两型农业”技术效率及全要素生产率评价。由于中国东中西部地区之间的资源禀赋存在明显差异，因此位于不同地区的省份所处的生产前沿不同，所能达到的潜在最优生产技术也不可能相同。如果不考虑不同地区之间的技术差距，则最终的测度结果可能会出现偏误。鉴于此，本章充分考虑区域技术差距，基于 GSBM 模型和 MSBM 模型计算群组前沿和共同前沿下的中国各省份“两型农业”技术效率，在此基础上从管理和技术两个维度对中国各省份“两型农业”技术效率损失进行了深入分析。另外，本章利用 MML 生产率指数方法对中国各省份考虑技术差距的“两型农业”全要素生产率进行测度，并将其分解为技术效率变化指数、技术进步指数和技术缺口比率变化指数。进一步分别从全国视角、区域视角和省域视角对考虑技术差距的“两型农业”全要素生产率及其分解进行了深入探讨。本章的主要观点为：（1）东中西部地区具有显著的技术异质性；（2）对于全国范围来说，“两型农业”技术效率损失同时来源于管理无效率和技术差距无效率，但是技术差距无效率所占比例略高于管理无效率；（3）从区域层面来看，东部地区各省份代表了全国潜在最优生产技术，东部地区的“两型农业”技术无效率完全由管理无效率导致。而中西部地区的“两型农业”技术无效率则同时来源于管理无效率与技术差距无效率；（4）考虑技术差距的全国“两型农业”全要素生产率在“十一五”期间增长最快，而东中西部地区的“两型农业”全要素生产率在各时期的增长则发生分异。

第六章为“两型农业”全要素生产率增长的区域差异及收敛分析。鉴于 Dagum 基尼系数的优良特性，本章采用 Dagum 基尼系数方法对中国“两型农业”全要素生产率增长的总体差异、区域内差异、区域间差异以及“两型农业”全要素生产率增长的差异来源及其贡献率进行了测度。为进一步探究“两型农业”全要素生产率增长的区域差异随着时间推移的动态变化趋势，还对“两型农业”全要素生产率增长的 σ 收敛、绝对 β 收敛和条件 β 收敛进行了实证检验。本章的主要观点为：（1）考察期内中国“两型农业”全要素生产率总体基尼系数以及东中西部地区的区域内基尼系数均总体呈现波动上升态势；（2）东中西部地区“两型农业”全要素生产率的区域间基尼系数整体呈现波动上升态势；（3）中国“两型农业”全要素生产率的区域差异主要来源于区域间差异以及超变密度；（4）考察期内无论是全国范围还是东中西部地区的“两型农业”全要素生产率不存在 σ 收敛和绝对 β 收敛，却存在显著的条件 β 收敛。

第七章为“两型农业”全要素生产率增长的驱动机制分析。为探讨“两型农业”全要素生产率增长的驱动机制，本章通过动态面板回归模型和面板门槛模型对“两型农业”全要素生产率的驱动因素进行多维度的实证检验，以期发现影响“两型农业”全要素生产率增长的内在机理。本章的主要观点为：（1）“两型农业”全要素生产率增长具有较强的惯性，当期的增长情况依赖于前期的增长水平；（2）农业经济增长水平对“两型农业”全要素生产率增长具有显著的促进作用；（3）受灾率对“两型农业”全要素生产率增长具有显著的抑制作用；（4）种植业结构对“两型农业”全要素生产率具有一定的负向影响，但影响效应不显著；（5）城镇人口比重的增加，一方面，会扩大农产品需求，提升农产品价格，促进农民生产积极性，最终改善“两型农业”全要素生产率；另一方面，也会增加城市生活垃圾的排放，扩大生活垃圾向农村地区转移的风险，从而破坏农村地区生态环境，影响农业生产。另外，随着城镇化进程的推进，优质农村劳动力的转移也是阻碍“两型农业”全要素生产率提升不容忽视的因素。可见，这正反两种力量此消彼长，并综合作用于“两型农业”全要素生产率；（6）工业化水平对“两型农业”全要素生产率具有一定的负向影响，但影响效应不显著；（7）财政支农力度对“两型农业”全要素生产率增长具有显著的抑制作用，主要原因在于，长期以来我国财政支农效率低下，支出结构不合理。支农财政资金主要用于化肥、农药以及农业机械设备的购置和补贴，而忽视了从根本上制约“两型农业”全要素生产率提升的农业基础设施的建设和农业制度条件的完善；（8）农业信息化对“两型农业”全要素生产率增长的影响程度受到农村人力资本水平的制约，农村人力资本水平越高，农业信息化对“两型农业”全要素生产率增长的影响越大。

目 录

第一章　绪论

一　问题的提出

改革开放以来，中国粮食产量实现“十二连增”，并稳定在较高水平，已经彻底告别粮食短缺时代，但是农业高投入和高污染的生产特点以及粗放型的发展方式仍未发生根本性改变。近年来，中国农业生产成本连续增加并已经全面超越美国，2015 年中国的水稻、玉米和小麦三大主粮亩均总成本分别比美国高出 20.82%、56.05% 和 210.42%。[①] 然而，中国的人均耕地、水资源等农业资源禀赋却相对匮乏，而且农业机械化水平和劳动力素质等方面与西方发达国家相比也存在一定差距。因此，在资源约束趋紧的背景下，传统的过度依赖资源消耗的农业发展方式不可维系。另一个不容忽视的事实是中国农业的快速增长始终伴随着污染物的高排放。[②] 据报道，中国农药和化肥的使用量已居全球第一，农药使用比发达国家高出 15%，化肥使用比发达国家高出 20%。[③] 由于农业化学投入品的过量和不当使用，导致环境污染问题日益突出，2015 年中国工业源和农业源的化学需氧排放量分别为 293.5 万吨和 1068.6 万吨；工业源和农业源的氨氮排放

---

① 张云华：《农业“高成本”时代更需提升竞争力》，《财经界》2017 年第 6 期。

② 梁俊、龙少波：《农业绿色全要素生产率增长及其影响因素》，《华南农业大学学报》（社会科学版）2015 年第 3 期。

③ 参见中国网，http：//news. china. com/domestic/945/20141107/18939092. html。

量分别为21.7万吨和72.6万吨。[①] 可见，农业已经超过工业成为化学需氧量和氨氮的重要排放源。此外，中国作为一个发展中国家，始终将发展作为第一要务，国家“十三五”规划纲要提出，到2020年粮食产能要进一步巩固提升，农村居民人均收入要比2010年翻一番等发展目标。可见，中国农业在当前和未来一段时间都将面临节能减排和持续增长的多重压力。随着社会经济发展、资源开发和人口的增长，水土资源短缺、农药化肥超量使用、资源过度消耗、农业面源污染、气候变化等成为制约我国农业持续发展的瓶颈问题，如何在资源环境的硬约束下，保障农产品的有效供给和品质安全，提升我国农业的可持续发展的能力和水平，促进与推动现代农业发展和美丽中国、美丽乡村建设，是我国农业发展必须要面对的一个难题。

二　研究目标和意义

（一）研究目标

本书的总体目标是：在全面推进“美丽中国”和“美丽乡村”建设，切实落实乡村振兴战略，推进农业供给侧结构性改革，加快转变农业增长方式的背景下，以“两型农业”理论为指导，将资源和环境因素纳入农业全要素生产率评价体系，综合利用多种复合DEA模型对“两型农业”全要素生产率进行多维度评价，并对评价结果进行比较分析，进一步从静态和动态两个视角对考虑技术差距的“两型农业”全要素生产率进行综合评价，在此基础上测度和分解“两型农业”全要素生产率增长的区域差异，实证检验“两型农业”全要素生产率增长的收敛性特征，并通过动态面板回归模型和面板门槛模型对“两型农业”全要素生产率增长的驱动因素进行多维度实证分析，为提升“两型农业”全要素生产率水平，构建“两型农业”生产体系，解决农业增长、资源利用与环境保护之间的矛盾提供政策建议。

① 资料来源：《全国环境统计公报（2015年）》。

本书的总体目标可以细化为以下几个具体目标：

（1）从农业面源污染和农业碳排放两个层面全面考察农业环境污染，并对各省份的农业面源污染和农业碳排放进行科学测度。

（2）综合利用 DDF + ML 和 SBM + ML 等复合 DEA 模型对“两型农业”全要素生产率进行多维度评价。

（3）采用 GSBM 模型和 MSBM 模型对考虑技术差距的“两型农业”技术效率进行综合评价；采用 MML 生产率指数方法对考虑技术差距的“两型农业”全要素生产率进行综合评价。

（4）利用 Dagum 基尼系数对“两型农业”全要素生产率增长的区域差异进行测度和分解，并对“两型农业”全要素生产率进行 σ 收敛、绝对 β 收敛和条件 β 收敛检验。

（5）综合利用动态面板回归模型和面板门槛模型对“两型农业”全要素生产率的驱动因素进行多维度实证检验。

（二）研究的意义

第一，有利于促进“两型农业”全要素生产率增长。本书通过对农业环境污染的定量评估以及“两型农业”全要素生产率的精准测度，能够使政府有效把握各省份的环境污染程度以及农业增长模式，为各省份制定农业节能减排，促进农业转型的相关政策提供参考依据。通过识别“两型农业”全要素生产率的增长源泉，实证分析“两型农业”全要素生产率增长的影响因素，可探寻促进“两型农业”全要素生产率增长的有效途径；通过对“两型农业”全要素生产率增长的区域差异进行测度和分解，实证检验“两型农业”全要素生产率增长的收敛性特征，可全面掌握“两型农业”全要素生产率增长的动态变化特征，并识别出“两型农业”全要素生产率增长的差异来源，为政府实施缩小“两型农业”全要素生产率增长的区域差异，促进“两型农业”全要素生产率增长的相关措施提供依据。

第二，有利于制定差异化的农业绿色发展政策。现有文献在测度“两型农业”全要素生产率时，通常都在技术同质假设下，基于相同的基准技术集（生产前沿）评价全部决策单元。事实上，中国区域发展不均衡，不同地区之间的资源禀赋、气候条件、种植业结构和农业制度等方面均存在明显差异，因此不同地区具有显著的技术异质性。如果忽略不同地区生产技术的异质性，而将处于不同地区的省份置于相同的生产前沿下进行比较，可能会由于比较标准的缺失，扭曲“两型农业”全要素生产率的真实水平，最终误导政策建议。本书充分考虑技术异质性，分别对考虑技术差距的“两型农业”技术效率和“两型农业”全要素生产率进行综合评价，有效避免各地区在制定区域农业绿色发展政策时搞“一刀切”，有利于各地区结合本地特点，实施差异化的农业发展路径。

第三，有利于转变农业增长方式，促进农业可持续发展。改革开放40多年来，农业增长虽然取得了巨大成就，但从总体来看，我国农业还属于物质投入推动型的增长，即粗放型的增长。我国的人均耕地、水资源等农业资源禀赋相对匮乏，而且农业机械化水平和劳动力素质等方面与西方发达国家相比也存在一定差距。因此，在资源约束趋紧的背景下，传统的过度依赖资源消耗的农业增长方式不可维系。另外，我国农业的快速增长始终伴随着污染物的高排放。由于农业化学投入品的过量和不当使用，导致环境污染问题日益突出，目前农业源的化学需氧量和氨氮排放量已经全面超过工业成为化学需氧量和氨氮的重要排放源。因此，如何在环境约束下提升农业全要素生产率是实现农业绿色转型，构建“两型农业”生产体系的必然选择。本书在传统农业全要素生产率研究的基础上，引入环境因素，综合考察农业增长、资源节约和环境保护，对各地区转变农业增长方式，促进农业可持续发展具有重要的现实意义。

三　相关研究综述

（一）“两型农业”生产体系研究

“两型农业”生产体系由中国共产党第十七届三中全会首次明确提出。国外在“两型农业”方面的相关研究较少，但是在循环农业、生态农业、集约农业和精准农业等近似的“两型农业”形态方面的研究成果颇为丰富。例如，Ülo、Mikk 和 Külvik（1999）分析了生态农业和低强度传统农业对生物多样性、景观多样性和养分流等景观价值的可能影响，结果表明生态农业显著提高了生物和景观多样性，降低了养分流失和土壤侵蚀的风险。Rasul 和 Thapa（2003）根据环境可靠性、经济可行性和社会可接受性，对生态农业和传统农业系统进行了比较研究，研究结果表明生态农业和传统农业在作物多样化、土壤肥力管理、病虫害管理和农用化学品的使用等方面存在显著差异，生态农业相对传统农业而言更具可持续性，它可以成为传统农业系统的可行替代方案。Granlund 和 Rankinen 等（2015）认为目前迫切需要找到控制农业氮流失的方法，生态循环农业有可能减少农业土壤中的氮盈余和由于养分效率提高而导致的氮流失。Norton（2016）认为当前农业实践活动主要由"集约化"而非"可持续性"驱动，为改变这种现状，生态学家应该专注于农业的可持续性发展而非集约化生产，并从农业系统的自身性质、自然资源和生态过程的基本作用方面寻找证据，从而提供农业实践活动的可替代方案。Adrian、Norwood 和 Mask（2005）认为近年来人们越来越重视精准农业技术，然而很少有人关注农民采用这些技术的原因。虽然经济利益是生产者采用精准农业技术的主要原因，但农民对精准农业技术的态度和看法在采纳决策中同样发挥作用。Tamirat、Pedersen 和 Lind（2017）认为精确农业（Precision Agriculture，PA）是一种有前途的技术和管理理念，不仅为生产者和消费者提供多方面的利益，而且有利于保护环境。Evert 和 Gaitán－Cremaschi 等（2017）认为精准农业技术的应用有望提高盈利能力，对社会而言，精准农业有望提高可持续性，研究结果表明在马铃薯生产中，精准农业可导致农药使用量减少 23%，氮肥用量减少 15%；在橄榄生产中，钾肥的使用量减少了 31%，磷肥的使用量减少了 59%。Balafoutis 和 Beck（2017）的研究表明，使用高科技设备的精准农业实践能够通过现场特定应用减少农业投入，因为它更好地针对现场的空间和时间需求提供投入，这可以减少温室气体排放，另外精准农业还对农业生产力和经济产生积极影响。

国内关于"两型农业"方面的研究主要集中在以下几方面：

1. “两型农业”内涵的界定

陈文胜（2014）认为虽然当前大部分关于“两型农业”研究的立论基础均是循环经济理论、可持续发展理论和发展经济学理论等，但是学界对“两型农业”的概念和内涵的界定并未达成一致。周栋良（2011）认为“两型农业”应该涵盖农、林、牧、渔等诸多领域，反映的是“大农业”思想，其本质是要求转变农业发展方式。匡远配（2010）认为“两型农业”是“资源节约和环境友好”的现代发展理念在农业生产中的内在化过程，“两型农业”既要实现资源节约，即利用最少的生产要素投入获得最大的农业产出；又要实现环境友好，即农业生产过程不能以牺牲生态环境为代价，而要实现人与自然的协调发展。马德富和刘秀清（2010）则在阐述“两型社会”和“两型农业”之间关系的基础上，对“两型农业”的内涵做了界定，该文认为“两型农业”是以低农业污染排放，维持良好的农业生态环境为前提，实现农业资源利用效率最大化。余新华和乌东峰（2011）则认为“两型农业”具有“三高一低”的特性，即高品质、高环保、高附加值和低成本。吴昊（2016）认为“两型农业”的出发点是提高农业资源的利用效率和加强农业生态环境保护，落脚点则是加快农业发展方式转变。

2. “两型农业”评价指标体系的构建和评价

彭艺和翟欢欢（2010）构建了以生态农业、循环农业和可持续发展为目标层，以经济效益、社会效益、生态效益、减量化、再利用、再循环、生产可持续性、经济可持续性、社会可持续性和资源可持续性为准则层的“两型农业”综合评价指标体系，在此基础上综合利用熵值法和灰色关联法等方法对中国各省份的“两型农业”发展水平进行了综合评价。周栋良（2010）构建了以农业生产与农村经济发展、资源节约、资源循环利用以及环境与安全为准则层，以 25 个单项指标为指标层的“两型农业”综合评价指标体系，并进一步利用 AHP 法和加权函数法对湖南省的“两型农业”生产体系进行了实证评价。罗平（2011）在对都市农业和“两型社会”之间的关系进行分析的基础上，遵循评价指标体系设立的原则，构建了都市农业“两型化”

发展综合评价指标体系，并以武汉市为例，利用Delphi法和AHP法对都市农业“两型化”发展水平进行了综合评价。刘红峰和刘惠良（2014）构建了包含6个一级指标、14个二级指标、71个三级指标的“两型农业”科技创新评价指标体系，并采用层次分析法和灰色关联法对中国各省份的“两型农业”科技创新水平进行测度。潘丹和应瑞瑶（2013）则从效率角度出发，应用Malmquist - Luenberger生产率指数对中国各省份的“两型农业”发展水平进行了评价，并进一步对评价结果进行了空间计量分析。

3. “两型农业”发展模式和发展路径探讨

匡远配和曾锐（2009）以长株潭城市群为例，详细阐述了“两型农业”发展的障碍因素，在此基础上从推进农业污染综合治理，推广“两型农业”技术，培育新型农民，完善相关法律法规等方面提出了有针对性的对策建议。杨安娜（2009）则重点分析了财政金融政策在支持“两型农业”发展方面存在的问题，并从加大财政支农投入，优化财政支农结构，培育农村金融机构等方面提出了相应的解决办法。喻军（2011）认为农业保险是“两型农业”发展的内在要求，在我国农业保险的相关法律法规不健全的情况下，加强农业保险立法是“两型农业”发展的重要保障，应该设立农业保险主管部门，明确农业保险立法的性质和地位，为“两型农业”发展保驾护航。陈文胜（2014）从农业科技创新、农业信息化建设和农业制度创新等方面提出“两型农业”发展的有效路径。胡建（2012）以湖南省为例，利用博弈论分析方法深入探讨了“两型农业”发展模式，对不同类型的区域如何选择“两型农业”发展模式做了详细阐述，并在此基础上对“两型农业”运行机制优化措施进行了分析。刘智勇（2013）认为“两型农业”发展过程中存在环境污染、人才匮乏和政策制度滞后等问题，克服“两型农业”发展中的障碍，促进“两型农业”又好又快发展，应该主要从强化农业科技，加强农业人才队伍建设，推动农业发展方式转变，完善“两型农业”投入机制，构筑“两型农业”发展的动力机制等方面着手。陈文胜和邝奕轩（2016）以长株潭城市群为例，全面梳理了长株潭城市群在“两型农业”建设方面的经验，并深入分析了其成功经验对其他地区“两型农业”发展的重要启示。李德新（2017）认为“两型农业”发展需要处理好“两型农业”与“高效”农业的关系，“两型农业”与“传统”农业的关系以及“两型农业”与“现代”农业的关系。

（二）环境约束下农业全要素生产率评价

自从 Grilliches（1957）等学者将全要素生产率理论应用到农业领域以来，关于农业全要素生产率的相关研究逐渐增多，研究方法趋于多元化，研究内容更加广泛和深入。但是传统的农业全要素生产率的测度无法考虑环境污染问题，如果忽略环境要素的约束，测度结果将出现偏差。自从 Chung 等（1997）通过在方向性距离函数的基础上构造 Malmquist - Luenberger（ML）生产率指数，从而有效解决了传统的全要素生产率无法考虑环境污染问题之后，一些学者开始尝试将环境污染排放作为“非期望”产出纳入农业全要素生产率的评价模型，并对环境约束下全要素生产率展开研究。由于农业环境污染排放物测度的复杂性，导致环境约束下农业全要素生产率的相关研究起步较晚，比较有代表性的相关研究如下。

Hoang 和 Coelli（2011）利用物料平衡法测度了 1990—2003 年 30 个 OECD 成员国的农业环境全要素生产率，结果表明，考虑环境约束的农业全要素生产率、增长率要低于传统的农业全要素生产率增长率，而且投入组合的变动能够显著提高农业环境效率和农业环境全要素生产率。Falavigna 和 Manello（2013）等将 NHO_3 排放物作为非期望产出，并利用基于产出的方向性距离函数以及 Malmquist - Luenberger 生产率指数对意大利的 102 个省份的农业环境效率和农业环境全要素生产率进行测度，结果显示当考虑环境约束时不同区域的农业环境效率和农业环境全要素生产率均具有显著差异。Lina 和 Fei（2015）基于二氧化碳导向距离函数构造了 Malmquist 二氧化碳排放绩效指数，在此基础上，对 2003—2010 年中国 30 个省份农业部门的碳排放绩效进行了评价，结果表明考虑二氧化碳排放约束的农业全要素生产率年均增长率为 6%，累计增长率为 48.5%；农业技术效率年均变化率为 3.05%，累计变化率为 22.56%；农业技术进步年均变化率为4.14%，累计变化率为32.18%。Zhang 等（2017）以鄱阳湖生态经济区为例，利用全局非径向方向性距离函数模型，对农业主产区的碳排放效率进行研究，结果表明在碳排放约束下鄱阳湖生态经济区处于非效率状态，其碳排放效率平均值仅为0.279，意味着如果这些地区处于生产前沿时，尚有72.1%的改善空间。Cecchini 和 Venanzi（2018）将 CO_2 等标排放作为非期望产出，利用能够考虑非期望产出的非导向 SBM - DEA 模型对意大利翁布里亚地区的10个奶牛场的环境效率进行了评价，结果表明6个奶牛场为 SBM 有效，并处于生产前沿面上，另外4个奶牛场的环境效率在0.52到0.64之间波动。Xie 和 Zhang（2018）等利用全局 Malmquist - Luenberger 生产率指数对中国粮食主产区1993—2016年环境约束下耕地利用全要素生产率进行了测度，结果表明主要省份的耕地利用全要素生产率指数均大于1，从耕地利用全要素生产率分解来看，纯技术进步和规模技术变化是耕地利用全要素生产率增长的驱动力，而纯效率变化和规模效率变化则是耕地利用全要素生产率增长的瓶颈。

随着中国农业环境污染问题日益突出，国内越来越多的文献开始对环境约束下农业全要素生产率进行评价，表1.1汇总了一些典型相关文献。

表1.1　国内环境约束下农业全要素生产率评价典型文献汇总

文献	方法	时间序列	研究对象	非期望产出	传统农业全要素生产率年均增长率	环境约束下农业全要素生产率年均增长率
杨俊、陈怡（2011）	Malmquist - Luenberger 生产率指数	1999—2008年	中国30个省份	总氮、总磷和化学需氧量	3.1%	1.8%
李谷成、陈宁陆等（2011）	Malmquist - Luenberger 生产率指数	1978—2008年	中国28个省份	总氮、总磷和化学需氧量	—	0.44%

续表

文献	方法	时间序列	研究对象	非期望产出	传统农业全要素生产率年均增长率	环境约束下农业全要素生产率年均增长率
王奇、王会等(2012)	随机前沿生产函数	1992—2010年	中国30个省份	氮磷流失量	5.60%	5.61%
杨璐嘉(2013)	Malmquist-Luenberger生产率指数	2002—2011年	中国13个粮食主产区	农业碳排放	9.1%	5.1%
韩海彬、赵丽芬(2013)	Malmquist-Luenberger生产率指数	1993—2010年	中国29个省份	总氮和总磷	2.79%	1.89%
潘丹、应瑞瑶(2013)	Malmquist-Luenberger生产率指数	1998—2009年	中国30个省份	总氮和总磷和化学需氧量	5.1%	2.9%
陈婷婷(2015)	Malmquist-Luenberger生产率指数	2000—2013年	湖北省17个市	总氮和总磷	12.18%	9.02%
叶初升、惠利(2016)	Global-Malmquist-Luenberger生产率指数	1995—2013年	中国30个省份	总氮、总磷和化学需氧量	2.68%	1.29%
张可、丰景春(2016)	Malmquist-Luenberger生产率指数	1991—2011年	中国30个省份	总氮磷和化学需氧量	—	0.8%
刘德娟、周琼(2017)	Global-Malmquist-Luenberger生产率指数	1995—2014年	中国30个省份	农业碳排放	6.38%	5.11%

续表

文献	方法	时间序列	研究对象	非期望产出	传统农业全要素生产率年均增长率	环境约束下农业全要素生产率年均增长率
刘天宇、徐辉（2018）	Global - Malmquist - Luenberger 生产率指数	1997—2015 年	长江经济带 11 个省市	农业面源污染排放（总氮、总磷和化学需氧量）	0.71%	0.31%
葛鹏飞、王颂吉等（2018）	SBM - DDF 和 Luenberger 指数	2001—2015 年	中国 31 个省份	农业碳排放	—	1.56%
刘芳、雍会（2018）	SBM 方向距离函数模型和 GML 指数	2001—2015 年	丝绸之路经济带 18 个省份	农业碳排放	5.9%	3.3%

从表 1.1 的统计结果来看，国内关于环境约束下农业全要素生产率评价的相关文献主要使用 Malmquist - Luenberger 生产率指数或者 Global - Malmquist - Luenberger 生产率指数，个别文献使用随机前沿生产函数模型；从研究对象来看，绝大部分文献以中国各省份为研究对象，部分文献以特定区域为研究对象；从实证结果来看，绝大部分文献均得出了考虑环境约束时可能会造成农业效率损失，而不考虑环境约束时可能会高估农业全要素生产率的结论。

（三）农业全要素生产率影响因素分析

现有相关文献关于农业全要素生产率研究的另一个热点是分析农业全要素生产率的影响因素，探究哪些因素促进或阻碍了农业全要素生产率的增长。Lio 和 Liu（2008）考察了基础设施治理质量的差异是否能够解释农业生产率的跨国异质性。实证结果表明，在相同的农业投入数量以及相同的教育水平和气候条件下，基础设施治理更好的国家可以产生更多的农业产出。结构方程模型的实证结果也支持这样的假设，即更好的治理带来更高的农业生产率。Chen 和 Yu 等（2008）利用基于极大似然估计的随机效应模型，实证检验了中国农业全要素生产率增长的影响因素，结果表明中国农业技术进步的主要决定因素是农业减税以及在农业研发、农业基础设施建设以及农业机械化方面的公共投资；此外，政策改革、教育和减灾是提高农业效率的重要措施。Wang 和 Mcphail（2014）基于结构 VAR 模型，使用 1948—2011 年的美国实际汽油价格，农业全要素生产率以及实际农产品价格等年度数据，深入探讨了美国能源价格冲击对农业全要素生产率增长的影响，结果表明短期内能源价格冲击对农业全要素生产率增长有负面影响。Amarea 和 Jensen 等（2018）采用引入工具变量的固定效应模型，探讨了降水冲击对农业生产率的影响，结果表明降水冲击对农业生产率具有显著的负向影响，这可能是由于降水冲击加大了农作物生产风险而导致农作物产量下降。Key（2018）利用美国 1982—2012 年实施的五年一次的农业普查数据探讨了美国玉米种植带的农场规模和农业生产率之间的关系，研究结果表明，近几十年来，美国面积不足 100 英亩农场的全要素生产率低于大型农场，农业全要素生产率随着玉米种植带的农作物种植面积增加而增加。Sheng 和 Xu（2018）基于澳大利亚千年不遇的干旱事件探讨了气候变化对农业全要素生产率的影响，该文认为在传统的 OLS 回归中对干旱的不恰当测度可能会导致估计偏差，而合成控制法通过构建“反事实澳大利亚”可以有效解决该问题，基于合成控制法的实证结果表明与没有发生严重干旱的情况相比，千年干旱事件导致澳大利亚的农业全要素生产率平均降低了约 18%。Baldoni 和 Coderoni 等（2018）以意大利 2008—2013 年农场层面的数据为例，探讨了农业全要素生产率与环境绩效之间的关系，该文认为这种关系探讨具有重大的政治意义，因为如果两者之间存在负向关系，则意味着通过引进更好的技术，提高农业全要素生产率水平就可以改善农场的环境绩效，实证结果表明两者之间并非呈现单一关系。Yu 和 Chancellor（2018）研究了澳大利亚粮食产业中农场规模与全要素生产率之间的关系，结果表明农场规模与全要素生产率之间存在正相关关系，该结论有助于加强我们对农场规模不断变大的理解，同时这也是发达国家农业结构调整过程中广泛观察到的现象；结果还表明农场资本外包将有助于提升农场的全要素生产率水平，并有助于缓解中小型农场和大型农场之间全要素生产率之间的差距。

近几年，国内也有大量文献围绕农业全要素生产率的影响因素展开研究，并得出了有价值的结论。例如，时悦和赵铁丰（2009）在测度中国各省份农业全要素生产率的基础上，深入分析了农业全要素生产率的影响因素，结果表明财政支农力度和农产品出口促进了农业全要素生产率的提升，而城镇化水平则阻碍了农业全要素生产率的提升。王珏和宋文飞等（2010）利用空间计量模型探讨了中国各省份农业全要素生产率的影响因素，结果表明地理因素、工业化进程、科技水平和土地利用能力等因素显著促进了农业全要素生产率的增长，而自然环境和电力利用水平等因素对农业全要素生产率的影响不显著。石慧和吴方卫（2011）在对1985—2005年中国各省份农业全要素生产率进行测度的基础上，利用空间误差模型探讨了中国农业全要素生产率的影响因素，结果表明城镇化和工业化显著促进了农业全要素生产率的增长，而人力资本对农业全要素生产率的影响在不同的样本期表现则不同。金怀玉和菅利荣（2013）的研究结果表明，自然灾害对农业全要素生产率的影响非常严重，成灾面积每增加一标准单位，农业全要素生产率平均下降3.1%。赫国胜和张微微（2016）使用两阶段系统GMM方法实证检验了各因素对农业全要素生产率的影响，结果表明农业灌溉水平、农村金融发展水平、工业化程度以及对外开放程度等因素显著促进了农业全要素生产率的增长，而自然灾害水平以及农业要素投入水平则阻碍了农业全要素生产率的增长。何婷婷（2017）综合利用DEA－Malmquist指数法和随机前沿生产函数法测度了中国28个省份的农业全要素生产率，并对测度结果进行了比较分析，在此基础上实证检验了农业全要素生产率的影响因素，结果表明农村人力资本、农业资本投入以及城镇化水平显著促进了农业全要素生产率的增长，而农业种植结构和农业劳动投入则阻碍了农业全要素生产率的增长。李文华（2018）利用Malmquist生产率指数对1998—2015年中国各省份的农业全要素生产率进行了测度，在此基础上实证检验了农业全要素生产率的影响因素，研究发现农村人力资本水平、财政支农力度以及工业化水平等因素显著促进了农业全要素生产率增长，而农业经营规模、城镇化水平以及对外开放水平等因素对农业全要素生产率的影响不显著。

现有关于环境约束下农业全要素生产率的相关研究刚刚起步，并且主要集中于环境约束下农业全要素生产率的测度以及对测度结果的全方位分析，而进一步对环境约束下农业全要素生产率影响因素进行探讨的文献尚不丰富。

在国外文献中，Wang 和 Shen（2016）将总氮、总磷和化学需氧量作为非期望产出纳入农业效率的评价体系，并且在测度农业环境效率的基础上分析了农业环境效率的影响因素，实证结果表明农业经济增长、贸易开放度、农业比重、农业技术水平、收入差距以及农业的财政支持力度均对农业环境效率具有显著影响，但影响方向和影响程度不一样。Vlontzos 和 Niavis 等（2017）将温室气体排放作为非期望产出，对 1999—2012 年的欧盟农业环境效率进行了测度，在此基础上利用计量模型探讨了欧盟农业环境效率与 GDP 之间的关系，以检验环境库兹涅茨曲线是否存在，结果表明欧盟农业环境效率与 GDP 之间可能存在 N 形曲线关系。Xue 和 Yang 等（2018）将化学需氧量以及氮和磷作为非期望产出，对中国农业用水环境效率进行了评价，在此基础上使用空间计量模型分析了中国农业用水环境效率的影响因素，结果表明农村经济发展水平的提高，农业结构的合理变化以及良好的农业环境基础，有针对性的环境规制等因素都能够促进农业用水环境效率的提升，然而农村工业增长的粗放模式降低了农业用水环境效率。

在国内文献中，潘丹（2014）将农业面源污染排放物作为非期望产出，对 1998—2011 年中国各省份的农业绿色生产率进行测度，在此基础上采用 Tobit 回归模型实证检验了农业绿色生产率的影响因素，结果表明养殖业比重、城乡收入差距、工业化水平、财政支农力度等因素均对农业绿色生产率产生了显著的负向影响，而农村经济发展水平和农业基础设施投资力度显著促进了农业绿色生产率提升。杜江和王锐等（2016）的研究表明，人均收入水平与农业环境全要素生产率呈现倒U形关系，农业结构调整、经济结构变动以及农民收入构成等因素显著促进了农业环境全要素生产率增长，而相对价格变动、受灾率、财政支农力度以及城镇化率等因素均对农业环境全要素生产率产生了显著的负向影响。张永强和周宁等（2017）利用面板数据模型分析了考虑资源环境约束的农业全要素生产率增长的影响因素，研究表明农业生产技术和人力资本等传统生产要素对考虑资源环境约束的农业全要素生产率的影响不显著。吴传清和宋子逸（2018）采用全面FGLS估计方法对长江经济带农业绿色全要素生产率的影响因素进行了探讨，研究结果表明财政支农力度、农村人力资本存量和农业机械化水平等因素显著促进了长江经济带农业绿色全要素生产率增长，而对外开放水平，第二、第三产业发展水平以及受灾率等因素则阻碍了长江经济带农业绿色全要素生产率增长。高杨和牛子恒（2018）利用空间杜宾模型探讨了农业信息化等因素对农业绿色全要素生产率的影响，研究结果表明农业信息化能够同时促进本地以及邻域农业绿色全要素生产率的提升；受教育程度显著促进了本地农业绿色全要素生产率的提升，而阻碍了邻域农业绿色全要素生产率的提升；工业化水平同时阻碍了本地以及邻域农业绿色全要素生产率的提升。

（四）以往研究的总结回顾

前文对相关文献进行了系统梳理，这些文献对于本书加深对“两型农业”全要素生产率增长的时空演变及驱动机制的理解具有重要意义，这同时也是本书开展研究工作的基础。虽然目前关于农业全要素生产率的研究成果已经比较丰富，对环境约束下农业全要素生产率的相关研究也逐步展开，但是现有研究在不同程度上仍存在一些缺憾。

（1）由于核算农业环境污染排放物比较复杂和困难，因此传统的农业全要素生产率的测度通常仅考虑了农业资源的投入约束，而忽视了生态环境的约束，这将导致测度结果的失真。此外，当前环境约束下农业全要素生产率的相关研究通常也仅仅考虑了农业环境污染的某一方面，鲜有文献同时考虑农业水体污染和大气污染，这将不能真实客观地拟合农业生产过程。

（2）现有研究在测度农业全要素生产率时，通常都在“技术同质”假设下，基于相同的基准技术集（生产前沿）评价全部决策单元。[①] 事实上，不同决策单元由于内部特性和外部环境存在差异，导致不同决策单元可利用的基准技术集不可能完全相同。就本书而言，中国东中西部地区之间的资源禀赋、气候条件、种植业结构和农业制度等方面均存在明显差异，因此不同地区所处的生产前沿不同，所能达到的潜在最优生产技术也会存在差异。如果忽略不同地区生产技术的异质性，而将处于不同地区的省份置于相同的生产前沿下进行比较，可能会由于比较标准的缺失，导致各省份农业全要素生产率的测度结果与其真实水平之间存在偏差。

四　研究的创新点及相关说明

（一）研究的创新点

（1）在研究视角上，紧密围绕资源与环境的双重约束。本书在对“两型农业”全要素生产率进行评价时不仅考虑农业资源的投入约束而且重点关注生态环境约束。通过将农业面源污染和农业碳排放同时作为具有负外部性的非期望产出，和期望产出一并纳入农业全要素生产率的评价体系，能够真实地拟合农业生产过程，比较合理地刻画环境因素对农业增长的制约作用。

（2）在方法论上，采用多种方法进行分析以验证实证结果的稳健性。一是综合利用 DDF + ML 和 SBM + ML 等多种复合 DEA 模型对“两型农业”全要素生产率进行多维度评价；二是利用 Dagum 基尼系数和收敛性检验方法分析“两型农业”全要素生产率增长的区域差异和收敛性特征；三是综合利用动态面板回归模型和面板门槛模型对“两型农业”全要素生产率的驱动因素进行多维度实证检验。

---

① 无论是测度传统的农业全要素生产率还是环境约束下的农业全要素生产率均存在该类问题。

（3）在研究内容上，充分考虑了不同地区之间的技术差距，在技术异质性框架下对“两型农业”全要素生产率进行了深入研究。首先，利用GSBM模型和MSBM模型对群组前沿下和共同前沿下中国“两型农业”技术效率进行评价，并对“两型农业”技术效率损失进行分析。另外，采用MML生产率指数方法对考虑技术差距的“两型农业”全要素生产率进行综合评价，在此基础上测度和分解了“两型农业”全要素生产率增长的区域差异，实证检验了“两型农业”全要素生产率增长的收敛性特征，深入探讨了“两型农业”全要素生产率增长的驱动机制。

（二）相关说明

1. 时间维度说明

基于研究目的，并考虑数据的可获得性，如无特殊说明，本书的样本期定为1997—2015年。

2. 空间维度说明

在空间维度上，本书借鉴韩海彬（2010）[①] 的思路，分别从“省级”视角和“东、中、西部”视角展开研究。

（1）“省级”视角。目前，中华人民共和国有34个省级行政区，包括23个省、5个自治区、4个直辖市和2个特别行政区。每个省级行政区是一个相对独立的社会经济系统，其农业生产活动也各具特点。本书在对“两型农业”全要素生产率的空间特征进行分析时，以省级行政区为基本分析单元。由于西藏具有特殊的资源禀赋条件，并且西藏的数据缺失严重，因此在实证研究中未考虑西藏。另外，台湾省、香港特别行政区和澳门特别行政区也不在本书研究范畴之内。因此，本书主要分析30个省级行政区（以下简称“省份”）的“两型农业”全要素生产率增长问题。

（2）“东、中、西部”视角。为进一步研究“两型农业”全要素生产率增长的区域特征，本书采用国家统计局对区域的划分标准，将

① 韩海彬：《中国区域高等教育发展的收敛性研究》，博士学位论文，天津大学，2010年。

30个省份划分为东部、中部和西部三大地区。其中，东部地区包括北京、天津、河北、辽宁、上海、江苏、浙江、福建、山东、广东和海南；中部地区包括山西、吉林、黑龙江、安徽、江西、河南、湖北和湖南；西部地区包括内蒙古、广西、重庆、四川、贵州、云南、陕西、甘肃、青海、宁夏和新疆。

第二章　理论基础与分析框架

发展“两型农业”，提升“两型农业”全要素生产率是实现农业高质量发展的重要战略选择。研究“两型农业”全要素生产率，首先对“两型农业”和全要素生产率的相关概念进行准确界定，然后在系统梳理相关理论的基础上，形成“两型农业”全要素生产率的分析框架。

一　相关概念界定

（一）“两型农业”

农业是民生之本，长期以来农业粗放的生产方式已经不能适应新时期农产品安全和农业可持续、高质量发展的需求，为此，党中央、国务院高度重视农业资源保护和生态环境建设，党的十七届三中全会提出转变农业发展方式，党的十八大报告明确了“到2020年基本形成资源节约型、环境友好型农业生产体系”的发展目标。始于该目标，我国理论研究和工作实践正式将“两型农业”作为专有名词进行引用和研究。

在“两型农业”内涵研究上，近年来，国内学者的研究成果逐渐丰富。例如，刘红峰（2011）认为历史上重大的农业产业升级变化都是建立在科学技术的革命性突破之上的，从创新经济学的角度看，“两型农业”发展本质是将环境和资源作为具有限制性和稀缺性的生产要素，通过科技创新，实现农业可持续发展的根本目标。[①] 高润宝（2009）以及罗敏和曾以禹（2010）认为“两型农业”是“两型社会”理论在农业领域的具体实践，目的在于解决农业生产系统中资源和环境方面的突出问题，着眼点是资源的减量化投入和减少对环境的负“外部性”影响。[②③] 匡远配（2010）认为“两型农业”是在农业技术进步的前提下维持农业生产增长的同时能够实现资源节约和环境承载力可持续发展的“两型”方式，“两型农业”以农业生产功能为主导同时兼顾资源节约和环境友好的功能。[④] 虽然研究视角不同，但各学者一致认同，“两型农业”是转变农业发展方式和实现农业可持续发展的现实需要和根本途径。

有学者从技术进步的角度研究了“两型农业”的功能演变和定位，阐述了“两型农业”的内涵。例如，匡远配和曾小溪（2010）认为“两型农业”将环境友好、资源节约的要素引入科技创新，同时，农业功能具有诱致性特征，随着农业功能的演变，农业功能释放在不违背规律的同时也不能抑制功能的有效发挥，而现实技术进步不能及时跟进时，“两型农业”并不一定促进农业产值的增长和实现利润的最大化。[⑤] 另外，从农业功能演变看，“两型农业”建设需要明确其功能定位，包括农业的食品保障功能、粮食的综合生产能力、农业生态环境保护、农业资源利用效率、农业资源的循环利用等方面，“两型农业”功能的释放，需要从高新技术改造、农业机械化与生物技术并重、现代农业生产和经营服务体系建设等方面入手。

党的十八大报告中明确了2020年“两型农业”的实现目标，十九大报告提出了“着力解决突出的环境问题，加强农业面源污染防

---

① 刘红峰：《两型农业创新经济学研究》，《求索》2011年第11期。

② 高润宝：《“两型”社会建设与“两型农业”发展浅析》，2009年促进中部崛起专家论坛暨第五届湖北科技论坛，武汉，2009年11月。

③ 罗敏、曾以禹：《两型农业背景下的粮食生产》，《农业技术经济》2010年第10期。

④ 匡远配：《两型农业的概念与功能：基于联合生产理论的解释》，《求索》2010年第5期。

⑤ 匡远配、曾小溪：《“两型农业”功能演变及其定位研究》，《社科纵横》2010年第4期。

治”的重点任务。新华社、《人民日报》等新闻媒体对政府文件进行了详细解读，尽管解读视角不同，但都阐释了“两型农业”的内涵。“两型农业”采用源头预防和循环利用技术，是实现农业可持续发展的根本路径，是建设现代特色农业的必由之路，是“两型社会”理论在农业领域的具体实践。① 近年来，我国农业实施了高标准农田建设、退牧还草、旱作节水农业、京津风沙源治理等一系列推进“两型农业”建设的实践工程，也取得了积极进展。

综合国内学者研究成果和专家对政府文件的解读，本书认为“两型农业”是有别于传统农业的新型农业发展模式，该模式采用源头预防和循环利用技术，以转变传统农业生产方式、构建绿色现代农业生产体系为发展目标，依靠技术创新和技术进步，不断提升农业资源利用效率，保护农业生态环境，推进循环农业、生态农业、集约农业等发展模式，从而实现农业绿色可持续发展。

（二）农业技术效率

技术效率刻画了生产系统中投入和产出之间的相互关系，反映了生产系统对投入要素资源有效利用的能力。农业技术效率是技术效率的概念在农业领域的具体应用。农业技术效率可从投入和产出两个角度来理解，从投入的角度看，农业技术效率是在要素市场价格和农业生产技术不变的情况下，按照既定比例投入生产要素，生产同样的农产品所需要的最小生产成本与实际生产成本的比率②；从产出的角度看，农业技术效率是指在农业生产要素投入规模、投入结构以及市场价格保持不变的情况下，实际的最大农产品产出与理想的最大可能产出之间的比率。③ 也就是说，农业技术效率体现了给定农业生产要素条件下所能实现的最大的生产能力，或者在一定的农产品产出水平下

---

① 彭科、安玉发：《中国农业生产能源消费影响因素的实证分析——基于固定效应模型》，《技术经济》2012 年第 6 期。

② Farrell, M. J., “The Measurement of Production Efficiency”, *Journal of Royal Statistical Society*, Vol. 120, No. 3, 1957.

③ Leibenstein, H., “Allocative Efficiency VS ‘X – Efficiency’”, *The American Economy Review*, Vol. 56, No. 3, 1996.

农业生产要素配置比例优化的能力。发展至今，产出角度的农业技术效率分析得到了更为广泛的应用。此外，Lau 和 Yotopoulos（1971）提出了相对技术效率的概念，相对技术效率评价的是两个及两个以上的生产决策单元。① 从产出角度理解，在生产要素投入一定的前置条件下，如果生产决策单元甲的产出比生产决策单元乙的高，那么生产决策单元甲就具有比乙相对较高的技术效率。

从农业技术效率的实证分析看，农业技术效率反映了统计的实际农业产出与潜在理想的农业产出之间的差距，这个差距越大表示现有的农业生产系统技术效率越低；差距越小则农业生产系统技术效率越高。② 若实际产出恰好达到潜在最大的产出水平，则是最为理想的状态，称为农业技术“完全有效率”，若实际产出小于理想产出的水平，那么称为农业技术“非完全有效率”。从相对效率的角度看，农业技术效率可以用于衡量生产决策单元与其本身历史最高生产水平的差距，也可以用于衡量生产决策单元与空间上其他生产决策单元的理想产出的差距。

通过上述分析可知，农业技术效率是技术效率概念在农业领域的具体应用，不论是从农业生产系统投入端还是产出端考虑，农业技术效率的内涵都是一致的，都是衡量了农业生产系统的效率，也就是在既定的技术水平和生产要素投入的前置条件下，农业的实际产出达到理论的最大产出的程度；或者是在农业产出一定的条件下，投入的农业生产要素的最优配置能力。

（三）农业全要素生产率

全要素生产率（Total Factor Productivity）是针对单要素生产率（Single Factor Productivity）而言的。单要素生产率是指单一生产要素的产出效率，通常用产出与单一生产要素之比表示，比如劳动生产率、资本生产率等。然而，经济生产活动往往是多投入和多产出的，

① Lau, L. J., Yotopoulos, P., “A Test for Relative Efficiency and Application to Indian Agriculture”, *American Economic Review*, Vol. 61, 1971.

② 臧良震、张彩虹等：《我国农业生产技术效率问题研究进展》，《西安财经学院学报》2013 年第 6 期。

因此单要素生产率不能刻画生产单元整体的生产效率情况，而且在衡量单要素生产率时，很难将其他生产要素对产出的贡献剥离开来，从而导致单要素生产率的测度失真。[①] 由此，学术界越来越重视全要素生产率的探讨，荷兰经济学家丁伯根和美国经济学家斯蒂格利茨均较早地提出全要素生产率的概念。Solow（1957）通过对生产函数进行研究发现，经济增长除了劳动力和资本的贡献之外，还有一部分剩余无法解释，Solow 将经济增长中扣除了劳动力和资本的贡献后尚未被解释的部分称为技术进步的作用，学术界将其称为“索洛剩余”（即“Solow Residual”），其实质即为全要素生产率。[②] 然而由“索洛剩余”所界定的全要素生产率的内涵和外延不断扩大，“索洛剩余”所解释的经济增长源泉中无法全部解释和分析的部分，不仅包含技术进步的作用还包括技术效率改善的影响，甚至还包含了诸多复杂因素，比如变量遗漏、模型偏误、经济周期波动干扰等因素的影响。[③] 综上，本书认为，全要素生产率是生产决策单元中各种生产要素的综合生产率，通常用总产出与全部生产要素的投入量之比表示，全要素生产率的本质衡量的是经济增长中不能归因于有形的投入生产要素的增长的那一部分，也就是全部的生产要素投入量都不发生改变时，仍能实现生产决策单元产量增加的部分，而这一部分增长主要来源于技术效率改善和技术进步，因此全要素生产率又可进一步分解为技术效率和技术进步两部分。[④]

当前，我国农业发展已进入新的历史阶段，农业发展的主要矛盾已由总量供给不足转变成农业发展的结构性矛盾，而农业结构性矛盾的主要方面是农业的供给侧。党的十九大报告明确提出要加快供给侧

---

① 李华旭、孔凡斌：《农业全要素生产率评价研究：文献分析与研究展望》，《农业考古》2018 年第 3 期。

② Solow, R. M., “Technical Change and the Aggregate Production Function”, *The Review of Economics and Statistics*, Vol. 39, No. 3, 1957.

③ 刘建国、李国平、张军涛：《经济效率与全要素生产率研究进展》，《地理科学进展》2011 年第 10 期。

④ 有文献对全要素生产率的分解做了拓展研究，将全要素生产率分解为多个组成部分，本书对此不予探讨。

结构性改革，提升农业供给质量，改善农业全要素生产率。农业全要素生产率是全要素生产率理论在农业领域中的具体实践和应用，主要用于衡量农业生产系统中的农业技术进步和农业技术效率提升，这些因素的影响很难量化或者归因于有形的农业物质资本和农业劳动力投入数量的增加，是不能被生产函数解释的农业生产系统增长的部分。从经济学的角度看，农业全要素生产率的来源主要有三方面，一是农业技术效率的持续改善，二是农业生产技术的进步，三是农业生产的规模效应。从模型构建和计算的角度看，农业全要素生产率是剔除农业劳动力、农业资本和土地等投入要素之后的“余值”。从本质上讲，农业全要素生产率反映的是国家为解决农业发展问题所表现出来的能力和努力的程度，是农业经济增长质量的集中体现，是农业技术进步和农业技术效率对农业生产发展的综合作用。

（四）“两型农业”全要素生产率

所谓“两型农业”全要素生产率，其本质是利用“两型农业”发展理论研究环境约束下农业全要素生产率增长问题。“两型农业”全要素生产率的基本特征是通过绿色农业生产技术创新、环境污染治理技术创新、农业生态环境保护观念改变以及绿色农业制度变革，实现农业经济增长与生态环境保护协调发展的目标。其主要表现为，以一定的绿色生产技术，包括机械改土技术、测土配方施肥技术、高效节水灌溉技术、低残留农药使用技术以及畜禽养殖废弃物无害化处理技术等，提高农业资源的利用效率，促进可再生资源逐步替代不可再生资源，减少农业生态环境的污染和破坏。① 其根本目的是，在发展农业的同时保护农业生态环境，最大限度地节约农业生产要素投入，减少农业生产对生态环境的负外部性影响，最终转变农业发展方式，实现“两型农业”可持续发展。由于全要素生产率方法体系本身就能考虑资源的投入约束问题，因此能够考虑非期望产出的全要素生产率则能同时兼顾资源节约和环境保护，即考虑资源与环境的双重约束。

---

① 刘战伟：《技术进步、技术效率与农业全要素生产率增长——基于农业供给侧改革视角》，《会计与经济研究》2017 年第 5 期。

在实证分析中，本书将能够考虑非期望产出的农业全要素生产率看作“两型农业”全要素生产率，也有文献称之为农业环境全要素生产率或农业绿色全要素生产率。

二　“两型农业”的理论基石

“两型农业”不仅是对传统农业生产方式的革新，也是新技术范式和新制度范式的变革，需要新的科学理论和科学方法的指导。

（一）生态文明理论

党的十九大报告提出要坚持节约资源和环境保护的基本国策，实行最严格的生态环境保护制度，形成绿色的生产方式和生活方式。资源节约、环境友好的绿色发展模式是构建高质量现代经济体系的必然要求。生态文明建设已上升为国家战略，是指导社会可持续和高质量发展的重要理论基石。

生态文明建设以尊重和维护生态环境为宗旨，重视生态观念和生态秩序的建设，在发展经济的同时，统筹考虑资源和生态环境的承载力，力图采用整体协调的原则和机制来调节社会发展的生产生活方式，实现人与自然环境的协调发展。生态文明理论是可持续发展理论的升华，是现代农业生产体系构建、更是高质量发展的战略遵循和行动指南。

在生态文明建设的理论指导下，“两型农业”立足于我国国情和农业生产实际，开展了生态农业的实践模式。生态农业是遵循生态学和生态经济学的规律，以保护和改善农业生态环境为目标，综合采用系统工程的方法、现代管理理念和先进科学技术，获得的经济效益、生态效益和环境效益并重的现代农业生产体系。

（二）可持续发展理论

可持续发展是实现社会、经济、人口、资源和环境相互协调和共同发展的社会发展模式，其宗旨是既能满足当代人的需求，又不损害满足后代人需求的能力。20 世纪六七十年代，工业发达国家逐渐意识到西方工业文明的发展模式是不可持续的，人类所要面对的不仅是经济增长带来的物质文化生活的极大丰富，更需要静下来反省包含人口、资源、环境、产出等整个生产体系，寻求多方位的协同发展，以为后来的发展留有余地和空间，寻求可持续发展的道路。1972 年联合国人类环境研讨会提出了可持续发展的概念，其后，1987 年发布的报告《我们共同的未来》中明确提出了其概念和内涵。可持续发展理论是为解决生态环境恶化的问题而提出来的，是对工业化发展过程中所付出的环境代价的深刻反思和总结，其发展目标是经济发展要与社会进步和生态环境保护相协调，最终实现经济繁荣、社会公平和生态安全。

将可持续发展理论应用到农业领域，就是可持续农业（Sustainable Agriculture），这个概念最早于 1985 年由美国的《可持续农业研究教育法》提出。1991 年联合国粮农组织通过的《登博斯宣言和行动纲领》中指出可持续农业是指通过管理和保护自然资源，采用技术调整和制度机制手段，最终实现农业发展能够可持续的满足当代人和后代人需要的目的。全球都在寻求建立一种以资源的高效利用和循环利用为核心的农业生态系统，以保障现代农业绿色发展和可持续发展。而农业科技进步是一种重要的实现农业可持续发展的手段，如现代生物技术在农业中的广泛应用，能够不断研发农业病虫害防治技术，减少了农药的使用和对自然生态环境的破坏，因此现代科技的研发和应用是促进农业可持续发展的重要影响因素，有利于农业生态环境的保护，有助于实现高效、低耗、低污染的农业可持续发展模式。

（三）循环经济理论

循环经济的本质是生态经济，是一种新的经济增长模式。循环经济是指在资源投入、生产制造、产品消费以及产品废弃和回收的全过程中，将传统的依赖资源消耗的经济增长模式转变为现代的生态资源循环型经济，其三个重要的特征是减量化、再利用和再循环。其中减量化是在资源投入的源端，优化资源配置，减少进入生产系统的资源使用量；再利用是生产过程中的方法，是指将生产过程中资料和产品最大限度地再次利用到生产过程中，以延长产品和服务的时间；再循环是产出端的方法，通过把生产废弃物再次变成资源以减少最终的处理量，同时减少生产端自然资源的投入使用量。发展循环经济的基本途径主要包括开展绿色设计、推广清洁生产模式、建设绿色生态产业园区、实施绿色营销、科学严格的绿色管理制度、绿色生产体系、绿色消费、国民经济的绿色核算等。

利用循环经济理论指导农业发展即为循环农业，或者称为农业循环经济，有学者认为，“两型农业”的本质内容之一就是循环农业。循环农业是运用生态学、生态经济学原理建设的农业经济发展形态，是循环经济理论在农业经济建设中的体现和应用，具有循环经济减量化、再利用、再循环的特征，实现了农业经济增长和生态环境质量改善的动态均衡机制。“两型农业”与循环农业在最大限度地节约资源和环境保护的特征方面是一致的，因而，“两型农业”实际上就是以循环农业为主要构型的实体。

（四）低碳经济理论

低碳经济是指以低能耗、低排放和低污染为特征的经济增长模式。低碳经济最早见诸政府文件是在 2003 年英国能源白皮书《我们能源的未来：创建低碳经济》，其后巴厘路线图为全球迈向低碳社会起到积极的推动作用。

低碳经济以应对碳基能源消费带来的气候变化为基本要求，通过产业结构和能源结构优化，通过能源技术和减排技术的创新以及制度体系创新，通过人类生存发展观念的转变，通过能源的高效利用、清洁生产体系构建以及低碳产品开发等途径和方式，实现经济社会的可持续发展，维持全球生态平衡。综上，低碳经济包含低碳发展、低碳产业、低碳技术、低碳生活等多个方面，是实现社会经济持续发展的经济形体。

低碳经济指导下的“两型农业”就是低碳农业。低碳农业是资源节约型农业，要求在生产过程中尽可能地节约资源的消耗，是减少人、财、物投入的节约型农业发展模式；低碳农业是环境友好型农业，要求农业生产资源投入端、农业生产过程端以及农业产出消费端的整个生产消费环节对社会和生态环境的影响降到最低。

发展低碳农业，构建“两型农业”发展模式，需从如下方面着手：首先，创新应用现代农业生物技术、新型肥料和生物农药等，有效抵御病虫害，减少化肥和农药使用量，减少污染和温室气体排放，清洁农业生产环境；其次，发展沼气能、太阳能等清洁能源在农业生产和农村生活中的应用，减少温室气体排放；最后，强化森林资源管理，科学营林，增加森林生态系统的碳储量和碳汇能力。

三 “两型农业”生产体系构建的经济学理论基础

（一）农业经济学——农业资源稀缺、技术创新与环境产出

农业经济学以经济学的方法和理论框架为基础，以农业经济活动为研究对象，是研究农业经济活动中人类经济行为和现象的应用型产业经济学。我国农业经济学的发展源于苏联的农业经济学，随着经济的改革开放，我国农业经济学的发展也有了长足的进步，融入西方经济学、发展经济学、计量经济学、新制度经济学以及西方农业经济理论，发展成为现代农业经济学。基于本书的研究重点，本部分着重介绍农业资源稀缺、农业技术创新和农业环境产出。

1. 农业资源稀缺性分析

自然资源是农业赖以发展的基础。长期以来，我国农业“高投入、高消耗、高污染、低效益”的粗放式增长和发展方式导致农业和自然资源之间的矛盾日益加剧。从经济学的角度看，水、土地等自然资源的稀缺性是农业经济学理论分析的逻辑起点。

从水资源看，水资源的供给与市场需求和价格无关，供给无弹性，需求呈刚性。我国大部分地区存在不同程度的水资源短缺问题，总体上看，南多北少、东多西少，差距悬殊，同时降水的季节性、区域性分布不均加剧了区域水资源供给和需求的矛盾。缺水干旱在较大程度上影响着农业的产出，据统计，20 世纪 50 年代以来，我国农业旱灾损失占自然灾害损失的 60% 以上，且这种情况存在逐年加重的趋

势。在稀缺资源有限的情况下，提升农业水资源利用效率成为一个重要的努力方向，我国农业水资源的利用效率仅为30% ~40%，远低于发达国家的水平，同等农业产出，农田净耗水量约为发达国家的2倍以上。由此，提高农业水资源利用率是我国农业发展的必然选择，以推动“两型农业”建设。

从耕地资源看，受干旱、地形、瘠薄、洪涝、盐碱等因素的影响，我国质量较差的中低产田占60%以上，严重影响了我国耕地的生产能力，加剧了耕地资源的短缺。耕地资源的稀缺性以及人类对土地产出量增加的需求，引起了相关部门和学者对传统土地粗放经营造成资源浪费的反思，逐渐开始了对土地分区利用和集约利用的研究。在杜能的农业区位理论的基础上，一些学者开展了农业动态空间布局关系的研究，分析了区域经济发展状况和生产力发展水平对农业土地利用类型和农业土地的经营集约化程度的影响；之后辛克莱尔等学者在现代化城市快速发展的基础上，分析了城市扩张对农业土地的影响。我国发布的国土资源总体规划，明确了土地的分类和分区管理，是土地集约利用的充分表现。农业生产资源还包含劳动力资源、资本投入、技术投入、辅助资源等，囿于篇幅，这些生产要素不做进一步描述和分析。

2. 农业生产系统与农业技术创新

农业技术创新和技术投入的价值在于提升农业生产效率，以更少的资源投入产生更多的有益农业产出，从而降低农业生产成本，增加农民收入。技术创新和技术投入是农业经济增长的主要途径。英国的经济学家希克斯研究了生产要素稀缺对技术创新的诱致性，认为生产要素相对稀缺性引致了相关技术的研发，若技术创新或者技术投入能够替代生产系统中稀缺的生产要素，那么生产系统就能够获得更大的产出。在希克斯要素稀缺理论的基础上，日本经济学家速水佑次郎和美国学者弗农·拉坦分别研究了日本和美国的农业现代化发展道路，提出了要素稀缺诱导的技术创新理论，研究认为日本通过土壤肥料和保护农作物技术的研发应用，替代相对稀缺并缺乏供给弹性的耕地资源，使得较为稀缺的生产要素的限制被技术创新和技术投入所释缓；而美国则通过农业机械技术创新道路，替代稀缺并缺乏供给弹性的农业劳动力资源。①

19 世纪中叶，马克思对地租理论、农业大生产和小生产理论、国家土地制度理论等农业经济的重大问题的阐述，为后续的马克思农业经济学的系统形成提供了基本的指导思想和方法，也为农业全要素生产率的研究奠定了理论基础。按照马克思主义关于土地集约利用的相关理论，农业生产科学技术必须通过劳动集约或者资本集约的方式才能实施，否则离开了一定的物质基础，不能发挥很好的作用。而随着现代科技的迅猛发展和先进技术在农业生产系统中的大量应用，科学技术在土地集约利用上占据了重要的位置，并在土地增产中发挥了越发重要的作用。技术集约逐渐发展成与劳动集约和资本集约同等重要的土地集约利用类型。

3. 农业生产系统与农业环境产出

现代农业生产体系中，化肥和农药已成为基本的农业生产资料。从经济学边际效应递减规律看，化肥和农药的投入与农业产出并不是一直为正相关关系，而是呈现出边际效率递减的趋势。与此同时，农用化肥和农药施用量的持续增加，对农业生产环境造成持续的破坏并产生了一系列的连带影响，虽然少量的化肥和农药的使用可以由环境的自我修复功能抵消，但是随着化肥和农药在土壤中的累积达到一定量之后，单位面积化肥和农药的施用量将会对农业生态环境造成比之前更大的破坏，且需要付出更大代价和成本来修复农业生态环境。

目前我国农业生产中存在比较明显的化肥和农药的粗放使用和过度投入的情况，造成了严重的环境污染问题。随着化肥施用量的增加，土壤板结、土地肥力下降的情况逐渐加剧，同时当化肥施用量超过了土地承载力之后，化肥会随灌溉等流入周围水体，水体富营养化、藻类滋生，破坏区域水体环境，导致更加严重的农业面源污染问题。除化肥和农药外，造成农业环境污染的还有禽畜养殖业的污染、农业地膜使用量和残留量的污染、城市工业污染向农村转移造成的农

① 吴丽丽、李谷成、周晓时：《要素禀赋变化与中国农业增长路径选择》，《中国人口·资源与环境》2015 年第 8 期。

业污染，这些污染也加剧了农业生产系统对生态环境的破坏。

农业生产对生态环境的污染日益严峻，要扭转当前农业生产过度依赖化肥和农药投入的局面，改变化肥和农药高投入、低效益的现状，必须发展“两型农业”，从新品种研发和新技术应用入手，减少化肥和农药的施用量，提升其使用效率，实现化肥和农药投入减量化、农业生态环境破坏最小化、农业生产产出最大化和农业发展可持续化的多赢局面。

（二）发展经济学——农业技术演进与内生增长

1. 农业技术演进及生产前沿面的外移

发展经济学主要是研究发展中国家的经济问题，区别于研究发达国家经济问题的增长经济学。从全球看，农业几乎是每个发展中国家最大的生产部门，农业有潜力成为一个国家经济增长的源泉。然而事实上，多数发展中国家的农业生产部门非但不能有效促进该国经济增长，反而成为该国经济增长的负担。因此，自 20 世纪 60 年代起，发展经济学主要关注贫困和不平等的问题，研究农业发展的重要性及农业技术对农业生产系统的重要推动作用。①

经济学生产理论常用生产函数来描述技术关系，经济学界从 20 世纪 50 年代就开始了对前沿生产函数的研究。生产前沿面是生产函数描述的可能生产边界，处于边界上的所有投入产出均处于帕累托最优（Pareto Optimality）状态。美国经济学家西奥多·舒尔茨（Theodor W. Schultz）从人力资本理论的视角研究了农业生产效率，并创造性地提出了社会各界比较认同的观点：传统的农业生产虽然贫穷但是有效率的，要改变传统农业，必须要对农业生产劳动力进行资本投入，将先进的理念和技术引入农业。其研究表明，传统农业是存在效率的，但是先进技术的引进会让技术效率的前沿往外推移，随着技术前沿的不断推移，便逐渐实现了传统农业向现代农业的演进。

2. 内生增长理论

农业发展经济学围绕农业生产增长的内在机理展开了相关的研

---

① ［英］A. P. Thirlwall：《发展经济学（第九版）》，郭熙保译，中国人民大学出版社 2015 年版。

究。众所周知，农业生产资源投入的数量和质量的增加是农业增长和发展的源泉，而同样数量和质量的生产要素的投入在不同区域产生了差别较大的产出。1956 年罗伯特·索洛的增长模型讨论了区域经济增长的长期稳定状态，也就是若生产要素价格可变，且劳动和资本是可替代的，那么区域就能达到所谓“自然增长率”的长期均衡。从农业生产系统看，农业生产资源相对稀缺区域的农业边际产出要高于生产资源充裕的区域，从而资源稀缺区域要比生产资源充裕的区域增长得更快，最终整个国家农业生产增长将趋于均衡。[①] 而这一趋同是有条件的趋同，暗含了不同区域的水土资源、劳动力、资本投入、技术等影响劳动生产率的因素是相同的假设，若抛弃了该前置假设条件，可能会得出相反的结论，比如各区域农业发展趋同的情况并没有出现，反而出现了较大的差异，资源稀缺区域追赶资源充裕地区的农业发展存在一定的困难。

20 世纪 80 年代，罗伯特·卢卡斯（Lucas，1988）和保罗·罗默（Romer，1986）开创了“新增长理论”（即内生增长理论）。自此，应用内生增长理论理解和解释产出增长率的国家（地区）差异的文献和研究纷至沓来，基于截面数据的研究成为该类研究的热点。部分学者得出了有条件的趋同结论，还有一些文献认为经济增长与区域初始水平呈相反的关系，从农业生产区域差异情况来说，区域农业发展越落后，可以吸收现成技术的机会越大，追赶的可能性越大，追赶的速度就越快。[②]

（三）资源经济学——农业资源配置

资源是一切物质生产的基本要素，农业生产也存在农业资源的开发和利用问题。工业革命带来了劳动生产率的提升和人口规模的迅速膨胀，而科学技术的日新月异和社会经济发展的繁荣是建立在资源的大规模开发和生态系统不可逆转的退化的基础上的。经济发展与资源

---

① 朱喜、史清华、盖庆恩：《要素配置扭曲与农业全要素生产率》，《经济研究》2011 年第 5 期。

② 马林静、王雅鹏、田云：《中国粮食全要素生产率及影响因素的区域分异研究》，《农业现代化研究》2014 年第 4 期。

环境之间的矛盾日益凸显，由此引起了人们对资源经济问题的重视。如早期的古典经济学家威廉·配第（W. Petty）和李嘉图（D. Ricardo）等土地经济学的早期代表人物，都对地租和土地报酬递减等理论进行了深入研究。而后，马克思和恩格斯建立起的劳动价值学说和剩余价值理论，对资源经济学和土地经济问题的研究产生了深远的影响，也是我国社会主义土地经济学和农业资源经济学的理论基础。

20世纪30年代以来，伴随土地经济学的发展和资源环境问题的日益加剧，经济学的研究领域也逐渐向资源环境领域偏重，这也为农业资源经济学的产生创造了良好的条件。[①] 1931年哈罗德·霍德林（H. Hotelling）出版的《可耗尽资源的经济学》提出了土地、水等资源保护的问题，倡导以经济学的原理，研究自然资源的稀缺性问题和有效分配利用的问题。由于该研究聚焦于稀缺资源的利用和分配，因此其实质上是资源经济学。欧美等经济学家也逐渐出版了“自然资源经济学”或者“资源经济学”方面的专著，具有代表性的有莱康伯（R. Lecomber）编写的《自然资源经济学》（1979年）以及兰德尔（A. Randali）编写的《资源经济学——从经济角度对自然资源和环境政策的探讨》（1981年）。其中，兰德尔指出，资源经济学主要是研究在经济复杂系统中，在资源稀缺环境下，如何做出科学的选择的学科，需要用经济学的原理和定量分析的方法解决自然资源供应、配置及保护等公共政策问题。

发展至今，资源经济学的研究内容仍然在不断丰富和深化，该学科与农业产业发展相结合而产生的农业资源经济学等领域的研究成果也不断地丰富。农业资源经济学是运用经济学的原理和方法来研究农业资源环境与农业发展关系的应用型经济学。[②] 研究农业资源经济学不仅仅是技术层面的问题，而更多的是需要从经济学的角度，根据农业生产特点和投入资源存在的问题，探索有效解决问题的方法和政

① 刘晗、王钊：《农业要素配置效率研究的文献综述》，《经济体制改革》2015年第2期。

② 刘书楷：《论资源经济和农业资源经济学产生的历史基础及其发展趋向》，《生态经济》1992年第12期。

策。研究领域主要集中于如下方面：第一，需要认清农业资源现状以及未来的保障能力，协调农业生产系统与自然系统、社会系统的关系，研究农业投入资源的远景和近期的能源供需平衡；第二，针对自然资源稀缺的现实，加强新资源的开发和现有资源的节约、集约高效利用；第三，研究科技创新对于资源有效配置和农业生产效率提升的重要作用；第四，重视资源投入对生态环境影响的评估，从源头上加强化肥、农药、地膜等对农业生态环境有影响的投入资源的管理和控制。

（四）环境经济学——农业环境规制

经济外部性和环境产权理论是环境经济学的基础。亚当·斯密（Adam Smith）在其论著《国富论》（1972 年）中提出了“看不见的手”的市场机制的作用，其后，阿尔弗雷德·马歇尔（Alfred Marshall）编著的《经济学原理》（1890 年）中进一步论证了市场机制能够使资源得到有效配置，并提出国家不必干预市场的主张。但是，马歇尔的市场经济理论忽视了经济活动中的“外部性”问题，也就是生产者不承担由于生产污染而给社会及自然环境造成的破坏成本。该成本主要由社会以其他的方式埋单，由此，生产的“外部性”会导致社会成本和私人成本的差异。英国经济学家庇古（Arthur Cecil Pigou）在其著的《福利经济学》（1920 年）中，提出采用经济手段或者行政手段干预破坏环境的具有负外部性的经济活动，如通过政府征收排污税将企业外部不经济内部化，并对具有正外部性的经济活动予以补偿。① 保罗·霍肯（Paul Hawken）也认同“庇古税”，他认为税收的目的不是为了增加政府的收入，而是为经济活动的成本提供更准确的市场信息，激励正外部性的经济活动，约束负外部性的经济活动，从而为决策提供改变和革新的新思维。

庇古税的征收需要用科学的办法确定交易费用。罗纳德·科斯（Ronald Coase）研究了具有外部性的经济活动交易费用与产权安排的关系，研究了交易费用对于税收等制度安排的影响，并提出了科斯定

---

① ［美］Charles D. Kolstad：《环境经济学》（第二版），彭超等译，中国人民大学出版社 2016 年版。

理。经济学中的环境产权理论也源于科斯定理，该理论的前置条件是明确产权和交易成本。政府在制定税收解决负外部性问题的时候，首先需要明确环境资源的产权问题。如果把环境产权判给受污染者，污染排放者不给予一定的赔偿就不能继续进行经济活动，若是付出了一定的环境赔偿费，生产成本高了，产量就会减少；如果把环境产权界定到污染排放者，则受污染者会认为付给污染排放者一些资金就能使其减少污染，由此换来健康的生态环境大于支付资金的价值，受污染者就会“赎买”污染排放企业使之减少生产从而降低排放。从理论上讲，不论是污染排放者赔偿还是受污染者购买，最后达成的产量和污染排放量的均衡值是一样的。但是，由于产权的归属不同，在收入分配上就出现了差别，拥有产权一方的收益会多于另外一方，但是不论财富如何分配，是否是公平的，主要产权是否能够划分得足够清楚，资源配置的效率是相同的，理论上都能达到最优的产出和环境污染排放。因此，市场经济条件下，排污税等环境规制政策的实施理论上不需要政府的参与，政府的主要作用就是要明确环境产权，并且能够采取有效手段保护产权。

从经济学的外部性和环境产权理论可以分析得出，劳动创造财富，但是如果人类的劳动导致了资源枯竭、环境恶化以及由此影响了人类的生存环境，那么劳动所创造的就是“负产出”（即非期望产出）。当前我国农业生产系统所产生的负产出问题也逐渐显现，如农药残留、水体富营养化、土壤板结等，严重影响了农业生产系统的高质量、可持续发展。因此，当前农业领域的相关研究，应当将资源约束和环境规制等因素纳入农业的研究体系中。

四　全要素生产率方法体系

（一）全要素生产率测度方法

全要素生产率的测度方法主要有增长核算法和生产前沿函数法。其中，增长核算法主要包括索洛余值法、代数指数法和对偶法等；生产前沿函数法主要包括随机前沿生产函数法（Stochastic Frontier Approach，SFA）和非参数 DEA – Malmquist 指数法。[①]

1. 增长核算法

由于增长核算法中的代数指数法和对偶法在实证研究中很少见到，因此本书主要介绍索洛余值法。

索洛余值法假定技术进步是希克斯中性的，则生产函数可定义为[②]：

$$Y = A(t) \cdot F(K, L) \tag{2.1}$$

其中，Y 表示总产出，$A(t)$ 表示技术水平，K 和 L 分别表示资本和劳动投入。由式（2.1）可得如下：

$$\begin{cases} \dfrac{\dot{Y}}{Y} = \dfrac{\dot{A}}{A} + \alpha\dfrac{\dot{K}}{K} + \beta\dfrac{\dot{L}}{L} \\ \alpha + \beta = 1 \end{cases} \tag{2.2}$$

其中，$\alpha = \dfrac{\partial Y}{\partial K} \cdot \dfrac{K}{Y}$为资本产出弹性，$\beta = \dfrac{\partial Y}{\partial L} \cdot \dfrac{L}{Y}$为劳动产出弹性。

对式（2.2）进行适当变换可得：

$$\frac{\dot{A}}{A} = \frac{\dot{Y}}{Y} - \alpha\frac{\dot{K}}{K} - \beta\frac{\dot{L}}{L} \tag{2.3}$$

其中，$\dfrac{\dot{A}}{A}$为全要素生产率增长率[③]，$\dfrac{\dot{Y}}{Y}$为总产出增长率，$\dfrac{\dot{K}}{K}$为资本增长率，$\dfrac{\dot{L}}{L}$为劳动增长率。

可见，当经济达到均衡时，全要素生产率增长率就等于总产出增长率扣除资本增长率与劳动增长率的剩余。

2. 生产前沿函数法

在实际生产过程中，由于效率损失，生产单元的实际产出量并非

---

① 袁富华、张平、楠玉等：《全要素生产率提升与供给侧结构性改革》，中国社会科学出版社 2017 年版。

② 王玲玲：《环境约束下海洋经济全要素生产率研究》，博士学位论文，中国海洋大学，2014 年。

③ 在希克斯中性技术假设下，技术进步率等于全要素生产率增长率。

总能达到理论最大产出量。鉴于此，Farrell（1957）提出了生产前沿的概念，生产前沿是依据投入和产出的观测值所取的相对最有效率的生产点连成的曲线，该曲线即为生产效率边界。自此，基于生产前沿的全要素生产率测度模型获得了较大的发展。在众多模型中，随机前沿生产函数法和非参数 DEA - Malmquist 指数法应用最为广泛。

（1）随机前沿生产函数法

随机前沿生产函数模型可定义为[①]：

$$Y_{it} = f(X_{it},\ t,\ \beta)\exp(v_{it} - u_{it}) \quad i = 1,\ 2,\ \cdots,\ N \tag{2.4}$$

其中，$f(*)$为生产函数，可以为 C - D 生产函数、超越对数生产函数等形式；t 表示技术进步的时间趋势变量；Y_{it}表示第 i 个生产单元的产出量；X_{it}表示第 i 个生产单元的投入量；β 为待估参数；$v_{it} - u_{it}$ 表示随机扰动项，其中 v_{it}为服从正态分布的随机扰动项，u_{it}为服从半正态分布或者截断正态分布的非负变量，代表第 i 个生产单元的技术无效因素。

生产单元的技术效率等于样本的期望与随机生产前沿的期望的比值，其数学表达式为：

$$\frac{E(Y_{it} \mid u_{it},\ X_{it})}{E(Y_{it} \mid u_{it} = 0,\ X_{it})} = \exp(-u_{it}) \tag{2.5}$$

由于 u_{it}为非负变量，因此技术效率的取值区间为$(0,\ 1]$，当取值为 1 时，说明生产单元处于生产前沿面上，不存在技术无效因素；反之，则说明生产单元存在技术无效因素并处于非技术有效状态。

根据李征（2016）的研究[②]，并基于式（2.5）可得技术效率指数：

$$TE = \frac{\exp(-u_{it})}{\exp(-u_{it-1})} \tag{2.6}$$

此外，技术进步指数可表示为：

---

① Battese, E., Coelli, T., "A Model of Technical Inefficiency Effects in Stochastic Frontier Production for Panel Data", *Empirical Economics*, Vol. 20, 1995.

② 李征：《中国区域全要素生产率演变研究》，博士学位论文，吉林大学，2016 年。

$$TC = \left[\left(1 + \frac{\partial f(x_{it-1}, t-1, \beta)}{\partial(t-1)}\right) \cdot \left(1 + \frac{\partial f(x_{it}, t, \beta)}{\partial(t)}\right)\right]^{1/2} \tag{2.7}$$

进一步，规模效率指数可表示为：

$$SE = \frac{f(x_{it}, t, \beta) - \beta_t t}{f(x_{it-1}, t-1, \beta) - \beta_{t-1}(t-1)} \tag{2.8}$$

根据式（2.6）、式（2.7）和式（2.8），可得全要素生产率增长指数：

$$TFP = TE \cdot TC \cdot SE = \frac{\exp(-u_{it})}{\exp(-u_{it-1})} \cdot \left[\left(1 + \frac{\partial f(x_{it-1}, t-1, \beta)}{\partial(t-1)}\right) \cdot \left(1 + \frac{\partial f(x_{it}, t, \beta)}{\partial(t)}\right)\right]^{1/2} \cdot \frac{f(x_{it}, t, \beta) - \beta_t t}{f(x_{it-1}, t-1, \beta) - \beta_{t-1}(t-1)} \tag{2.9}$$

（2）非参数 DEA - Malmquist 指数法

Malmquist 指数最初由瑞典学者 Sten Malmquist 于 1953 年提出，此后与 Charnes 等（1978）提出的 DEA 方法相结合，从而在生产率测度领域得到广泛应用。

根据成刚（2016）的研究①，可以用图 2.1 来说明非参数 DEA - Malmquist 指数方法的原理。

图 2.1 中，点 A^1、B^1 和 C^1 构成了时期 1 的前沿，点 A^2、B^2 和 C^2 构成了时期 2 的前沿，当参考时期 1 的生产前沿时，K 的 Malmquist 生产率指数可表示为：

$$\frac{E^1(K^2)}{E^1(K^1)} = \frac{OK^{2'}/OK^2}{OK^{1'}/OK^1} \tag{2.10}$$

其中，$E^1(\cdot)$表示参考时期 1 的生产前沿时利用 DEA 模型得出的效率值。

当参考时期 2 的生产前沿时，K 的 Malmquist 生产率指数可表示为：

$$\frac{E^2(K^2)}{E^2(K^1)} = \frac{OK^{2''}/OK^2}{OK^{1''}/OK^1} \tag{2.11}$$

① 成刚：《数据包络分析方法与 MaxDEA 软件》，知识产权出版社 2014 年版。

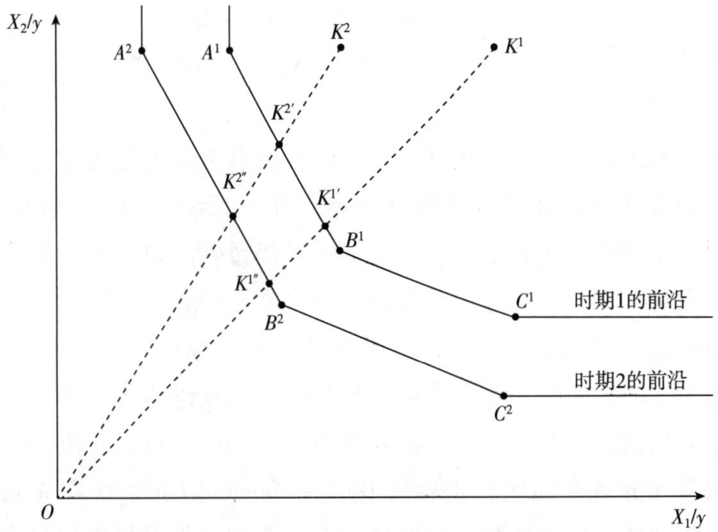

图 2.1 非参数 DEA－Malmquist 指数方法图解

其中，$E^2(\cdot)$表示参考时期 2 的生产前沿时利用 DEA 模型得出的效率值。

由以上分析可知，当参考不同的生产前沿时，会得出不同的 Malmquist 生产率指数，为了分析方便，Färe 等（1992）采用参考两个不同时期的生产前沿得出的两个 Malmquist 生产率指数的几何平均值作为被评价生产单元的 Malmquist 生产率指数①，即：

$$M(K^2,\ K^1)=\left[\frac{E^1(K^2)}{E^1(K^1)}\cdot\frac{E^2(K^2)}{E^2(K^1)}\right]^{\frac{1}{2}}=\left[\frac{OK^{2'}/OK^2}{OK^{1'}/OK^1}\cdot\frac{OK^{2''}/OK^2}{OK^{1''}/OK^1}\right]^{\frac{1}{2}} \tag{2.12}$$

根据式（2.12），可推导出更具一般意义的 t 期到 $t+1$ 期的 Malmquist 生产率指数②：

---

① Färe, R., Grosskopf, S., et al., "Productivity Changes in Swedish Pharmacies 1980－1989: A Non－parametric Malmquist Approach", *Journal of Productivity Analysis*, Vol. 3, 1992.

② 此处均用效率值表示 Malmquist 生产率指数，也可用距离函数表示 Malmquist 生产率指数，本书第四章中利用距离函数对 Malmquist 生产率指数进行了重构。

$$M(x^{t+1},\ y^{t+1};\ x^t,\ y^t)=\left[\frac{E^t(x^{t+1},\ y^{t+1})}{E^t(x^t,\ y^t)}\cdot\frac{E^{t+1}(x^{t+1},\ y^{t+1})}{E^{t+1}(x^t,\ y^t)}\right]^{\frac{1}{2}} \tag{2.13}$$

综上所述，作为增长核算法典型代表的索洛余值法操作过程虽然简便，但是该方法无法剥离测算误差产生的影响，导致测度结果失真，而且生产决策单元在实际运行中很难满足技术进步希克斯中性的强假设条件。随机前沿生产函数法是建立在生产函数基础上，一般具有较强的政策导向意义，而且可以剥离不可控因素对非效率的影响，然而该方法需要事先设定生产函数形式，如果模型设定有偏误将导致测度结果失真，并且该方法只能处理单产出问题，难以解决多产出生产决策单元的效率问题。非参数 DEA - Malmquist 指数法则无须事先设定函数形式，操作过程比较简单，而且方便处理多投入和多产出的生产单元的效率问题。鉴于此，本书主要采用非参数 DEA - Malmquist 指数法以及基于该方法的一系列拓展方法对“两型农业”全要素生产率进行评价。

（二）非期望产出的处置方法

农业生产过程中化肥、农药和地膜等化学投入品的大量使用，在很大程度上造成了农业环境污染和生态破坏。而由于农业环境污染排放物价格无法准确获取，并且农业环境污染排放物难以准确核算，因此将农业环境污染因素纳入农业全要素生产率评价体系有一定困难。

经典 DEA 模型要求最小化的投入和最大化的产出，按照这个要求，如果从产出端考虑，环境污染作为产出只能不断增加，与实际要求的环境污染最小化不符；如果从投入端考虑，将环境污染作为一种负值的投入资源，虽然建立了环境污染最小化的约束，但是与生产实际不符，构建的模型不能充分地模拟现实。可见，经典 DEA 模型不再适合处理含有环境污染的非期望产出问题，必须考虑新的方法，以衡量环境生产率。国内外学者拓展了经典 DEA 模型，从而出现了将环境污染因素纳入全要素生产率的评价体系的分析方法，主要包括曲线测度评价法、数据转换函数处理法、环境污染物作为投入处理法、方向性距离函数法以及 SBM 距离函数法等。[①] 这些方法在一定程度上解决了将环境污染作为非期望产出纳入全要素生产率评价体系的问题，但是每种方法自身都存在一些局限性（见表 2. 1），因此应该根据研究目的以及数据特征选择合适的方法。

表 2. 1　　环境污染在生产率评价中不同处理方法的优缺点对比

方法	主要内容	优点	缺点
曲线测度评价法	“非对称”处理各种产出，分别用径向测度和径向测度的倒数评价期望产出和非期望产出的生产效率	弥补径向测度方法不足，各产出以“非对称”方法处理，实现在增加期望产出的同时减少非期望产出	非线性规划，求解烦琐
数据转换函数处理法	引入非期望产出作为自变量的减函数，与期望产出一样作为产出端的指标	通过负值转换、线性转换和非线性转换等，将非期望产出作为普通的期望产出，采用传统 DEA 模型分析，求解简单	负产出转换不符合效率评价的基本要求；非线性转换破坏了模型的凸性，线性转换在 CCR 模型中无法保持分类的一致性
环境污染物作为投入处理法	将环境污染作为投入指标处理，采用径向测度衡量环境污染与资源投入的可减少比例，从而分析环境全要素生产率	采用 DEA 模型计算，可以实现期望产出最大化、非期望产出最小化的目标	在特定生产环境，污染物与资源投入并不能保持一定的同比例关系，因而不能反映实际的生产过程
方向性距离函数法	设定特别的方向，使得沿着该方向的改进决策单元效率时增加期望产出并减少污染物，将决策者的主观偏好与 DEA 模型相结合	有效将期望产出和非期望产出结合，易于求解；确保生产边界的凸性	会造成投入要素的拥挤或者松弛问题
SBM 距离函数法	一般方向性距离函数法的改进，修正的非径向非角度的 DEA 模型	相对一般的方向性距离函数法，SBM 距离函数法考虑了投入和期望产出的松弛问题	可能会出现规划无解情况

① 郝珍珍：《基于非参数前沿分析的工业环境绩效测度与评价》，博士学位论文，天津大学，2014 年。

五 “两型农业”全要素生产率的基本分析框架

“两型农业”生产系统涉及农业资源投入、农业生产过程以及农业产出等多个环节，还要受到外部生态环境的影响以及技术环境的制约。本书以农业经济学、发展经济学、资源经济学和环境经济学为理论基础，初步构建了“两型农业”全要素生产率的基本分析框架（见图 2.2）。

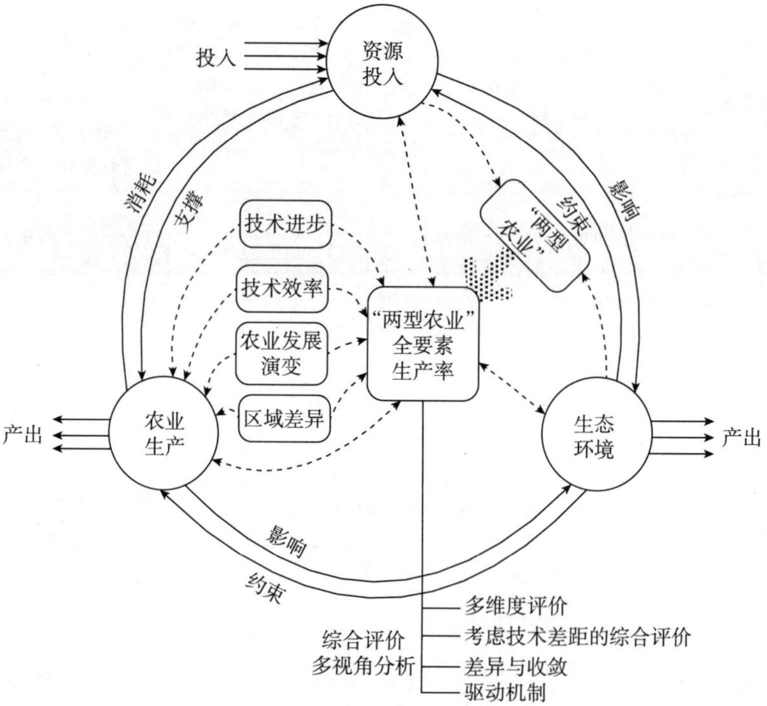

图 2.2 本书的基本分析框架

资源紧缺、环境污染已成为制约我国农业可持续发展的瓶颈问题，因此在对“两型农业”全要素生产率进行分析时，不仅要考虑资源投入和有效产出，同时还应当考虑资源过量使用的生产低效率问题、资源过度使用带来的环境污染问题，以及技术进步和技术效率等因素对农业生产系统的影响，具体如图 2. 2 所示。

“两型农业”生产系统包括多个环节，并受多种因素影响和制约。首先，在农业生产过程中，投入农业资源在产生有效农业产出的同时，不可避免地会对生态环境造成影响，如农药残留、土壤板结等。其次，农业生产过程消耗了劳动、资本、种子、水、化肥、农药等资源，也产生了诸如水土资源紧缺、农业面源污染排放、物种减少等生态环境问题。再次，可持续发展理论指导下的生态环境保护诉求制约着农业生产过程中农业资源的投入和农业的生产产出。最后，农业生产技术进步和农业生产技术效率改善，将有助于优化农业资源投入结构，提高资源的集约节约高效利用水平，也有助于提升有限资源投入下的农业产出水平，并最大限度地减少对生态环境的破坏，提高农业可持续发展能力。由此可以看出，农业生产技术在整个“两型农业”生产系统中占据重要的地位，能够有效优化农业资源投入、农业产出和生态环境之间的关系，是实现“两型农业”可持续发展的关键因素。

对于农业生产技术的评价需要引入效率的概念，而考虑技术因素必然要面对的一个问题是，技术是不断演化和进步的，同时技术发展具有诱致性，不同的经济发展区域的生产技术水平可能不同，如我国东中西部地区的农业生产技术水平就存在显著差异。另外，随着相关研究的不断深入以及资源环境问题的日益凸显，在评价农业全要素生产率时，不仅将资源紧缺作为农业生产系统中资源投入的约束因素，而且要将影响生态环境的农业污染排放作为农业生产过程中不可避免的产出因素。由此，纳入环境因素的农业全要素生产率评价逐渐被认同。

目前国内外关于农业全要素生产率的相关研究已有较多的成果，但是环境约束下的农业全要素生产率的研究尚不丰富，还有诸多内在的规律和机理需要深入探究，比如“两型农业”背景下中国农业全要素生产率处于什么水平？其发展演变规律又如何？哪些因素驱动了

“两型农业”全要素生产率增长？对上述问题的深入研究和探讨，将有助于了解“两型农业”全要素生产率的真实水平，有助于把握“两型农业”全要素生产率增长的演变规律和驱动机制，为农业技术重点投资领域、重点发展区域、农业技术进步和效率改进的体制机制构建等提供决策参考，从而推进农业实施党的十九大报告提出的“提升全要素生产率”的重要任务。

本书针对以上描述的重点问题进行深入分析，并将研究成果分章节、递进式地整合在一起。本书在第一章绪论中总体描述了研究背景、研究意义与价值，并梳理了国内外的相关研究成果，凝练了研究的创新点。此外，本书认为“两型农业”中的“两型”并不是将“资源节约”与“环境友好”两个概念简单叠加，而是一种全新的农业发展观。本书在对“两型农业”、农业技术效率、农业全要素生产率等基本概念进行准确界定的基础上，以农业经济学、发展经济学、资源经济学和环境经济学等理论为指导，构建了“两型农业”全要素生产率的基本分析框架（第二章内容）。本书以可持续发展观为指导，把“资源节约”和“环境友好”有机融合，进而建立“两型农业”全要素生产率评价体系，不仅丰富了“两型农业”的研究内容，而且为建立“两型农业”生产体系提供理论指导。

研究“两型农业”全要素生产率首先要全面了解和掌握农业生产过程中的资源利用和环境污染情况。为构建模型并进行实证分析，需要量化和测度农业生产过程中由于农药和化肥的施用、畜禽粪便排放、农田废弃物处置等行为对生态环境造成的水体污染和大气污染，需要进一步分析农业面源污染和农业碳排放的时序特征和区域特征，并探究农业经济增长与农业环境污染排放（水体污染、大气污染等）之间的脱钩关系。这是本书第三章的主要内容，该章节需要查阅和调研大量的数据作为支撑，并将各参数进行量化处理，以便比较科学客观地反映各指标的内涵。本部分所做的大量数据整理和分析工作是后续研究的基础。

在对各指标数据资料进行整理的基础上，需要选择合适的并能够表征农业投入和产出的指标，以便能够科学地构建“两型农业”全要素生产率评价指标体系。在现有文献中，环境约束下农业全要素的评价指标体系往往侧重于某一项环境因素，较少文献能够综合考虑农业面源污染和农业碳排放。鉴于此，本书在已有研究成果的基础上，丰富了农业生产系统中资源约束指标和环境产出指标，并将农业面源污染和农业碳排放同时纳入农业全要素生产率的评价体系。在此基础上，综合利用 DDF + ML 和 SBM + ML 等多种复合 DEA 模型对“两型农业”全要素生产率进行多维度评价，并对评价结果进行比较分析。这是本书第四章的主要内容。

由于中国东中西部地区之间的地理位置、资源禀赋、气候条件以及经济发展水平等诸多方面均存在明显差异，各省份的农业生产技术推广、应用和发展的程度也将会有所不同，因此不同地区所处的生产前沿可能不同，所能达到的潜在最优生产技术也可能存在差异。如果不考虑不同地区之间的技术差距，则最终的测度结果可能会出现偏误。若将东中西部地区分设群组，设置不同的农业生产技术前沿，将更科学地解决这个问题。本书第五章分别从全国视角、区域视角和省域视角对考虑技术差距的“两型农业”全要素生产率及其分解进行深入探讨，并对全国技术前沿和分群组的技术前沿进行对比分析，探究了考虑技术差距的“两型农业”技术效率及全要素生产率评价的科学性。

在对“两型农业”全要素生产率进行多维度评价尤其是对考虑技术差距的“两型农业”全要素生产率进行测量的基础上，需要进一步分析“两型农业”全要素生产率增长的区域差异及收敛特征。本书第六章采用 Dagum 基尼系数方法对中国“两型农业”全要素生产率增长的总体差异、区域内差异、区域间差异以及“两型农业”全要素生产率增长的差异来源及其贡献率进行了测度。此外，为进一步探究“两型农业”全要素生产率增长的区域差异随着时间推移的动态变化趋势，该章还对“两型农业”全要素生产率增长的 σ 收敛、绝对 β 收敛和条件 β 收敛进行了实证检验。

前文探讨了中国“两型农业”全要素生产率增长的区域差异和收敛特征，但是未对形成这种特征和规律的原因进行分析。为此，本书

第七章将通过动态面板回归模型以及面板门槛模型对“两型农业”全要素生产率的驱动因素进行多维度的实证检验，以期发现影响“两型农业”全要素生产率增长的内在机理。第八章是本书的终结，提出了如何改善“两型农业”全要素生产率，转变农业发展方式，构建“两型农业”生产体系的对策建议。

六　本章小结

本章根据本书要解决的关键问题和研究内容组织架构，全面介绍了与研究密切相关的“两型农业”、技术效率、全要素生产率以及“两型农业”全要素生产率等基本概念，并进行了对比分析，为后续研究奠定了基础。在此基础上，梳理了支撑“两型农业”建设的生态文明理论、可持续发展理论、循环经济理论、低碳经济理论等理论基石，探讨了“两型农业”生产体系构建的农业经济学、发展经济学、资源经济学和环境经济学等经济学理论基础，并进一步综述了农业全要素生产率方法体系，最后详细阐述了本书的分析框架。

第三章 “两型农业”生产中资源与环境双重约束的定量评估

过去几十年，中国农业发展取得的巨大成就在很大程度上是由大量化肥、农药等资源投入推动。这种以农产品数量增长为主的发展道路在取得显著成效的同时，也造成土地和水等不可再生资源的过度消耗、粗放利用甚至浪费。此外，农业面源污染、大气污染以及生态环境和资源承载力问题凸显，中国农业可持续发展受资源与环境的双重约束带来严峻的挑战日益严重。因此，加快农业发展从过去“高投入、高能耗、高污染、低效益”的传统模式向“低投入、低能耗、低污染、高效益”的“两型农业”发展模式转变形势迫切，以此实现环境保护、资源节约、农民增收、农业增效等多重战略目标。对农业生产中资源与环境约束进行定量评估，对认清中国“两型农业”发展现状，把握“两型农业”全要素生产率的时空演变规律，实现“两型农业”又好又快发展具有重要的理论和现实意义。本章首先对农业资源消耗进行定量考察，然后重点对农业环境污染进行定量评估，并且对评估结果进行简单统计分析和脱钩效应分析，本章为后续章节提供了数据支撑。

一 农业资源消耗的定量考察

本节用资源消耗系数，即单位农产品对资源的消耗量或占有量来分析耕地、化肥、农药、农膜等主要农业资源的消耗情况，资源消耗系数的倒数则为资源利用效率系数。

(一) 耕地资源历史趋势与消耗系数

耕地是农业生产中最基本的投入要素，考虑到复种指数的影响，本书除了使用耕地面积计算耕地资源消耗系数（图 3.1 的图例中为耕地资源消耗系数 2）之外，同时还采用农作物总播种面积计算耕地资源消耗系数（图 3.1 的图例中为耕地资源消耗系数 1）。耕地资源消耗系数表示每生产一单位粮食所需要的耕地（播种）面积，其表达式为[①]：

$$Cle(t) = \frac{Fla(t) \times 10000}{Tgo(t)} \tag{3.1}$$

式（3.1）中，t 为年份；Fla 为耕地（播种）面积，单位为公顷；Tgo 为粮食总产量，单位为千克；Cle 为耕地资源消耗系数，单位为平方米/千克。图 3.1 是中国耕地资源消耗系数的变化情况。由图 3.1 可知，以耕地面积计算的耕地资源消耗系数从 1997 年的 2.28 下降到 2015 年的 1.82，年均降低 1.24%；以粮食作物播种面积计算的耕地资源消耗系数从 1997 年的 3.11 下降到 2015 年的 2.68，年均降低 0.84%，表明中国耕地资源消耗系数总体均呈下降趋势，而中国耕地资源的利用效率则逐步提高。此外，耕地面积由 1997 年的 130039.2 千公顷增加到 2015 年的 134998.7 千公顷，年均增长率为 0.21%，其间 2007 年和 2008 年出现了明显的下降；农作物总播种面积则由 1997 年的 153969.2 千公顷增加到 2015 年的 166373.81 千公顷，年均增长率为 0.43%。

(二) 化肥施用量历史趋势与消耗系数

研究表明，化肥对中国农业生产增长做出了巨大贡献。例如，Fan 和 Pardy（1997）研究显示，1965—1993 年化肥施用量的增加对中国农业生产增长的贡献达 21.7%。[②] 另外，Wang 等（1995）研究表

---

① 为避免耕地资源消耗系数值过小，将耕地（播种）面积的单位由公顷转换成平方米，因此公式中的分子需要乘以 10000。

② Fan, S., Pardy, P. G., “Research Productivity and Output Growth in Chinese Agriculture”, *Journal of Development Economics*, Vol. 53, No. 1, 1997.

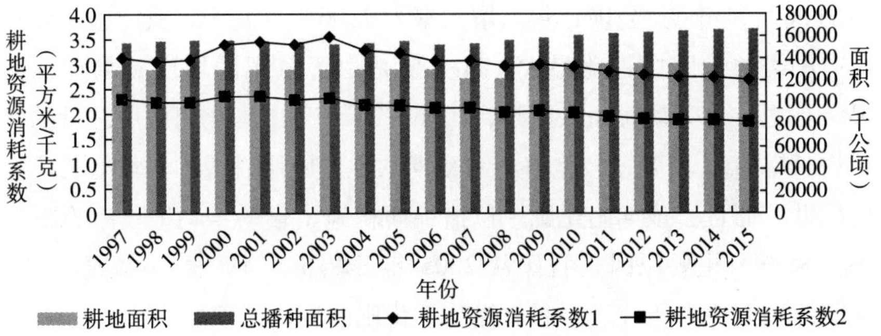

图 3.1 1997—2015 年耕地资源消耗系数

明，1986—1990 年化肥施用量对中国农业生产增长的贡献高达 40%。[①] 然而，一个不容忽略的事实是，化肥对中国农业生产增长的贡献是建立在化肥施用量快速增长的基础上。图 3.2 描述了 1997—2015 年中国化肥施用总量的变化趋势。

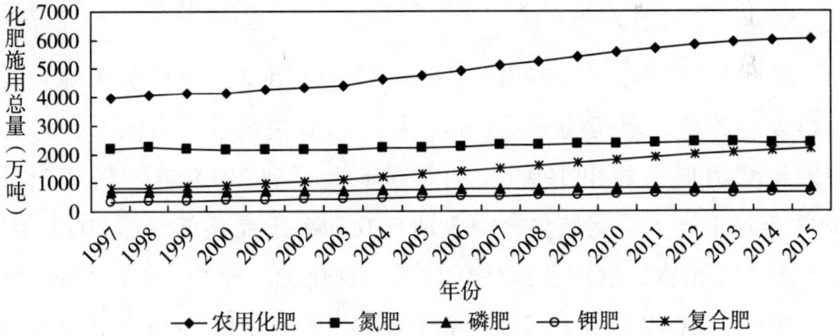

图 3.2 1997—2015 年中国化肥施用总量的变化趋势

由图 3.2 可知，中国化肥施用总量（折纯量）从 1997 年的 3980.7 万吨，增长到 2015 年的 6022.6 万吨，年均增长率为 2.33%；单位播种面积化肥施用量由 1997 年的 251.21 千克/公顷增长到 2015

① Wang, J. Y., Wang, S. J., Chen, Y., "Leaching Loss of Nitrogen in Double - rice - cropped Paddy Fields in China", *Acta Agriculturae Zhejiangensis*, Vol. 7, No. 3, 1995.

年的362.44千克/公顷，年均增长率为2.06%。其中，氮肥施用量在所有种类的化肥中占比最大，这主要是由于氮肥的增产效果更加明显，且更节约劳动时间。此外，2006—2015年中国化肥施用总量的年均增长率为2.25%，较之整个考察期的化肥施用总量的年均增长率有所降低。而且，该期间化肥单位播种面积施用量的年均增长率也下降到1.88%。主要原因是我国从2005年开始推广测土配方施肥技术，化肥施用方法有所改进，有效提高了化肥的利用效率。

中国化肥的过量和不当使用在对农业增长带来贡献的同时，也造成了土壤肥力下降、农业面源污染等一系列问题。目前中国亩均化肥施用量为21.9千克，是欧盟的2.5倍，美国的2.6倍，同时也远高于世界平均水平。[①] 由此可见，提高化肥有效利用率已成为当前迫切需要解决的重要问题。化肥消耗系数可以从总体上反映化肥的利用效率，本书通过计算化肥消耗系数，来观察中国近年来的化肥消耗情况。化肥消耗系数表示单位农产品的化肥消耗量，其计算公式为：

$$Fec(t) = \frac{Fer(t)}{Tgo(t)} \tag{3.2}$$

式（3.2）中，t为年份；Fer为化肥施用量，单位为千克；Tgo为粮食总产量，单位为千克；Fec为化肥消耗系数。由图3.3可知，中国化肥消耗系数由1997年的0.081上升到2015年的0.097，即1997年每生产1千克粮食，需要消耗0.081千克化肥，而2015年每生产1千克粮食，则需要消耗0.097千克化肥。此外，单位播种面积化肥施用量由1997年的258.54千克/公顷上升到2015年的361.99千克/公顷，年均增长1.89%（见图3.3）。

（三）农药使用量历史趋势与消耗系数

中国是农药使用大国，1997—2015年中国农药使用量总体呈快速上升趋势。1997年中国农药使用总量为119.5万吨，2015年上涨到178.30万吨，年均增长率为2.25%；同期单位播种面积农药使用量则由1997年的7.76千克/公顷上涨到2015年的10.72千克/公顷，年

① 王克：《农资市场期待“大户”时代》，《中国经济周刊》2017年第34期。

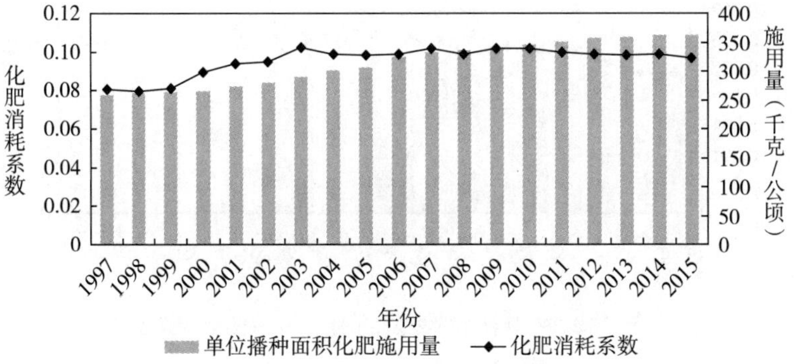

图 3.3 1997—2015 年化肥消耗系数

均增长率为 1.81%；而农作物播种面积由 1997 年的 153969.2 千公顷增加到 2015 年的 166373.81 千公顷，年均增长率仅为 0.43%，可见农药使用量的增长速度远远快于农作物播种面积的增长速度。

中国农药使用量的不断增加在促进农业经济快速增长的同时，由于不合理使用，造成一些地区地表水富营养化和地下水硝酸盐超标污染。目前中国农药平均利用率仅为 35%，欧美发达国家这一指标则是 50% ~60%，可见中国农药的利用率偏低。本书通过计算农药消耗系数来观察中国农药利用情况，农药消耗系数用单位农产品农药消耗量来表示，其计算公式为：

$$Pec(t) = \frac{Pes(t)}{Tgo(t)} \tag{3.3}$$

式(3.3)中，t 为年份；Pes 为农药投入量，单位为千克。Tgo 为粮食总产量，单位为千克；Pec 为农药消耗系数。

由图 3.4 可知，生产 1 千克粮食，1997 年需要消耗 2.42 克农药，2015 年则需消耗 2.87 克农药①，可见考察期内农药消耗系数整体呈现波动上升的趋势。另外，一个不容忽略的事实是，农药消耗系数从 2010 年开始到 2015 年一直处于下降态势，说明近年来中国农药利用效率在提高，除了施药技术进步的贡献之外，在很大程度上与我国近年来对农药的控制政策密切相关。

① 由于农药消耗系数值偏小，因此在描述时对其进行了单位变换。

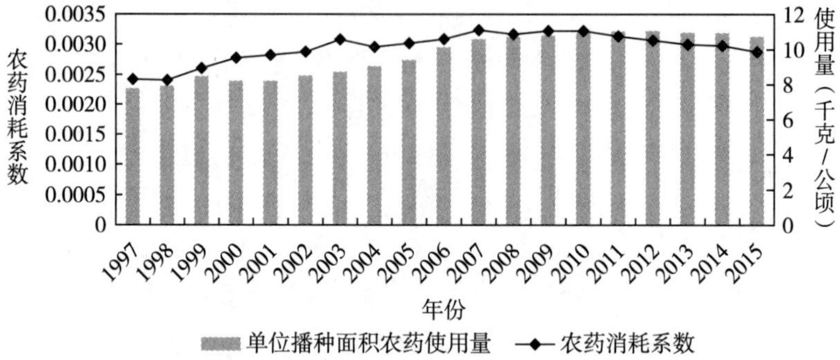

图 3.4　1997—2015 年中国农药消耗系数

（四）农膜使用量历史趋势与消耗系数

近几十年来，大棚设施农业在中国得到推广和普及，农用塑料薄膜使用量增长迅速。由于目前广泛使用的农膜难以分解，导致大量农膜残片积留农田，给农业生态环境造成严重危害。中国农膜使用量自 1997 年以来呈快速增长态势，1997 年使用量为 116.15 万吨，2015 年达 260.36 万吨，年均增长率达 4.59%。农膜是近年来中国农业生产中投入增长最快的化学品，这可能是由于农膜作为农业生产要素参与农业生产的时间较晚，但是使用农膜的好处却非常明显造成的。农膜消耗系数可以通过单位农产品农膜消耗量来表示，其计算公式为：

$$Aec(t) = \frac{Agf(t)}{Tgo(t)} \tag{3.4}$$

式(3.4)中，t 为年份；Agf 为农膜投入量，单位为千克；Tgo 为粮食总产量，单位为千克；Aec 为农膜消耗系数。由图 3.5 可知，农膜消耗系数总体呈现波动上升趋势，1997—2003 年农膜消耗系数一直处于持续上升态势，由 1997 年的 0.0024 上升到 2003 年的 0.0037，2004 年出现微弱降幅，但随后又快速回升，一直波动上升到 2015 年的 0.0042。此外，单位播种面积农膜使用量由 1997 年的 7.54 千克/公顷上升到 2015 年的 15.65 千克/公顷，年均增长 4.14%。

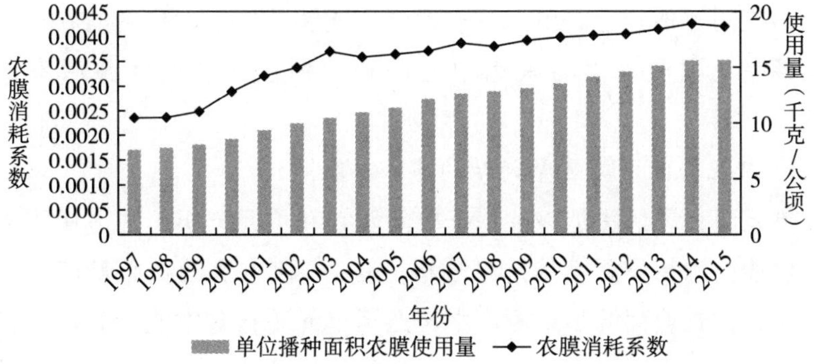

图 3.5 1997—2015 年中国农膜消耗系数

二 农业环境污染的定量评估

农业环境污染是指农业生产过程中由于不合理的农药和化肥的使用、畜禽粪便排放、农田废弃物处置以及耕作措施等，对环境所造成的危害，具体表现为水体污染、大气污染、土壤污染和产品污染等形式。基于本书的研究目的，并考虑数据获得因素，本书主要关注水体污染和大气污染。水体污染主要表现为污染物通过地表径流和农田排水等途径汇入水体引起的化学需氧量（COD_{Cr}）、总氮（TN）和总磷（TP）污染（通常又称为“农业面源污染”①）；大气污染主要表现为农业生产过程中排放到大气中的二氧化碳（CO_2）、甲烷（CH_4）和一氧化二氮（N_2O）等温室气体造成的环境污染（通常又称为“农业碳排放”②）。接下来，将分别对农业面源污染和农业碳排放进行定量评估。

（一）农业面源污染定量评估

本书需要对各省份的农业面源污染进行评估，属于大尺度的农业

---

① 面源污染的概念最早来自美国的《清洁水法》修正案，该修正案对面源污染的定义为“污染物以广域的、分散的、微量的形式进入地表和地下水体”。

② 农业碳排放是关于农业温室气体排放的一个总称或简称。

面源污染的评估问题。单元调查评估法能够适用于大尺度的农业面源污染评估，因此本书将采用单元调查评估法对农业面源污染进行评估。

1. 农业面源污染定量评估的基本思路

单元调查评估法是一种基于单元调查和单元分析，并适用于大尺度的农业面源污染测度的定量分析方法。[①] 该方法的核心是产污单元的确定，在农业面源污染测度中，产污单元是指对农业面源污染具有贡献的直接产生污染物的并且能够进行观测或统计的独立单位。利用单元调查评估法对农业面源污染进行评估的基本思路如图 3.6 所示。[②]

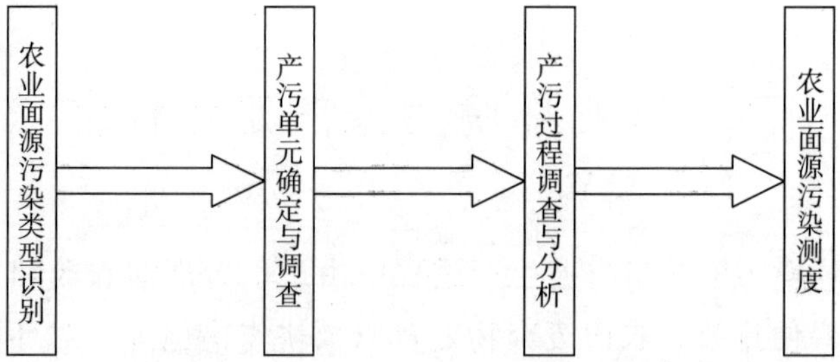

图 3.6　单元调查评估法的技术路线

第一，农业面源污染类型识别。农业面源污染具有隐蔽性、分散性以及不易监测等特点。而且，农业面源污染的来源众多，污染的过程相对比较复杂，因此，对农业面源污染进行全面的产污分析难度非常大。一个可行的办法是仅对农业面源污染的主要来源进行产污分析，进而明确农业面源污染的调查范围和评估内容，即农业面源污染类型识别。可见，农业面源污染类型识别是指根据研究目的、调查范围和评估内容等对农业面源污染类型进行选取的过程。

第二，产污单元确定与调查。产污单元是指在每一类污染来源中

---

① 葛继红：《江苏省农业面源污染及治理的经济学研究》，博士学位论文，南京农业大学，2011 年。

② 梁流涛、秦明周：《中国农业面源污染问题研究》，中国社会科学出版社 2013 年版。

能够产生污染物，并且能够进行观测或统计的独立单位。基于对农业面源污染源的分解并考虑污染排放物的可量化因素确定具体的产污单元。产污单元应该具有代表性、典型性和全面性等特性，因此最后确定的产污单元应该尽量涵盖农业面源污染的主要来源。确定产污单元之后，需要根据产污单元的结构设计调查指标，并实施统计调查。一般采取的统计调查方法主要包括通过实地调查获取一手数据以及通过查阅相关的统计年鉴获取二手数据两种。本书需要对全国范围内的农业面源污染进行测度，如果对全国范围农业生产及污染情况展开实地调查，难度非常大，可操作性不强。因此，本书主要采用上述第二种方法，即从公开的统计资料中获取各产污单元的指标数据。

第三，产污过程调查与分析。产污过程调查与分析主要通过现场试验或文献调研等方式发现各产污单元的产污机理和排放规律，从而确定各产污单元的产污系数和流失系数。

第四，农业面源污染测度。农业面源污染排放量的测度公式为[①]：

$$E = \sum_i EU_i\rho_i(1-\eta_i)C_i(EU_i,S) = \sum_i PE_i(1-\eta_i)C_i(EU_i,S) \tag{3.5}$$

其中，E 为农业面源污染的排放量，本书具体指 COD_{Cr}、TN 和 TP 的排放量；EU_i 为单元 i 指标统计数；ρ_i 为单元 i 污染物的产污系数；η_i 为相关资源利用率；PE_i 为单元 i 污染物的产生量（产污量），即在农业生产活动中，当不考虑资源综合利用和管理因素时产生的最大潜在污染量；C_i 为单元 i 污染物的流失系数，它由单元特性（EU_i）和环境特征（S）决定。

为了使各污染物指标具有可比性和可加性，根据地面水环境质量标准（GB3838—2002）中的Ⅲ类标准，将各污染物指标转化为等标排放量，即污染物等标排放量 = 污染物排放量/污染物排放评价标准。[②]

---

① 陈敏鹏、陈吉宁、赖斯芸：《中国农业和农村污染的清单分析与空间特征识别》，《中国环境科学》2006 年第 6 期。

② 严素定：《黄石市农业面源污染的解析及其空间异质性研究》，《农业工程学报》2008 年第 9 期。

2. 农业面源污染类型识别和产污单元确定

本书评估的农业面源污染排放物指标主要包括通过地表径流和农田排水等途径汇入水体的 COD_{Cr}、TN 和 TP。据此，并基于现有文献①，本书主要考虑来自农田化肥、畜禽养殖以及农田固体废弃物等方面的污染排放物。

（1）农田化肥

改革开放 40 多年来，中国农业生产取得巨大成就，不可否认，农田化肥对中国农业的增产增效发挥了重要作用。图 3.7 反映了 1997—2015 年中国农业生产中化肥投入情况。由该图可知，中国化肥施用量和化肥施用强度②均呈现稳定增长趋势，化肥施用量由 1997 年的 3980.7 万吨增加到 2015 年的 6022.60 万吨，年均增长率为 2.33%；化肥施用强度由 1997 年的 258.54 千克/公顷增加到 2015 年的 361.99 千克/公顷，年均增长率为 1.89%。

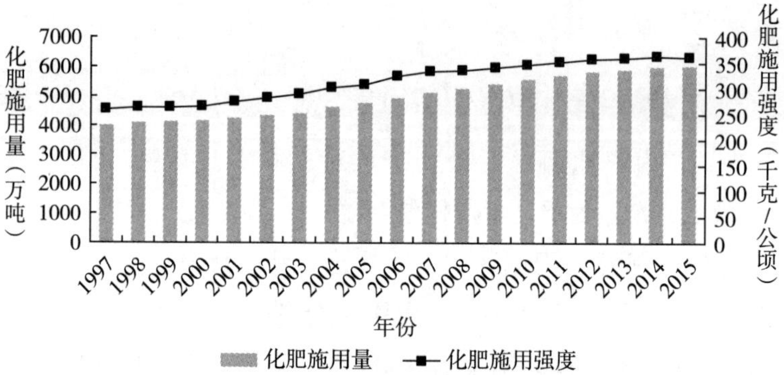

图 3.7 1997—2015 年中国化肥施用量和化肥施用强度

数据显示，中国化肥施用量占世界化肥施用总量的 1/3，化肥施用强度也远超世界平均水平。在农业生产中，过量的化肥投入已经对

---

① 李谷成、陈宁陆、闵锐：《环境规制条件下中国农业全要素生产率增长与分解》，《中国人口·资源与环境》2011 年第 11 期。

② 化肥施用强度表示农作物每单位播种面积的化肥施用量。

农业生态环境造成了严重危害，农田化肥已成为农业面源污染的主要来源之一。化肥主要通过对土壤、农作物、大气和水体的污染影响农业生态环境，本部分主要关注化肥对水体造成的污染。①

根据所含营养元素不同，化肥进一步细分为氮肥、磷肥、钾肥和复合肥，由于本书只测度进入水体的 COD_{Cr}、TN 和 TP 三种污染排放物指标，因此最终将农田化肥污染类型中的产污单元确定为氮肥、磷肥和复合肥，调查指标为各种肥料的施用量（折纯）。各产污单元指标数据均来自相应年份的《中国农村统计年鉴》。

（2）畜禽养殖

随着人们对肉、乳、蛋制品的需求持续增加，中国畜禽养殖业迅速发展，畜禽养殖规模也不断扩大。以家禽和猪为例，1997—2015年，中国的家禽年内出栏量和猪年内出栏量均有了较大幅度的增长（见图 3.8）。家禽年内出栏量由 1997 年的 765865.3 万只上升到 2015 年的 1198720.6 万只，年均增长率为 2.52%；猪年内出栏量由 1997 年的 45077.2 万头上升到 2015 年的 70825 万头，年均增长率为 2.54%。

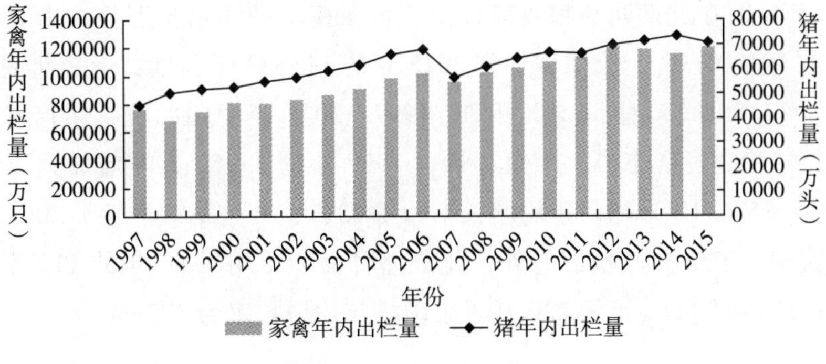

图 3.8　1997—2015 年中国家禽和猪年内出栏量

随着畜禽养殖规模的不断扩大，畜禽粪尿排泄以及由此而产生的

① 在农业碳排放测度中，主要关注化肥对大气造成的污染。

农业面源污染问题也日益严重。研究表明，农业面源污染排放物主要来自畜禽养殖业。[①]《全国首次污染源普查公报》显示，畜禽养殖业排放的COD_{Cr}、TN和TP三种污染物，分别占农业面源污染排放物的96%、38%和56%。因此，本书将畜禽养殖业作为一种重要的农业面源污染类型。

参照现有文献[②]，并结合本书考察的污染排放物指标，将畜禽养殖污染类型中的产污单元确定为牛、猪、羊以及家禽四种主要畜禽。考虑到各种畜禽养殖周期的差异，将牛和羊两个产污单元的统计指标确定为年末存栏量，而将猪和家禽两个产污单元的统计指标确定为年内出栏量。各产污单元指标数据均来自相应年份的《中国农村统计年鉴》和《中国畜牧业年鉴》。[③]

（3）农田固体废弃物

农田固体废弃物是种植业生产过程中产生的副产品，如农作物秸秆，蔬菜废物等。作为一个农业大国，近年来中国的种植业已经有了长足的发展。如图3.9所示，虽然1997—2003年粮食产量波动较为频繁，但是从2004年开始，粮食产量连续增加，由2004年的46946.95万吨增加到2015年的62143.90万吨，十多年间增加了32.37%。在此期间，粮食播种面积也保持了持续增长态势，由2004年的101606.03千公顷增加到2015年的113343千公顷，十多年间增加了11.55%。由图3.10可知，1997—2015年中国的蔬菜生产基本保持了稳定发展态势，蔬菜产量由1997年的35962万吨增加到2015年的78526.10万吨，年均增长率为4.43%，并且蔬菜产量于2001年首次超过了粮食产量；另外，蔬菜播种面积也由1997年的11288千公顷增加到2015年的22000千公顷，年均增长率为3.78%。

---

① 张晖：《中国畜牧业面源污染研究》，博士学位论文，南京农业大学，2010年。

② 赖斯芸：《非点源调查评估方法及其应用研究》，硕士学位论文，清华大学，2003年。

③ 从2014年开始该年鉴更名为《中国畜牧兽医年鉴》。

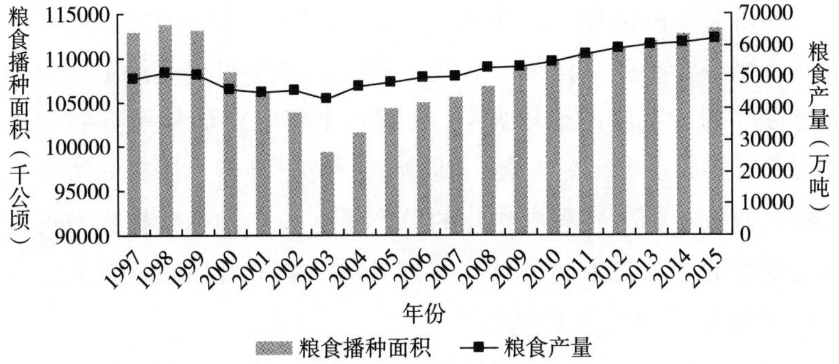

图 3.9 1997—2015 年中国粮食播种面积和粮食产量

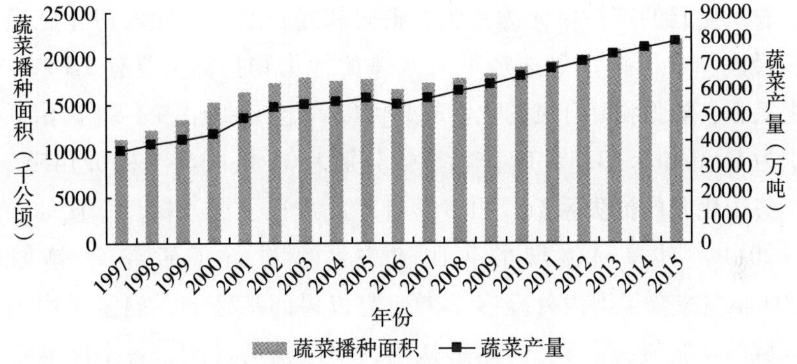

图 3.10 1997—2015 年中国蔬菜播种面积和蔬菜产量

随着农作物生产规模的不断扩大，秸秆和蔬菜废弃物也大量产生，以秸秆为例，2015 年中国的稻谷、小麦和玉米三大农作物产生的秸秆量分别为 20197.825 万吨、13409.055 万吨和 30774.584 万吨。[①]然而，长期以来中国的秸秆资源综合利用率偏低，焚烧和堆放废弃现象比较严重，不但造成了资源浪费，而且由于秸秆所含养分的流失，对农业生态环境也造成了严重的危害。因此，本书将农田固体废弃物作为一种农业面源污染类型。

中国是农业大国，农作物种类繁多，且分布广泛，统计比较困

① 根据草谷比法计算所得。

难，参照现有文献的做法，本书只考虑主要农作物产生的污染。[①]研究表明，稻谷、小麦、玉米、豆类、薯类、油料和蔬菜等主要农作物的固体废弃物产生量占比较高[②]，因此本书将农田固体废弃物类型中的产污单元确定为稻谷、小麦、玉米、豆类、薯类、油料和蔬菜七种农作物，调查指标为各种农作物的总产量。各产污单元指标数据均来自相应年份的《中国农村统计年鉴》和《中国农业统计资料》。

3. 产污过程调查与分析

本部分主要通过广泛的文献调研方式确定各产污单元的产污系数和流失系数。[③]

（1）农田化肥

农田化肥的产污单元为氮肥、磷肥和复合肥，因此农田化肥通过地表径流和农田排水等途径汇入水体的污染物指标主要有 TN 和 TP。根据氮肥、磷肥和复合肥的化学成分可以确定三种化肥的 TN 产污系数分别为 1、0 和 0.3333，TP 产污系数分别为 0、0.4366[④]和 0.1455。

关于化肥的流失系数，很多学者对此进行了深入探讨。比如，朱梅（2011）对海河流域的化肥流失系数进行了研究。[⑤]赖斯芸（2003）在综合了国内外众多学者研究成果的基础上，确定了中国不同区域的化肥流失系数。[⑥]本书认为，中国幅员辽阔，各个区域资源禀赋差异明显，不同省份的化肥使用和流失情况也不尽相同。因此，最终采用赖斯芸（2003）给出的化肥流失系数。

（2）畜禽养殖

畜禽养殖对农业生态环境的污染主要是由于畜禽粪尿排泄物中存

---

① 王晓玉：《以华东、中南、西南地区为重点的大田作物秸秆资源量及时空分布的研究》，博士学位论文，中国农业大学，2014 年。

② 梁流涛：《农村生态环境时空特征及其演变规律研究》，博士学位论文，南京农业大学，2009 年。

③ 感谢华中农业大学经济管理学院李谷成教授和清华大学环境学院杜鹏飞教授在数据方面提供的支持。

④ 磷肥的折纯量是 P_2O_5 的量，因此磷肥的 TP 产污系数是 0.4366。

⑤ 朱梅：《海河流域农业非点源污染负荷估算与评价研究》，博士学位论文，中国农业科学院，2011 年。

⑥ 赖斯芸：《非点源调查评估方法及其应用研究》，硕士学位论文，清华大学，2003 年。

在大量的对生态环境有害的物质。因此，确定畜禽的产污系数的关键是研究不同种类畜禽的粪尿排泄情况和观测不同种类畜禽粪尿中 COD_{Cr}、TN 和 TP 的含量。关于畜禽排泄系数的相关研究已有大量研究成果可供借鉴，关于畜禽粪尿中的污染物含量问题，环境保护部南京环境科学研究所对此进行了系统研究，并得出了和农业部有关研究基本一致的结论。本书在环境保护部南京环境科学研究所的研究基础上，得出了不同种类畜禽的产污系数。

畜禽粪尿的流失系数因畜禽的养殖方式和所处环境不同而表现出差异，但是现有研究并未形成一致的结论。段华平（2010）对江苏省的畜禽粪尿流失情况进行了调查，发现散养方式下畜禽粪流失率大概为60%，畜禽尿流失率则高达80%左右。[①] 环境保护部南京环境科学研究所曾经对畜禽养殖场的畜禽粪尿流失情况进行了研究，认为全国范围内的畜禽粪流失率大约维持在2% ~8%的水平上，而畜禽尿流失率大约维持在50%的水平上。赖斯芸（2003）从畜禽粪尿利用途径的角度对全国范围内的畜禽粪尿流失率进行了分区研究。本书认为，外部环境对畜禽粪尿流失率具有较大影响，因此在确定畜禽粪尿流失率时应该体现区域差异。鉴于此，在赖斯芸（2003）的基础之上，本书确定了不同省份的畜禽污染排放物流失情况。

（3）农田固体废弃物

农田固体废弃物的产污系数由农作物的固废产量比[②]和固体废弃物的养分含量计算所得。其中，不同农作物的固废产量比数据主要来源于韩鲁佳等（2002）[③]，不同农作物的固体废弃物养分含量数据主要来源于陈阜（2002）[④]。

农作物秸秆的利用方式有多种，不同的利用方式下，农作物秸秆

---

① 段华平：《农业非点源污染控制区划方法及其应用研究》，博士学位论文，南京农业大学，2010 年。

② 农作物的固废产量比主要指稻谷、小麦、玉米、豆类、薯类和油料的秸秆产量与粮食产量比以及蔬菜的废弃物产量与蔬菜产量比。

③ 韩鲁佳、闫巧娟等：《中国农作物秸秆资源及其利用现状》，《农业工程学报》2002 年第 3 期。

④ 陈阜：《农业生态学》，中国农业出版社 2002 年版。

养分还田率和流失率会有差异。基于高祥照和马文奇等（2002）① 的研究，本书最终确定了秸秆养分流失系数。调查显示，农田蔬菜废弃物大部分被闲置堆放，很少有其他用途，而且蔬菜废弃物含水量偏高，容易流失。本书采用现有文献的结论，将蔬菜废弃物流失系数定为0.5。②③

（二）农业碳排放定量评估

借鉴田云和张俊飚（2013）的思路，构建农业碳排放评估公式如下④：

$$E = \sum E_i = \sum (T_i \times \delta_i) \tag{3.6}$$

其中，E 为农业碳排放总量；E_i 为第 i 类农业碳源的碳排放量；T_i 为第 i 类农业碳源的具体数值；δ_i 为第 i 类农业碳源的碳排放系数。由式（3.6）可知，评估农业碳排放的关键是要确定各类农业碳源以及相应农业碳源的碳排放系数。根据农业生产活动的特征并考虑数据的可获得性因素，本书将从农地利用、稻田和畜禽养殖三个方面确定具体碳源因子以及相应农业碳源的碳排放系数。另外，需要特别指出的是，为便于计算和比较，本书将 CO_2、CH_4 和 N_2O 等农业生产过程中排放的温室气体均折算成标准 C 当量，从而统一计量单位，最终能够将排放的各种温室气体进行加总。具体的折算方案依据 IPCC（联合国政府间气候变化专门委员会）第四次评估报告的规定执行，即 1 吨 CH_4 和 1 吨 N_2O 所引发的温室效应分别等同于 25 吨 CO_2 和 298 吨 CO_2 所产生的温室效应。由于 1 吨 CO_2 包含 0.2727 吨 C，因此 1 吨 CH_4 和 1 吨 N_2O 所包含的 C 分别约合 6.8175 吨和 81.2646 吨。

1. 农地利用碳排放

在农地利用活动中，农用物资的使用以及农业能源消耗等行为均

---

① 高祥照、马文奇等：《中国作物秸秆资源利用现状分析》，《华中农业大学学报》2002 年第 3 期。

② 高祥照、马文奇等：《中国作物秸秆资源利用现状分析》，《华中农业大学学报》2002 年第 3 期。

③ 赖斯芸：《非点源调查评估方法及其应用研究》，硕士学位论文，清华大学，2003 年。

④ 田云、张俊飚：《中国农业生产净碳效应分异研究》，《自然资源学报》2013 年第 8 期。

会产生温室气体的排放。根据李波等（2011）[①] 以及田云等（2012）[②] 的研究成果可知，农地利用活动中的碳排放，主要来源于：①化肥、农药、农膜和农用柴油的生产和使用过程中所导致的碳排放；②农业翻耕破坏土壤有机碳库而导致的碳排放；③农业灌溉活动中使用的电能所消耗的化石燃料导致的间接碳排放。各种碳源的排放系数及参考来源如表 3.1 所示。

表 3.1 农地利用碳排放碳源、系数及参考来源

碳源	碳排放系数	参考来源
化肥	$0.8956kgC \cdot kg^{-1}$	West 和 Marland（2002）
农药	$4.9341kgC \cdot kg^{-1}$	West 和 Marland（2002）
农膜	$5.18kgC \cdot kg^{-1}$	王宝义和张卫国（2016）
柴油	$0.5927kgC \cdot kg^{-1}$	IPCC（2007）
翻耕	$312.6kgC \cdot hm^{-2}$	伍芬琳和李琳等（2007）
农业灌溉	$20.476kgC \cdot hm^{-2}$	李波和张俊飚等（2011）

2. 稻田碳排放

稻田是大气中 CH_4 的重要排放源，中国是水稻种植和稻谷消费的大国，中国稻田 CH_4 排放不仅是中国大气中 CH_4 的重要来源，同时也对全球大气的 CH_4 排放起着重要的作用，因此对稻田 CH_4 排放的科学测度至关重要。由于不同地区以及不同水稻品种的 CH_4 排放率均不同，因此在确定稻田 CH_4 排放系数时需要考虑地区差异以及水稻品种的差异。闵继胜和胡浩（2012）测算了不同地区、不同水稻品种的 CH_4 排放系数[③]，在此基础上，本书将应该考虑地区差异以及水稻品

① 李波、张俊飚、李海鹏：《中国农业碳排放时空特征及影响因素分解》，《中国人口·资源与环境》2011 年第 8 期。

② 田云、张俊飚、李波：《中国农业碳排放研究：测算、时空比较及脱钩效应》，《资源科学》2012 年第 11 期。

③ 闵继胜、胡浩：《中国农业生产温室气体排放量的测算》，《中国人口·资源与环境》2012 年第 7 期。

种差异的 CH_4 排放系数转化成了 C 排放系数，最终给出了不同省份的早稻、双季晚稻以及中稻和单季晚稻的 C 排放系数，详见表 3.2。

表 3.2　各地区水稻生长周期内的 C 排放系数　单位：$kg \cdot hm^{-2}$

地区	早稻	双季晚稻	中稻和单季晚稻
北京	0	0	901.955
天津	0	0	773.105
河北	0	0	1045.120
山西	0	0	451.319
内蒙古	0	0	608.803
辽宁	0	0	629.937
吉林	0	0	379.735
黑龙江	0	0	566.534
上海	846.052	1874.813	3672.590
江苏	1095.570	1881.630	3650.770
浙江	979.675	2352.038	3951.420
安徽	1141.930	1881.630	3493.290
福建	527.675	3586.005	2963.570
江西	1054.670	3122.415	4460.010
山东	0	0	1431.680
河南	0	0	1216.920
湖北	1193.740	2658.825	3965.740
湖南	1002.850	2324.768	3836.890
广东	1026.030	3517.830	3887.340
广西	846.052	3347.393	3257.400
海南	915.590	3367.845	3564.870
重庆	446.546	1261.238	1754.140
四川	446.546	1261.238	1754.140
贵州	347.693	1431.675	1503.260
云南	162.257	518.130	494.269

续表

地区	早稻	双季晚稻	中稻和单季晚稻
陕西	0	0	852.869
甘肃	0	0	465.635
青海	0	0	0
宁夏	0	0	501.086
新疆	0	0	715.838

3. 畜禽养殖碳排放

畜禽养殖是 CH_4 和 N_2O 的重要排放源，主要包括畜禽胃肠道发酵所引发的 CH_4 排放以及畜禽排泄物处理过程中产生的 CH_4 和 N_2O 的排放。根据我国畜禽养殖情况，本书主要考虑牛（奶牛、黄牛、水牛）、马、驴、骡、骆驼、猪、羊（山羊、绵羊）和禽类在养殖过程中的碳排放问题。在胡向东和王济民（2010）的研究基础上①，本书总结了各畜禽品种胃肠道发酵 CH_4 排放系数以及排泄物处理过程中 CH_4 和 N_2O 排放系数，并进一步将上述排放系数转化成加总之后的 C 排放系数，详见表 3.3。

表 3.3　　畜禽养殖碳排放系数　　单位：kg · 头$^{-1}$ · a^{-1}

畜禽品种	CH_4 排放系数		N_2O 排放系数	C 排放系数（合计）
	胃肠发酵	粪便排放	粪便排放	
奶牛	61	18	1.00	619.8471
黄牛	47	1	1.39	440.1978
水牛	55	2	1.34	497.4921
马	18	1.64	1.39	246.8535
驴	10	0.9	1.39	187.2685
骡	10	0.9	1.39	187.2685

① 胡向东、王济民：《中国畜禽温室气体排放量估算》，《农业工程学报》2010 年第 10 期。

续表

畜禽品种	CH_4 排放系数		N_2O 排放系数	C 排放系数（合计）
	胃肠发酵	粪便排放	粪便排放	
骆驼	46	1.92	1.39	439.6524
猪	1	4	0.53	77.1577
山羊	5	0.17	0.33	62.0638
绵羊	5	0.15	0.33	61.9274
禽类	—	0.02	0.02	1.7616

注：由于禽类胃肠发酵 CH_4 排放量及其微小，因此本书未考虑禽类胃肠发酵所导致的 CH_4 排放问题。

关于农业碳排放测度公式中各指标数据的来源，化肥、农药、农膜、柴油、翻耕、农业灌溉等指标数据均来源于《中国农村统计年鉴》，其中，翻耕指标用农作物总播种面积替代。早稻、双季晚稻以及中稻和单季晚稻的指标数据均来源于《中国农业统计资料》和《中国农业年鉴》。各种畜禽指标数据均来源于《中国农村统计年鉴》和《中国畜牧业年鉴》，对于出栏率大于 1 的畜禽品种，其当年饲养量采用当年出栏量调整；对于出栏率小于 1 的畜禽品种，其当年饲养量采用年末存栏量调整。

三　农业环境污染评估结果分析

（一）农业面源污染评估结果分析

将各产污单元的产污系数和流失系数等数据代入农业面源污染排放量的测度公式（式 3.5），并进一步将农业面源污染排放量转化为等标排放量，最终得到 1997—2015 年中国各省份来源于农田化肥、畜禽养殖和农田固体废弃物的农业面源污染等标排放量及其加总。

1. 农业面源污染时序特征分析

表 3.4 列示了 1997—2015 年中国农业面源污染排放总量和排放

强度值。接下来，将分别对中国农业面源污染排放总量和排放强度的时序特征进行分析。

表 3.4　1997—2015 年中国农业面源污染排放总量和排放强度

单位：10^9m^3；10^9m^3/亿元；%

年份	农田化肥		畜禽养殖		农田固体废弃物		加总	
	排放总量	排放比重	排放总量	排放比重	排放总量	排放比重	排放总量	排放强度
1997	5531.98	69.62	1221.20	15.37	1193.33	15.02	7946.52	0.3237
1998	5651.06	68.66	1259.88	15.31	1319.94	16.04	8230.88	0.3166
1999	5644.75	67.90	1311.54	15.78	1357.39	16.33	8313.68	0.3056
2000	5627.23	67.08	1352.34	16.12	1409.54	16.80	8389.11	0.2977
2001	5694.44	66.80	1374.25	16.12	1455.81	17.08	8524.50	0.2902
2002	5737.68	66.05	1409.07	16.22	1540.48	17.73	8687.23	0.2817
2003	5786.63	65.51	1457.37	16.50	1589.28	17.99	8833.28	0.2760
2004	6020.02	65.95	1500.7	16.44	1607.08	17.61	9127.80	0.2654
2005	6115.57	65.45	1575.01	16.86	1653.04	17.69	9343.62	0.2571
2006	6268.57	65.63	1579.66	16.54	1703.06	17.83	9551.28	0.2493
2007	6424.17	68.72	1269.71	13.58	1654.40	17.70	9348.28	0.2350
2008	6528.20	67.92	1324.63	13.78	1758.22	18.29	9611.05	0.2285
2009	6674.81	67.74	1367.13	13.88	1811.24	18.38	9853.18	0.2239
2010	6801.34	67.45	1389.58	13.78	1892.75	18.77	10083.70	0.2194
2011	6936.63	67.31	1389.28	13.48	1979.13	19.21	10305.00	0.2147
2012	7053.67	66.84	1440.43	13.65	2058.77	19.51	10552.90	0.2096
2013	7090.05	66.47	1449.50	13.59	2127.05	19.94	10666.60	0.2039
2014	7135.25	66.31	1454.12	13.51	2170.32	20.17	10759.70	0.1975
2015	7121.20	57.26	1359.18	10.93	3956.24	31.81	12436.60	0.2198

注：农业面源污染排放强度 = 农业面源污染排放总量/农林牧渔业总产值。

（1）农业面源污染排放总量的时序特征①

由表 3.4 和图 3.11 可知，考察期内中国农业面源污染排放总量整体呈现稳步上升态势（其间只有 2007 年出现下降），由 1997 年的 7946.52 上升到 2015 年的 12436.60，年均增长 2.52%。从农业面源

① 农业面源污染排放总量的单位为 10^9m^3。为简便起见，在正文叙述中省略单位（下同）。

污染的产污单元来看，农田化肥是中国农业面源污染的最大产污单元，2015 年农田化肥面源污染排放总量占全国农业面源污染排放总量的 57.26%。考察期内，农田化肥面源污染排放总量总体呈现波动上升态势，由 1997 年的 5531.98 上升到 2015 年的 7121.20，年均增长 1.41%；畜禽养殖面源污染排放总量整体呈现波动上升态势，具体来说，1997—2006 年畜禽养殖面源污染排放总量持续稳定增长，并于 2006 年达到考察期内最高值 1579.66，但是 2007 年出现显著下降，相比 2006 年降幅 19.62%，2007—2014 年除 2011 年出现微弱降幅之外，一直保持增长态势，2015 年又出现下降，但是当以 1997 年为基期时，整体实现了年均 0.60% 的微弱增长；农田固体废弃物在 1997—2014 年除 2007 年出现微弱降幅外，整体呈现稳步上升态势，年均增长 3.58%，2015 年出现跨越式增长，与 2014 年相比增长了 82.29%。

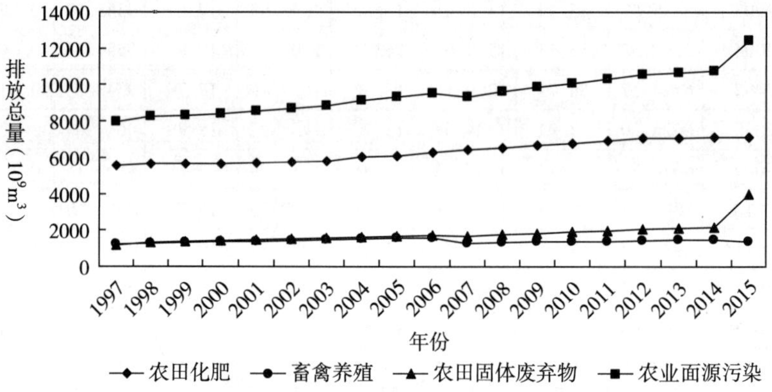

图 3.11　1997—2015 年中国农业面源污染排放总量的时序特征

（2）农业面源污染排放强度的时序特征①

由表 3.4 和图 3.12 可知，考察期内中国农业面源污染排放强度整体呈现下降态势，由 1997 年的 0.3237 下降到 2015 年的 0.2198，

① 农业面源污染排放强度的单位为 10^9m^3/亿元。为简便起见，在正文叙述中省略单位（下同）。

年均降幅 2.10%。中国农业面源污染排放强度的动态变化过程又可分为两个阶段，1997—2014 年为第一阶段，该阶段中国农业面源污染排放强度持续下降，年均降幅 2.87%；2014—2015 年为第二阶段，该阶段中国农业面源污染排放强度出现了明显的提升，2015 年较之 2014 年增加 11.30%。说明，考察期内虽然中国农业面源污染排放总量持续增加，但是单位农林牧渔业总产值的排放量却出现了下降，可见中国农业生产的防污治污能力有了明显提升。

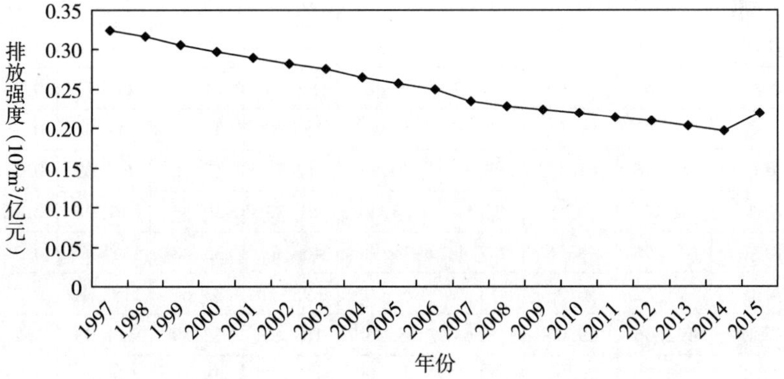

图 3.12 1997—2015 年中国农业面源污染排放强度的时序特征

2. 农业面源污染区域特征分析

全面了解各地区农业面源污染的实际情况，对于制定有针对性的防污治污措施具有重要意义。为此，接下来将以 2015 年的截面数据为例（见表 3.5），对农业面源污染的区域特征进行分析。

表 3.5 2015 年中国各省份农业面源污染排放总量和排放强度

单位：10^9m^3；10^9m^3/亿元；%

省份	农田化肥		畜禽养殖		农田固体废弃物		加总	
	排放总量	排放比重	排放总量	排放比重	排放总量	排放比重	排放总量	排放强度
北京	22.36	59.61	8.65	23.07	6.50	17.32	37.51	0.1411
天津	42.02	66.11	6.30	9.91	15.25	23.98	63.57	0.1981

续表

省份	农田化肥		畜禽养殖		农田固体废弃物		加总	
	排放总量	排放比重	排放总量	排放比重	排放总量	排放比重	排放总量	排放强度
河北	445.30	50.89	61.96	7.08	367.76	42.03	875.02	0.2597
山西	84.53	52.68	4.23	2.64	71.68	44.68	160.44	0.2289
内蒙古	300.95	61.31	15.85	3.23	174.05	35.46	490.85	0.3838
辽宁	201.00	50.47	64.39	16.17	132.85	33.36	398.25	0.1590
吉林	278.44	60.18	13.68	2.96	170.56	36.86	462.68	0.2805
黑龙江	234.95	47.18	13.30	2.67	249.76	50.15	498.01	0.2133
上海	20.43	60.81	3.82	11.36	9.35	27.83	33.60	0.1833
江苏	697.32	73.41	12.89	1.36	239.75	25.24	949.96	0.2514
浙江	179.03	73.03	13.27	5.41	52.83	21.55	245.13	0.1476
安徽	241.49	53.91	51.10	11.41	155.33	34.68	447.92	0.1811
福建	162.36	61.13	55.56	20.92	47.70	17.96	265.62	0.1361
江西	98.07	36.59	88.58	33.06	81.33	30.35	267.98	0.1619
山东	641.56	48.76	207.43	15.76	466.89	35.48	1315.88	0.2627
河南	673.02	56.79	113.78	9.60	398.31	33.61	1185.10	0.2731
湖北	493.06	69.05	59.64	8.35	161.33	22.59	714.03	0.2643
湖南	298.76	50.06	127.97	21.44	170.12	28.50	596.84	0.2124
广东	433.21	66.54	117.10	17.99	100.75	15.47	651.05	0.1876
广西	162.19	49.07	68.20	20.63	100.17	30.30	330.55	0.1341
海南	33.14	63.34	3.68	7.04	15.50	29.63	52.32	0.0557
重庆	80.89	51.70	8.24	5.26	67.33	43.03	156.45	0.1679
四川	204.73	39.76	113.18	21.98	196.99	38.26	514.90	0.1660
贵州	143.83	58.80	12.18	4.98	88.62	36.23	244.62	0.2683
云南	315.43	70.99	19.74	4.44	109.14	24.56	444.30	0.2505
陕西	295.02	73.78	5.10	1.27	99.74	24.94	399.87	0.3138
甘肃	75.89	46.31	9.40	5.74	78.59	47.96	163.88	0.1774
青海	8.16	13.05	45.94	73.42	8.47	13.54	62.58	0.5042
宁夏	53.56	70.21	2.20	2.89	20.53	26.91	76.29	0.3319
新疆	200.51	60.50	31.83	9.60	99.07	29.89	331.41	0.2291
东部平均	261.61	61.28	50.46	12.37	132.28	26.35	444.36	0.1802
中部平均	300.29	53.31	59.04	11.52	182.30	35.18	541.63	0.2269
西部平均	167.38	54.13	30.17	13.95	94.79	31.92	292.34	0.2661

(1) 农业面源污染排放总量的区域特征

如表3.5所示，2015年中国农业面源污染排放总量在区域层面呈现“中高西低”的格局，即中部地区农业面源污染排放量的平均值最高，东部地区次之，西部地区最低。在省域层面，农业面源污染排放总量处于前5位的省份依次为山东、河南、江苏、河北和湖北，处于后5位的省份依次为上海、北京、海南、青海和天津。另外，各省份农业面源污染排放总量的变异系数为0.8014，其中处于第一位的山东2015年的农业面源污染排放总量高达1315.88，是处于最后一位上海（33.60）的39.17倍，可见各省份农业面源污染排放总量之间的差异巨大。

为进一步分析农业面源污染产污单元的区域特征，按照田云和张俊飚等（2012）的思路[①]，可将中国30个省份划分为四种类型：

第一，农田化肥主导型地区，即农田化肥面源污染排放总量的占比超过50%的地区，具体包括北京、天津、河北、山西、内蒙古、辽宁、吉林、上海、江苏、浙江、安徽、福建、河南、湖北、湖南、广东、海南、重庆、贵州、云南、陕西、宁夏和新疆23个省份，可见绝大部分省份属于农田化肥主导型地区；第二，畜禽养殖主导型地区，即畜禽养殖面源污染排放总量的占比超过50%的地区，仅有青海一个省份；第三，农田固体废弃物主导型地区，即农田固体废弃物面源污染排放总量的占比超过50%的地区，仅有黑龙江一个省份；第四，复合因素主导型地区，即农业面源污染排放总量主要来源于两个或者三个产污单元，具体包括江西、山东、广西、四川和甘肃5个省份。

(2) 农业面源污染排放强度的区域特征

如表3.5所示，2015年中国农业面源污染排放强度在区域层面呈现“西高东低”的格局，即西部地区农业面源污染排放强度的平均值最高，中部地区次之，东部地区最低。说明东部地区的农业增长模式

① 田云、张俊飚、李波：《中国农业碳排放研究：测算、时空比较及脱钩效应》，《资源科学》2012年第11期。

相对最优，其各产污单元的单位农林牧渔业总产值的排放量均最低。在省域层面，农业面源污染排放强度处于前5位的省份依次为青海、内蒙古、宁夏、陕西和吉林，处于后5位的省份依次为海南、广西、福建、北京和浙江。另外，各省份农业面源污染排放强度的变异系数为0.3855，其中处于第一位青海的农业面源污染排放强度是处于最后一位海南的9.05倍。可见，当前各省份之间农业面源污染排放强度的差异仍然较为明显，但是远低于各省份之间农业面源污染排放总量的差异。

（二）农业碳排放评估结果分析

将收集到的各类农业碳源的具体数值和碳排放系数代入农业碳排放评估公式（式3.6），即可得到1997—2015年中国各省份来源于农地利用、稻田和畜禽养殖的标准C当量。

1. 农业碳排放时序特征分析

表3.6列示了1997—2015年中国农业碳排放总量和排放强度值，接下来分别对农业碳排放总量和农业碳排放强度的时序特征进行分析。

表3.6　　1997—2015年中国农业碳排放总量和排放强度

单位：万吨；万吨/亿元；%

年份	农地利用碳排放		稻田碳排放		畜禽养殖碳排放		加总	
	排放总量	排放比重	排放总量	排放比重	排放总量	排放比重	排放总量	排放强度
1997	10389.86	34.25	6674.20	22.00	13273.82	43.75	30337.89	1.2359
1998	10633.58	34.09	6575.71	21.08	13983.43	44.83	31192.72	1.1997
1999	10787.13	33.88	6644.02	20.87	14406.78	45.25	31837.92	1.1703
2000	10854.98	35.67	6393.83	21.01	13184.16	43.32	30432.96	1.0800
2001	11037.28	36.06	6167.65	20.15	13405.20	43.79	30610.13	1.0421
2002	11158.13	35.95	6131.27	19.75	13751.44	44.30	31040.84	1.0065
2003	11226.39	35.62	5836.18	18.52	14453.96	45.86	31516.53	0.9847
2004	11684.36	35.34	6242.37	18.88	15139.94	45.79	33066.67	0.9615

续表

年份	农地利用碳排放		稻田碳排放		畜禽养殖碳排放		加总	
	排放总量	排放比重	排放总量	排放比重	排放总量	排放比重	排放总量	排放强度
2005	11989.87	35.27	6355.19	18.69	15649.67	46.04	33994.73	0.9356
2006	12276.72	35.59	6398.54	18.55	15814.85	45.85	34490.11	0.9003
2007	12476.19	39.57	6293.84	19.96	12757.28	40.46	31527.31	0.7924
2008	12666.62	39.19	6350.57	19.65	13306.94	41.17	32324.13	0.7684
2009	12988.74	39.08	6398.27	19.25	13852.38	41.67	33239.39	0.7552
2010	13304.55	39.63	6413.76	19.11	13850.45	41.26	33568.76	0.7305
2011	13581.43	40.23	6426.63	19.04	13750.58	40.73	33758.64	0.7034
2012	13825.09	40.18	6408.08	18.62	14175.82	41.20	34408.99	0.6835
2013	14010.60	40.35	6417.10	18.48	14295.09	41.17	34722.80	0.6638
2014	14174.75	40.32	6422.29	18.27	14558.16	41.41	35155.20	0.6453
2015	14241.95	40.41	6441.10	18.27	14562.71	41.32	35245.76	0.6229

注：农业碳排放强度 = 农业碳排放总量/农林牧渔业总产值。

（1）农业碳排放总量的时序特征①

由表3.6和图3.13可知，考察期内中国农业碳排放总量呈现波动上升态势（其间只有2000年和2007年出现下降），由1997年的30337.89上升到2015年的35245.76，年均增长0.84%。从农业碳排放的产生来源看，考察期内农地利用碳排放总量呈现稳步上升态势，由1997年的10389.86持续上升到2015年的14241.95，年均增长1.77%；稻田碳排放总量呈现波动下降态势，但是波动幅度不大，并由1997年的6674.20波动下降到2015年的6441.10，年均下降0.20%；畜禽养殖碳排放总量的变动趋势与全国农业碳排放总量的变动趋势非常接近，整体呈现波动上升态势，由1997年的13273.82上升到2015年的14562.71，年均增长0.52%。

① 农业碳排放总量的单位为万吨。为简便，在正文叙述中省略单位（下同）。

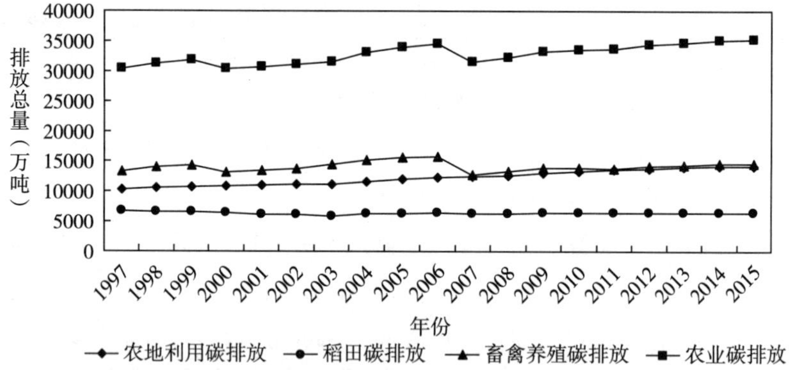

图 3.13 1997—2015 年中国农业碳排放总量的时序特征

（2）农业碳排放强度的时序特征①

由表 3.6 和图 3.14 可知，考察期内中国农业碳排放强度呈现稳定下降态势，由 1997 年的 1.2359 持续下降到 2015 年的 0.6229，年均降幅 3.73%。说明，虽然中国农业碳排放总量有增加趋势，但是单位农林牧渔业总产值的农业碳排放量却出现了明显下降，可见中国农业生产的节能减排效果显著。

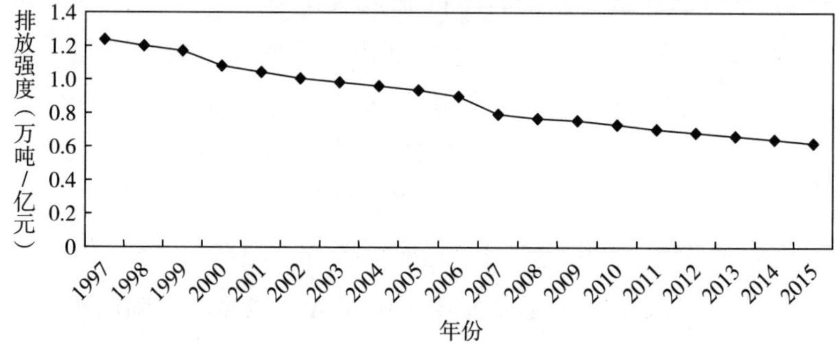

图 3.14 1997—2015 年中国农业碳排放强度的时序特征

2. 农业碳排放区域特征分析

接下来以 2015 年的截面数据为例，对农业碳排放的区域特征进行分析（见表 3.7）。

---

① 农业碳排放强度的单位为万吨/亿元。为简便，在正文叙述中省略单位（下同）。

表 3.7　　2015 年中国各省份农业碳排放总量和排放强度

单位：万吨；万吨/亿元;%

省份	农地利用		稻田		畜禽养殖		加总	
	排放总量	排放比重	排放总量	排放比重	排放总量	排放比重	排放总量	排放强度
北京	23.73	33.03	0.02	0.03	48.08	66.94	71.83	0.2702
天津	51.21	44.76	1.19	1.04	62.00	54.20	114.40	0.3565
河北	869.16	54.99	8.86	0.56	702.54	44.45	1580.56	0.4691
山西	284.67	59.47	0.03	0.01	194.00	40.53	478.69	0.6830
内蒙古	561.48	40.12	4.80	0.34	833.31	59.54	1399.60	1.0942
辽宁	417.29	39.18	34.33	3.22	613.45	57.60	1065.06	0.4251
吉林	489.17	51.08	28.92	3.02	439.60	45.90	957.70	0.5806
黑龙江	794.20	53.83	178.33	12.09	502.81	34.08	1475.34	0.6319
上海	39.35	39.35	35.92	35.92	24.74	24.74	100.00	0.5457
江苏	698.36	36.03	836.61	43.17	403.12	20.80	1938.09	0.5129
浙江	336.14	44.83	270.89	36.13	142.77	19.04	749.79	0.4514
安徽	742.54	38.59	701.12	36.43	480.71	24.98	1924.36	0.7782
福建	296.68	38.50	208.90	27.11	265.01	34.39	770.59	0.3949
江西	398.51	23.62	809.40	47.97	479.55	28.42	1687.46	1.0197
山东	1098.96	50.18	16.65	0.76	1074.28	49.06	2189.89	0.4372
河南	1318.36	50.70	79.83	3.07	1202.01	46.23	2600.20	0.5991
湖北	688.94	34.46	687.56	34.39	622.72	31.15	1999.22	0.7400
湖南	629.35	26.60	943.63	39.88	793.43	33.53	2366.41	0.8420
广东	509.94	33.49	442.30	29.05	570.48	37.46	1522.72	0.4387
广西	527.19	32.72	440.59	27.34	643.52	39.94	1611.30	0.6538
海南	122.03	40.68	66.10	22.03	111.87	37.29	300.00	0.3196
重庆	245.74	37.50	120.74	18.43	288.76	44.07	655.24	0.7032
四川	657.56	28.90	349.21	15.35	1268.62	55.75	2275.39	0.7336
贵州	307.19	36.08	101.49	11.92	442.78	52.00	851.45	0.9337
云南	574.59	41.87	54.53	3.97	743.18	54.16	1372.30	0.7738
陕西	427.63	64.81	10.47	1.59	221.69	33.60	659.79	0.5178
甘肃	381.95	47.82	0.21	0.03	416.56	52.15	798.72	0.8645
青海	35.54	10.22	0.00	0.00	312.39	89.78	347.93	2.8036
宁夏	99.02	48.77	3.72	1.83	100.28	49.39	203.02	0.8832
新疆	615.49	52.22	4.74	0.40	558.48	47.38	1178.71	0.8149
东部平均	405.71	41.37	174.71	18.09	365.30	40.54	945.72	0.4201
中部平均	668.22	42.29	428.60	22.11	589.35	35.60	1686.17	0.7343
西部平均	403.03	40.09	99.14	7.38	529.96	52.52	1032.13	0.9797

（1）农业碳排放总量的区域特征

如表3.7所示，2015年中国农业碳排放总量在区域层面呈现“中高东低”的格局，即中部地区农业碳排放量的平均值最高，西部地区次之，东部地区最低。在省域层面，农业碳排放总量处于前5位的省份依次为河南、湖南、四川、山东和湖北，处于后5位的省份依次为北京、上海、天津、宁夏和海南。另外，各省份农业碳排放总量的变异系数为0.6321，其中处于第一位的河南2015年的农业碳排放总量高达2600.20，是处于最后一位北京（71.83）的36.20倍，可见各省份农业碳排放总量之间的差异较大。

另外，为进一步分析各省份农业碳排放总量的结构特征，参照前文做法，依据各碳排放源对农业碳排放总量的贡献比例，可将30个样本省份划分为四种类型：

第一，农地利用主导型地区，即农地利用碳排放总量在农业碳排放总量中的占比超过50%的地区，具体包括河北、山西、吉林、黑龙江、山东、河南、陕西和新疆8个省份；第二，稻田主导型地区，即稻田碳排放总量在农业碳排放总量中的占比超过50%的地区，2015年所有省份的稻田碳排放总量在农业碳排放总量中的占比均低于50%，因此未有省份属于该类型；第三，畜禽养殖主导型地区，即畜禽养殖碳排放总量在农业碳排放总量中的占比超过50%的地区，包括北京、天津、内蒙古、辽宁、四川、贵州、云南、甘肃和青海9个省份；第四，复合因素主导型地区，即农业碳排放总量主要来源于两个或者三个农业碳源，具体包括上海、江苏、浙江、安徽、福建、江西、湖北、湖南、广东、广西、海南、重庆和宁夏13个省份。

（2）农业碳排放强度的区域特征

如表3.7所示，2015年中国农业碳排放强度在区域层面呈现“西高东低”的格局，即西部地区农业碳排放强度的平均值最高，中部地区次之，东部地区最低。在省域层面，农业碳排放强度处于前5位的省份依次为青海、内蒙古、江西、贵州和宁夏，处于后5位的省份依次为北京、海南、天津、福建和辽宁。可见，全国各省份中北京的单位农林牧渔业总产值的农业碳排放量最低。另外，各省份农业碳排放强度的变异系数为0.63，其中处于第一位青海的农业碳排放强度是处于最后一位北京的10.37倍。可见，当前不同省份之间农业碳排放强度的差异较为明显，各省份的低碳农业发展步伐并不一致。

四　农业环境污染的脱钩效应分析

农业环境污染与农业经济增长之间的关系长期大致表现为一条倒U形曲线，这条曲线通常又被称为“环境高山”（见图3.15）[①]。

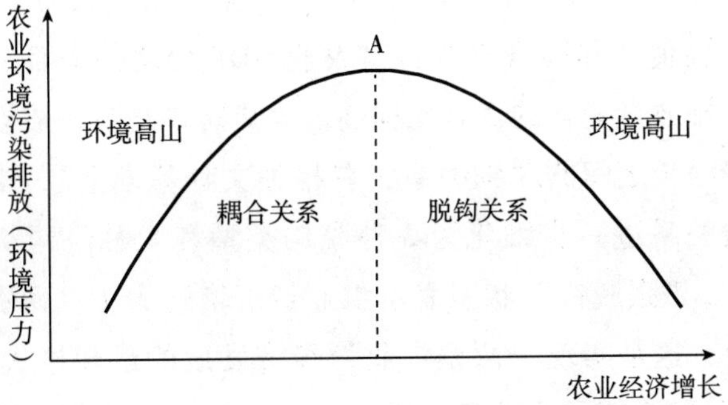

图3.15　“环境高山”曲线

在农业发展初期，由于农业经济增长过度依赖农用物资的消耗，从而产生大量污染排放物，此时农业环境污染排放会随着农业经济增长而持续增加，这个时期农业环境污染与农业经济增长之间主要表现为耦合关系；当农业经济增长到某个临界点时（即拐点A），农业环境污染排放达到了峰值，此时随着农业经济的进一步增长，农业环境污染排放会不断下降，这个时期农业环境污染与农业经济增长相背变化，两者表现为脱钩关系。

（一）Tapio脱钩评价模型

“脱钩”（Decoupling）一词最早来源于物理学领域，表示具有响应

① Han, H., Zhong, Z., Guo, Y., et al., “Coupling and Decoupling Effects of Agricultural Carbon Emissions in China and Their Driving Factors”, *Environmental Science and Pollution Research*, Vol. 25, No. 25, 2018.

关系的两个或两个以上物理量之间的关系产生裂痕，从而导致这些物理量之间的相互关系由强变弱或者不复存在。[①] 本书利用 Tapio 脱钩评价模型对各省区农业环境污染与农业经济增长的脱钩关系进行评价[②]：

$$t = \frac{\% \Delta E}{\% \Delta G} = \frac{(E_{end} - E_{start})/E_{start}}{(G_{end} - G_{start})/G_{start}} \tag{3.7}$$

其中，t 为农业环境污染与农业经济增长的 Tapio 脱钩指数；$\% \Delta G$ 和 $\% \Delta E$ 分别表示农业 GDP 和农业环境污染排放量的变化率；E_{start} 和 E_{end} 分别表示研究周期的初始年和末年的农业环境污染排放量；G_{start} 和 G_{end} 分别表示研究周期的初始年和末年的农业 GDP。

由式（3.7）可知，农业环境污染与农业经济增长的 Tapio 脱钩指数实则为弹性值，具体含义为：当农业 GDP 变动一个百分点时，农业环境污染排放量变化的百分比程度。为更精确地反映农业环境污染与农业经济增长之间的脱钩关系，在相关文献基础上[③]，本书将两者之间的脱钩关系进一步细化为 3 种脱钩类型和 8 种脱钩状态（见表 3.8）。其中，“强脱钩”状态表示农业经济增速为正，而农业环境污染增速为负，这是实现“两型农业”经济发展的最理想状态；相反，“强负脱钩”状态表示农业经济增速为负，而农业环境污染增速为正，这是农业经济增长最为不利的状态。

表 3.8　农业环境污染与农业经济增长脱钩关系分类及判定标准

脱钩类型	脱钩状态	$\% \Delta E$	$\% \Delta G$	t	含义
脱钩	强脱钩	<0	>0	$t<0$	农业经济↑；农业环境污染↓
	弱脱钩	>0	>0	$0 \leq t < 0.8$	农业经济↑；农业环境污染↗
	衰退脱钩	<0	<0	$t>1.2$	农业经济↘；农业环境污染↓

① 关雪凌、周敏：《城镇化进程中经济增长与能源消费的脱钩分析》，《经济问题探索》2015 年第 4 期。

② Tapio, P., “Towards a Theory of Decoupling: Degrees of Decoupling in the EU and the Case of Road Traffic in Finland between 1970 and 2001”, *Journal of Transport Policy*, Vol. 12, No. 2, 2005.

③ 王欢芳、胡振华：《中国制造行业发展与碳排放脱钩测度研究》，《科学学研究》2012 年第 11 期。

续表

脱钩类型	脱钩状态	$\%\Delta E$	$\%\Delta G$	t	含义
负脱钩	扩张负脱钩	>0	>0	$t>1.2$	农业经济↗；农业环境污染↑
	强负脱钩	>0	<0	$t<0$	农业经济↓；农业环境污染↑
	弱负脱钩	<0	<0	$0\leq t<0.8$	农业经济↓；农业环境污染↘
连接	扩张连接	>0	>0	$0.8\leq t\leq 1.2$	农业经济↑；农业环境污染↑
	衰退连接	<0	<0	$0.8\leq t\leq 1.2$	农业经济↓；农业环境污染↓

注：↑表示快速增长；↓表示快速下降；↗表示缓慢增长；↘表示缓慢下降。

（二）农业环境污染的脱钩效应

1. 农业面源污染脱钩效应分析

利用Tapio脱钩评价模型对各省份在1997—2015年的农业面源污染与农业经济增长的脱钩关系进行评价，同时为了分析农业面源污染与农业经济增长脱钩关系的阶段性特征和演变规律，本书进一步将整个研究周期划分为1997—2006年和2006—2015年两个时间段，并对这两个时间段内农业面源污染与农业经济增长的脱钩关系进行分析，具体结果见表3.9。

表3.9 不同时间段各省份农业面源污染与农业经济增长的脱钩关系

省份	1997—2006年		2006—2015年		1997—2015年	
	脱钩指数	脱钩状态	脱钩指数	脱钩状态	脱钩指数	脱钩状态
北京	-0.2905	强脱钩	24.4786	衰退脱钩	-0.8111	强脱钩
天津	0.7255	弱脱钩	-0.1370	强脱钩	0.3351	弱脱钩
河北	0.3487	弱脱钩	0.6207	弱脱钩	0.4012	弱脱钩
山西	0.4242	弱脱钩	0.8078	扩张连接	0.5887	弱脱钩
内蒙古	0.8291	扩张连接	2.0073	扩张负脱钩	1.3866	扩张负脱钩
辽宁	0.1869	弱脱钩	0.8286	扩张连接	0.3626	弱脱钩
吉林	0.3072	弱脱钩	1.4304	扩张负脱钩	0.6604	弱脱钩
黑龙江	0.2850	弱脱钩	1.7948	扩张负脱钩	0.8797	扩张连接
上海	-7.4472	强脱钩	2.2919	衰退脱钩	3.8858	衰退脱钩
江苏	0.0961	弱脱钩	0.2218	弱脱钩	0.1282	弱脱钩
浙江	-0.1116	强脱钩	-0.2620	强脱钩	-0.1442	强脱钩

续表

省份	1997—2006 年		2006—2015 年		1997—2015 年	
	脱钩指数	脱钩状态	脱钩指数	脱钩状态	脱钩指数	脱钩状态
安徽	0.1898	弱脱钩	0.7507	弱脱钩	0.4602	弱脱钩
福建	0.1196	弱脱钩	0.3286	弱脱钩	0.1933	弱脱钩
江西	0.1587	弱脱钩	0.5670	弱脱钩	0.3214	弱脱钩
山东	0.4307	弱脱钩	0.2833	弱脱钩	0.3188	弱脱钩
河南	0.7581	弱脱钩	0.8075	扩张连接	0.7410	弱脱钩
湖北	0.1843	弱脱钩	0.3988	弱脱钩	0.2688	弱脱钩
湖南	0.4826	弱脱钩	0.4384	弱脱钩	0.4145	弱脱钩
广东	0.1491	弱脱钩	0.4194	弱脱钩	0.2260	弱脱钩
广西	0.3803	弱脱钩	0.6235	弱脱钩	0.4332	弱脱钩
海南	0.4008	弱脱钩	-0.9093	强脱钩	-0.1801	强脱钩
重庆	0.5197	弱脱钩	0.8611	扩张连接	0.7139	弱脱钩
四川	0.4694	弱脱钩	0.8091	扩张连接	0.5680	弱脱钩
贵州	0.6962	弱脱钩	0.7601	弱脱钩	0.6997	弱脱钩
云南	0.6087	弱脱钩	0.8838	扩张连接	0.6954	弱脱钩
陕西	0.3532	弱脱钩	0.8739	扩张连接	0.5358	弱脱钩
甘肃	0.4585	弱脱钩	1.0640	扩张连接	0.6761	弱脱钩
青海	-0.0547	强脱钩	0.3937	弱脱钩	0.1939	弱脱钩
宁夏	0.6593	弱脱钩	0.5563	弱脱钩	0.5415	弱脱钩
新疆	0.6081	弱脱钩	1.3313	扩张负脱钩	0.9224	扩张连接

由表 3.9 可知，各省份农业面源污染与农业经济增长脱钩关系的特征及演变规律为：

（1）1997—2015 年，各省份农业面源污染与农业经济增长的脱钩关系主要表现为强脱钩、扩张负脱钩、扩张连接、衰退脱钩和弱脱钩 5 种状态。具体来说，第一，北京、浙江和海南 3 个省份的农业面源污染随着农业经济的增长而持续降低，这些省份的农业面源污染的脱钩效应处于强脱钩状态，基本实现了农业经济增长和资源环境相协调的可持续发展模式，并且北京的脱钩程度最高，其脱钩指数达到了 -0.8111，可见北京借助自身科技资源集中、技术人才集聚的优势，探索出了资源节约、环境友好的现代农业发展之路；第二，内蒙古处于扩张负脱钩状态，表明该地区的农业面源污染伴随着农业经济的增长而增加，但是农业面源污染的增加幅度要远大于农业经济的增长幅度；第三，黑龙江和新疆处于扩张连接状态，表明这两个省份的农业面源污染伴随着农业经济的增长而增加，并且两者的增长率比较接近；第四，上海处于衰退脱钩状态，表明该地区的农业面源污染与农业经济在该时段均出现了负增长，但是农业面源污染的下降率要大于农业经济的下降率；第五，在本书考察的30个省份中，除上述7个省份之外，其余23个省份的农业面源污染与农业经济同向增长，并且农业面源污染的增长率明显低于农业经济的增长率，两者表现为弱脱钩状态。由此可见，在全时间段内，虽然绝大部分省份在保持农业经济快速增长的同时能够对农业面源污染过快增长的势头进行有效控制，但是农业面源污染仍然持续增加，尚不能实现农业经济增长与农业面源污染降低的双赢。

（2）分时段来看，1997—2006年，农业面源污染与农业经济增长的脱钩关系主要表现为强脱钩、扩张连接和弱脱钩3种状态。其中，北京、上海、浙江和青海4个省份处于强脱钩状态，表明该时期这些地区的农业面源污染随着农业经济的增长而降低；内蒙古处于扩张连接状态，表明该地区的农业面源污染伴随着农业经济的增长而增加，并且两者的增长率相近；其余25个省份处于弱脱钩状态，表明这些地区农业经济增长的同时农业面源污染也在增加，但农业经济的增长率要明显高于农业面源污染的增长率。

（3）2006—2015年，各省份农业面源污染与农业经济增长的脱钩关系主要表现为强脱钩、衰退脱钩、扩张连接、扩张负脱钩和弱脱钩5种状态。其中，天津、浙江和海南处于强脱钩状态，表明这些地区的农业面源污染随着农业经济的增长而降低；北京和上海处于衰退脱钩状态，表明这两个地区的农业面源污染与农业经济增长在该时段均出现了负增长，但是农业经济的下降率要小于农业面源污染的下降率；另外，农业面源污染与农业经济增长处于扩张连接状态的省份约占全部省份的26.67%，具体包括山西、辽宁、河南、重庆、四川、云南、陕西和甘肃，这些地区的农业面源污染伴随着农业经济的增长而增加，并且两者的增长率相近；农业面源污染与农业经济增长处于扩张负脱钩状态的省份约占全部省份的 13.33%，具体包括内蒙古、吉林、黑龙江和新疆，这些地区的农业面源污染伴随着农业经济的增长而增加，但是农业面源污染的增加幅度要远大于农业经济的增长幅度；农业面源污染与农业经济增长处于弱脱钩状态的省份约占全部省份的 43.33%，具体包括河北、江苏、安徽、福建、江西、山东、湖北、湖南、广东、广西、贵州、青海和宁夏，这些地区的农业经济和农业面源污染在该时间段同向增长，但农业经济的增长率高于农业面源污染的增长率。

2. *农业碳排放脱钩效应分析*

利用 Tapio 脱钩评价模型对各省份在 1997—2015 年的农业碳排放与农业经济增长的脱钩关系进行评价，同时为了分析农业碳排放与农业经济增长脱钩关系的阶段性特征和演变规律，参照前文思路将整个研究周期划分为 1997—2006 年和 2006—2015 年两个时间段，并对这两个时间段内农业碳排放与农业经济增长的脱钩关系进行分析，具体结果见表 3.10。

表 3.10 不同时间段各省份农业碳排放与农业经济增长的脱钩关系

省份	1997—2006 年		2006—2015 年		1997—2015 年	
	脱钩指数	脱钩状态	脱钩指数	脱钩状态	脱钩指数	脱钩状态
北京	0.1161	弱脱钩	25.4779	衰退脱钩	-0.5587	强脱钩
天津	1.4139	扩张负脱钩	-0.5273	强脱钩	0.4815	弱脱钩
河北	0.5728	弱脱钩	-0.5362	强脱钩	0.0760	弱脱钩
山西	0.3467	弱脱钩	-0.1023	强脱钩	0.0700	弱脱钩
内蒙古	0.6176	弱脱钩	0.3053	弱脱钩	0.4220	弱脱钩
辽宁	0.5326	弱脱钩	0.3560	弱脱钩	0.4014	弱脱钩
吉林	0.6297	弱脱钩	0.1615	弱脱钩	0.3669	弱脱钩
黑龙江	0.3529	弱脱钩	0.3984	弱脱钩	0.3164	弱脱钩
上海	-15.6094	强脱钩	1.5087	衰退脱钩	4.5497	衰退脱钩
江苏	0.0262	弱脱钩	-0.0124	强脱钩	0.0075	弱脱钩

续表

省份	1997—2006 年		2006—2015 年		1997—2015 年	
	脱钩指数	脱钩状态	脱钩指数	脱钩状态	脱钩指数	脱钩状态
浙江	-0.0877	强脱钩	-0.7712	强脱钩	-0.2929	强脱钩
安徽	0.0334	弱脱钩	0.1344	弱脱钩	0.0786	弱脱钩
福建	-0.1307	强脱钩	0.0698	弱脱钩	-0.0233	强脱钩
江西	0.0438	弱脱钩	0.1708	弱脱钩	0.0917	弱脱钩
山东	0.5200	弱脱钩	-0.2280	强脱钩	0.1348	弱脱钩
河南	0.5527	弱脱钩	-0.0931	强脱钩	0.2154	弱脱钩
湖北	-0.0810	强脱钩	0.1806	弱脱钩	0.0595	弱脱钩
湖南	0.2225	弱脱钩	0.0647	弱脱钩	0.1207	弱脱钩
广东	-0.1488	强脱钩	-0.0840	强脱钩	-0.0977	强脱钩
广西	-0.1540	强脱钩	0.0007	弱脱钩	-0.0652	强脱钩
海南	0.0197	弱脱钩	0.0553	弱脱钩	0.0227	弱脱钩
重庆	0.1863	弱脱钩	0.0811	弱脱钩	0.0959	弱脱钩
四川	0.4367	弱脱钩	-0.0093	强脱钩	0.1989	弱脱钩
贵州	0.1853	弱脱钩	-0.1066	强脱钩	-0.0063	强脱钩
云南	0.0486	弱脱钩	0.2372	弱脱钩	0.1110	弱脱钩
陕西	0.2811	弱脱钩	0.0873	弱脱钩	0.1456	弱脱钩
甘肃	0.3573	弱脱钩	0.3659	弱脱钩	0.3026	弱脱钩
青海	-0.0236	强脱钩	0.0775	弱脱钩	0.0349	弱脱钩
宁夏	0.6260	弱脱钩	0.1800	弱脱钩	0.3264	弱脱钩
新疆	0.5405	弱脱钩	0.2899	弱脱钩	0.3466	弱脱钩

如表 3.10 所示，各省份农业碳排放与农业经济增长脱钩关系的特征及演变规律为：

（1）1997—2015 年，各省份农业碳排放与农业经济增长的脱钩关系较为稳定，主要表现为强脱钩、衰退脱钩和弱脱钩 3 种状态。具体来说，第一，北京、浙江、福建、广东、广西和贵州 6 个省份的农业碳排放随着农业经济的增长而持续降低，这些省份的农业碳排放的脱钩效应处于强脱钩状态，并且北京的脱钩程度最高，其脱钩指数达到了 -0.5587；第二，上海处于衰退脱钩状态，表明该地区的农业碳排放与农业经济在该时段均出现了负增长，但是农业碳排放的下降率要大于农业经济的下降率；第三，在本书所考察的30个省份中，除上述7个省份之外，其余23个省份的农业碳排放与农业经济同向增长，但是农业碳排放的增长率明显低于农业经济的增长率，两者表现为弱脱钩状态。可见，考察期内虽然绝大部分省份能够对农业碳排放过快增长的势头进行有效控制，但是农业碳排放仍然持续增加，尚不能形成农业经济增长与农业碳排放降低的良好局面。

（2）分时段来看，1997—2006年，农业碳排放与农业经济增长的脱钩关系主要表现为强脱钩、扩张负脱钩和弱脱钩3种状态。其中，上海、浙江、福建、湖北、广东、广西和青海7个省份的农业碳排放随着农业经济的增长而降低，说明这些地区处于强脱钩状态，并且上海的脱钩程度最高，其脱钩指数高达-15.6094；天津处于扩张负脱钩状态，表明该地区的农业碳排放伴随着农业经济的增长而增加，但是农业碳排放的增加幅度要远大于农业经济的增长幅度；其余22个省份处于弱脱钩状态，表明这些地区农业经济增长的同时农业碳排放也在增加，但农业经济的增长率要明显高于农业碳排放的增长率。

（3）2007—2015年，各省份农业碳排放与农业经济增长的脱钩关系主要表现为强脱钩、衰退脱钩和弱脱钩3种状态。其中，北京和上海处于衰退脱钩状态，表明这两个地区的农业碳排放与农业经济增长在该时段均出现了负增长，但是农业经济的下降率要小于农业碳排放的下降率；另外，农业碳排放与农业经济增长处于强脱钩状态的省份约占全部省份的33.33%，具体包括天津、河北、山西、江苏、浙江、山东、河南、广东、四川和贵州，这些地区的农业碳排放随着农业经济的增长而增加，并且两者的增长率相近；农业碳排放与农业经济增长处于弱脱钩状态的省份约占全部省份的60%，具体包括内蒙古、辽宁、吉林、黑龙江、安徽、福建、江西、湖北、湖南、广西、海南、重庆、云南、陕西、甘肃、青海、宁夏和新疆，这些地区的农业经济和农业碳排放在该时间段同向增长，但农业经济的增长率高于农业碳排放的增长率。

五　本章小结

全面了解和掌握农业生产过程中的资源利用和环境污染情况是对“两型农业”全要素生产率进行研究的一个基本前提。本章首先对农业生产过程中的资源利用情况进行简单统计性描述。然后重点测度了农业生产过程中由于不合理的农药和化肥的施用、畜禽粪便排放、农田废弃物处置以及耕作措施等，对环境产生的水体污染（即农业面源污染）和大气污染（即农业碳排放），并且深入分析了农业面源污染和农业碳排放的时序特征和区域特征。在此基础上，分别对农业面源污染和农业碳排放的脱钩效应进行了探讨。这将为后续实证研究打下基础。

第四章 “两型农业”全要素生产率评价

构建科学合理的投入和产出指标体系是评价“两型农业”全要素生产率的基本前提，而选择合适的方法是评价“两型农业”全要素生产率的关键。本书在构建“两型农业”全要素生产率评价指标体系的基础上，将环境污染因素纳入农业全要素生产率评价体系，综合利用多种能够考虑非期望产出的 DEA 模型对“两型农业”全要素生产率进行多维度评价。

一 指标体系构建及数据描述性统计

（一）指标体系构建

“两型农业”全要素生产率的测度需要农业生产的投入和产出数据，构建科学合理的投入和产出指标体系是评价“两型农业”全要素生产率的基本前提。表 4.1 总结了考虑环境污染因素的相关代表性文献的农业全要素生产率投入和产出指标的选取情况。

表 4.1　相关代表性文献的农业全要素生产率投入和产出指标

文献	样本	投入指标	期望产出指标	非期望产出指标
李谷成、陈宁陆等（2011）	28 个省份	劳动、土地、机械动力、化肥、役畜和灌溉	农林牧渔业总产值	化学需氧量、总氮和总磷
梁流涛、曲福田等（2012）	31 个省份	土地、农田化肥、农业机械和劳动力	农业产值和粮食产量	化学需氧量、总氮和总磷
韩海彬、赵丽芬（2013）	29 个省份	土地、劳动、农业机械、化肥和灌溉	农林牧渔业总产值	总氮和总磷

续表

文献	样本	投入指标	期望产出指标	非期望产出指标
潘丹、应瑞瑶（2013）	30 个省份	土地、劳动力、役畜、化肥、机械和水资源	农林牧渔业总产值	农业面源污染等标排放量
沈能、张斌（2015）	29 个省份	动力、土地、农业机械、化肥、役畜和灌溉	农业增加值	农药排放量
张林、冉光和等（2015）	31 个省份	劳动、土地、机械动力、化肥、灌溉和役畜	农林牧渔业总产值	农业碳排放
田云、张俊飚等（2015）	31 个省份	劳动、土地、化肥、农药、农膜、机械动力、灌溉和役畜	农林牧渔业总产值	农业碳排放
梁俊、龙少波（2015）	31 个省份	劳动、土地、化肥、机械、役畜和农业水资源	农林牧渔业总产值	化学需氧量、总氮和总磷
杜江、王锐（2016）	29 个省份	劳动、土地、机械动力、化肥、役畜和灌溉	农业总产值	化学需氧量、总氮、总磷、农药和农膜
张可、丰景春（2016）	30 个省份	劳动力、土地、农业机械、化肥和灌溉	农林牧渔业总产值和粮食产量	化学需氧量、总氮和总磷
解春艳、丰景春（2017）	31 个省份	农用化肥、农业机械投、灌溉、劳动力和土地	农林牧渔业总产值	化学需氧量、总氮和总磷

如表 4.1 所示，大部分文献将农业全要素生产率的投入指标界定为劳动、土地、机械动力、化肥、役畜和灌溉，并用耕地面积或农作物总播种面积表示土地投入，用有效灌溉面积表示灌溉投入，显然土地和灌溉两个指标存在显著正相关的关系；另外，随着农业机械化水平的不断提升，农村地区利用役畜从事农业生产已不是普遍现象。因此，本书选取土地、劳动力、农业机械和化肥作为投入指标。此外，大部分文献将农业全要素生产率的非期望产出指标界定为农业碳排放或者农业面源污染，并用化学需氧量、总氮和总磷表示农业面源污染，鲜有文献同时考虑农业面源污染和农业碳排放，这将不能全面拟合农业真实的生产过程。鉴于此，本书同时将农业面源污染和农业碳

排放作为非期望产出指标。本书所选取的投入和产出指标定义如下：

1. 投入指标

（1）土地投入，耕地面积和播种面积是能够从统计年鉴中获取的与土地投入相关的两个主要指标，然而耕地面积不能有效反映土地复种、套种等情况，因此选取农作物总播种面积表示土地投入指标。

（2）劳动力投入，用第一产业从业人员表示劳动力投入指标，其中1997—2010年的数据来源于《中国统计年鉴》，2011—2015年的数据来源于各省份的统计年鉴，并对部分统计口径不一致的数据做了调整。

（3）农业机械投入，用农业机械总动力表示农业机械投入指标。

（4）化肥施用量，用按照折纯法计算的实际用于农业生产的化肥数量表示化肥施用量指标。

2. 产出指标

（1）期望产出，用1997年不变价格的农林牧渔业总产值表示农业期望产出指标。

（2）非期望产出，非期望产出指标包括农业面源污染和农业碳排放，其中农业面源污染具体表现为污染物通过地表径流和农田排水等途径汇入水体引起的化学需氧量（COD_{Cr}）、总氮（TN）和总磷（TP）；农业碳排放具体表现为农业生产过程中排放到大气中的二氧化碳（CO_2）、甲烷（CH_4）和一氧化二氮（N_2O）等温室气体。另外，为便于分析，本书根据地面水环境质量标准（GB3838—2002）中的III类标准，将COD_{Cr}、TN和TP三类农业面源污染排放物转换成农业面源污染等标污染负荷；将CO_2、CH_4和N_2O等温室气体统一折算成标准C当量，从而统一计量单位。非期望产出指标数据由前文计算所得。

（二）数据描述性统计

各种投入指标和期望产出指标的原始数据均来源于相应年份的《中国统计年鉴》《中国农村统计年鉴》以及《新中国农业60年统计资料》，非期望产出指标的数据由前文计算所得。全国范围内投入和产出指标数据的描述性统计值见表4.2，考察期内各省份投入和产出指标数据的平均值及年均增长率见表4.3。

表4.2 中国“两型农业”全要素生产率投入和产出指标统计性描述

指标	指标说明	观察值	平均值	标准差	最小值	最大值
土地投入	农作物总播种面积（千公顷）	570	5259.40	3475.15	173.70	14425.00
劳动力投入	第一产业从业人员（万人）	570	1000.48	740.60	36.35	3569.05
农业机械投入	农业机械总动力（万千瓦）	570	2499.64	2552.08	95.32	13353.00
化肥施用量投入	按折纯法计算的化肥施用量（万吨）	570	165.58	132.00	6.57	716.10
期望产出	农林牧渔业总产值（亿元）	570	1299.51	982.09	59.01	5008.60
非期望产出	农业面源污染等标污染负荷（10^6m^3）	570	316780.50	267753.20	32865.36	1315877.35
	农业碳排放（万吨）	570	1092.06	700.26	71.83	2722.31

由表4.2和表4.3可知，(1) 农作物总播种面积。考察期内，中国农作物总播种面积的平均值为5259.40千公顷，河南、山东和黑龙江三个省份的农作物总播种面积的平均值均超过了10000千公顷，分别为13738.08千公顷、10929.74千公顷和10860.98千公顷，农作物总播种面积处于后3位的地区依次为北京、上海和天津，排名第一位的河南是排名最后一位北京的40.13倍，可见农作物总播种面积的省际差异巨大。另外，考察期内，50%的省份农作物总播种面积保持增长，年均增长率处于前3位的省份依次为新疆、吉林和云南，处于后三位的省份依次为北京、浙江和上海。(2) 第一产业从业人员。考察期内，中国第一产业从业人员平均值为1000.48万人，处于前三位的河南、四川和山东的第一产业从业人员平均值分别为2985.84万人、2320.47万人和2199.23万人，处于后三位的上海、北京和天津分别

表 4.3　1997—2015 年各省份投入和产出指标数据的平均值及年均增长率　　单位:%

省份	农作物总播种面积（千公顷）		第一产业从业人员（万人）		农业机械总动力（万千瓦）		化肥施用量（万吨）		农林牧渔业总产值（亿元）		农业面源污染（$10^6 m^3$）		农业碳排放（万吨）	
	平均值	增长率	平均值	增长率	平均值	增长率	平均值	增长率	平均值	增长率	平均值	增长率	平均值	增长率
北京	342.36	-6.07	64.12	-1.87	316.58	-4.59	14.86	-3.44	256.07	2.49	55412.9	-3.27	105.2	-2.04
天津	499.64	-1.07	77.38	-1.12	584.2	-0.39	21.43	2.25	237.28	4.36	58903.59	1.84	111.99	2.49
河北	8809.54	-0.07	1543.16	-0.9	8734.64	3.66	301.6	1.37	2392.25	4.85	674342.8	2.43	1631.97	0.54
山西	3806.16	-0.08	649.51	0.25	2363.67	4.87	100.2	2.03	494.83	4.09	117205.1	2.72	462.13	0.4
内蒙古	6504.85	1.45	561.99	0.27	2279.22	7.46	134.97	6.62	846.93	5.48	256985.7	6.74	1104.18	2.93
辽宁	3876.92	0.84	692.67	0.21	1907.63	5.41	127.51	1.66	1681.64	5.72	295105.8	2.73	871.51	2.96
吉林	4913.62	1.87	533.26	-0.27	1720.54	8.12	157.76	4.34	1079.46	5.93	282324.7	4.48	813.71	2.88
黑龙江	10860.98	1.73	783.82	0.88	2889.85	8.35	174.83	4.2	1444.78	5.81	257035.3	5.34	1205.33	2.49
上海	432.45	-2.66	61.95	-2.85	118.15	-1.59	14.32	-1.54	212.97	-0.61	49983.76	-2.82	141.61	-3.48
江苏	7720.36	-0.16	1111.37	-4.13	3484.1	3.72	334.9	-0.05	2744.29	4.15	871042.4	0.72	1907.11	0.04
浙江	2869.74	-2.97	774.42	-4.43	2192.43	1.73	92.2	-0.68	1363.71	2.83	253431	-0.55	866.94	-1.17
安徽	8935.19	0.29	1731.87	-1.92	4375.08	6.17	295.78	1.92	1740.75	3.97	337287.5	2.15	1815.62	0.43
福建	2490.41	-1.29	697.19	-1.31	1067.13	3.15	120.69	0.34	1385.42	4.23	231183.7	1.08	750.93	-0.15
江西	5482.74	-0.44	940.5	-1.95	2096.15	6.32	127.62	0.98	1139.41	4.23	206981.7	1.71	1535.36	0.54
山东	10929.74	0.02	2199.23	-1.36	9552.2	5.89	453.59	1.01	3534.93	4.59	1098091	1.87	2192.33	0.86

续表

省份	农作物总播种面积（千公顷）		第一产业从业人员（万人）		农业机械总动力（万千瓦）		化肥施用量（万吨）		农林牧渔业总产值（亿元）		农业面源污染（$10^6 m^3$）		农业碳排放（万吨）	
	平均值	增长率	平均值	增长率	平均值	增长率	平均值	增长率	平均值	增长率	平均值	增长率	平均值	增长率
河南	13738.08	0.9	2985.84	-0.66	8287.23	5.67	548.37	3.97	2925.01	5.31	824855.2	4.32	2390.69	1.6
湖北	7615.19	0.15	1062.61	-2.98	2536	7.21	301.4	1.35	1805.55	4.4	600909.5	1.53	1825.6	0.38
湖南	8083.81	0.47	1908.84	-1.48	3612.69	7.18	213.06	1.91	1982.27	4.28	482324.7	2.15	2202.9	0.71
广东	4849.43	-0.78	1509.34	-0.58	2046.1	2.69	214.51	1.54	2539.99	4.2	563678.2	1.24	1560.99	-0.63
广西	6132.92	-0.06	1542.97	-0.66	2248.14	6.7	206.55	3.25	1645.87	5.26	245588.9	2.84	1604.3	-0.58
海南	854.31	-0.44	215.81	0.71	326.66	5.73	37.86	4.74	554.02	8.02	140434.3	-4.25	282.88	0.37
重庆	3458.39	-0.05	748.35	-3.32	856.08	6.02	82.98	1.9	631.46	4.19	106462.7	3.26	597.98	0.56
四川	9554.09	0.11	2320.47	-2.35	2580.13	6.8	229.25	1.21	2180.35	4.54	379779.5	2.97	2142.96	1.22
贵州	4842.47	1.17	1272.42	-0.99	1303.48	10.12	81.61	2.65	593.5	4.44	166663.6	3.41	825.61	-0.04
云南	6161.26	1.79	1674.34	-0.35	1991.81	6.33	157.29	4.46	1080.24	6.09	281553.6	4.79	1177.71	1.07
陕西	4284.4	-0.28	923.01	-1.59	1624.39	6.32	168.61	3.88	804.45	5.78	276625.8	3.74	592.01	1.27
甘肃	3869.02	0.66	726.37	0.04	1610.99	6.86	78.01	2.68	587.9	5.98	101837.4	4.6	641.31	2.49
青海	528.98	-0.09	129.82	-1.13	338.81	4.43	7.89	2.06	84.33	4.22	53788.37	1.08	337.4	0.21
宁夏	1150.44	1.44	142.47	-0.98	584.32	6.06	31.87	4.3	140.53	6.59	55448.51	4.39	168.99	3.01
新疆	4184.56	3.33	429.41	1.65	1360.84	7.06	135.76	6.22	874.97	6.36	178148.6	6.05	894.39	3.01

为61.95万人、64.12万人和77.38万人。另外，总体来看，甘肃、辽宁、山西、内蒙古、海南、黑龙江和新疆7个省份的第一产业从业人员在考察期内保持增长，其中新疆的年均增长率最高，达到了1.65%。(3) 农业机械总动力。考察期内，中国农业机械总动力的平均值为2499.64万千瓦，处于前三位的山东、河北和河南的农业机械总动力平均值分别为9552.20万千瓦、8734.64万千瓦和8287.23万千瓦，处于后三位的上海、北京和海南分别为118.15万千瓦、316.58万千瓦和326.66万千瓦。另外，考察期内，只有北京、上海和天津3个地区的农业机械总动力出现了负增长，分别年均递减4.59%、1.59%和0.39%，其余27个省份总体保持正增长，贵州的年均增长率最高，达到了10.12%。(4) 化肥施用量。考察期内，中国化肥施用量的平均值为165.58万吨，处于前三位的河南、山东和江苏的化肥施用量平均值分别为548.37万吨、453.59万吨和334.90万吨，处于后三位的青海、上海和北京分别为7.89万吨、14.32万吨和14.86万吨。另外，考察期内，只有北京、上海、浙江和江苏4个省份的化肥施用量出现了负增长，年均递减3.44%、1.54%、0.68%和0.05%，其余26个省份总体保持正增长，内蒙古的年均增长率最高，达到了6.62%。(5) 农林牧渔业总产值。考察期内，中国农林牧渔业总产值的平均值为1299.51亿元，处于前三位的山东、河南和江苏的农林牧渔业总产值平均值分别为3534.93亿元、2925.01亿元和2744.29亿元，处于后三位的青海、宁夏和上海分别为84.33亿元、140.53亿元和212.97亿元。另外，考察期内，只有上海的农林牧渔业总产值出现了负增长，年均递减0.61%，其余29个省份则总体保持正增长，海南的年均增长率最高，达到了8.02%。(6) 农业面源污染。考察期内，中国农业面源污染平均值为316780.50 10^6m^3，处于前三位的山东、江苏和河南的农业面源污染平均值分别为1098090.52 10^6m^3、871042.40 10^6m^3和824855.20 10^6m^3，处于后三位的上海、青海和北京分别为49983.76 10^6m^3、53788.37 10^6m^3和55412.9 10^6m^3。另外，考察期内，只有海南、北京、上海和浙江4个省份的农业面源污染出现了负增长，分别年均递减4.25%、3.27%、

2.82%和0.55%，其余26个省份整体保持正增长，内蒙古的年均增长率最高，达到了6.74%。（7）农业碳排放。考察期内，中国农业碳排放平均值为1092.06万吨，处于前三位的河南、湖南和山东的农业碳排放分别为2390.69万吨、2202.90万吨和2192.33万吨，处于后三位的北京、天津、上海分别为105.20万吨、111.99万吨和141.61万吨。另外，考察期内，上海、北京、浙江、广东、广西、福建和贵州7个省份的农业碳排放出现了负增长，其余23个省份则整体保持正增长。

二 农业环境污染对农业全要素生产率的影响：基于 *DDF + ML*

（一）研究方法

1. 环境技术

农业生产过程不仅会产生粮食、蔬菜等期望产出，而且由于化肥、农药等生产资料的大量投入也会产生对水体、大气和土壤等造成污染的非期望产出。为全面和客观地拟合农业生产过程，本书构造一个既包括期望产出又包括非期望产出的生产可能性集。将每个省份均视为一个决策单元，假定有 $k=1, \cdots, K$ 个决策单元在 $t=1, \cdots, T$ 时期内，使用 N 种投入 $x=(x_1, \cdots, x_N)\in R_+^N$，得到 M 种期望产出 $y=(y_1, \cdots, y_M)\in R_+^M$ 以及 J 种非期望产出 $b=(b_1, \cdots, b_J)\in R_+^J$。则生产可能性集 $P(x)$ 可以表示为[①]：

$$P(x)=\{(y, b): x \text{ 可以生产}(y, b), x\in R_+^N\} \tag{4.1}$$

并且 $P(x)$ 满足以下几个假设[②]：

① 韩海彬、赵丽芬：《环境约束下中国农业全要素生产率增长及收敛分析》，《中国人口·资源与环境》2013年第3期。

② 何平、杨早立等：《不良贷款约束下我国上市商业银行全要素生产率时序演变及其驱动因素研究——基于非期望产出的 Malmquist - luenberger 和 Tobit 模型》，《运筹与管理》2018年第4期。

(1) 如果 $x' \geqslant x$，则有 $P(x') \supseteq P(x)$；

(2) 如果 $(y, b) \in P(x)$，并且 $0 \leqslant \theta \leqslant 1$，则有 $(\theta y, \theta b) \in P(x)$；

(3) 如果 $(y, b) \in P(x)$，并且 $y' \leqslant y$，则有 $(y', b) \in P(x)$；

(4) 如果 $(y, b) \in P(x)$，并且 $b = 0$，则有 $y = 0$。

2. 方向性距离函数（Directional Distance Function，*DDF*）

方向性距离函数是在传统的距离函数（Distance Function，*DF*）基础上发展起来的。在农业生产中，假设投入为 $x = (x_1, \cdots, x_N) \in R_+^N$，产出为 $y = (y_1, \cdots, y_M) \in R_+^M$，则生产可能性集为 $P(x) = \{(x, y): x$ 可以生产 $y, x \in R_+^N, y \in R_+^M\}$。基于产出导向的距离函数可定义为：$D_o(x, y) = inf\{\theta(x, y/\theta) \in P(x)\}$，其中 θ 为达到生产前沿面时产出需要增加的比例。

在环境约束下测度农业全要素生产率，即测度“两型农业”全要素生产率，目标是在增加农业期望产出（农林牧渔业总产值）的同时，能够使农业非期望产出（农业环境污染）不断减少。然而，传统的距离函数无法直接处理非期望产出，只能使产出（包括期望产出和非期望产出）最大化和投入最小化，因此无法使用传统的距离函数测度“两型农业”全要素生产率。为了解决该问题，需要引入方向性距离函数。根据 Chung 等（1997）基于产出导向的方向性距离函数可定义为①：

$$\vec{D}_o(x, y, b; g) = \sup\{\beta: (y, b) + \beta_g \in P(x)\} \tag{4.2}$$

其中，β_g 为方向性距离函数值，当其为 0 时，决策单元处于生产前沿面上，此时决策单元是完全有效率的；$P(x)$ 为生产可能性集；$g = (g_y, -g_b)$ 为产出扩张的方向向量。由于方向性距离函数是径向的，因此期望产出与非期望产出只能同比例变化。为了体现环境规制，本书令 $g = (y, -b)$，表示期望产出和非期望产出按照相同比例扩展或收缩。

如图 4.1 所示，横轴表示非期望产出，纵轴表示期望产出，A 为

---

① Chung，Y. H.，Fare，R.，Grosskopf，S.，“Productivity and Undesirable Outputs：A Directional Distance Function Approach”，*Journal of Environmental Management*，Vol. 51，1997.

某个具体的决策单元。对于 A 来说，依据传统的距离函数得出的产出极限为 C，即 C 为有效率的；而由方向性距离函数得出的产出极限是 B，即 B 是有效率的。导致这种差异的主要原因在于，方向性距离函数要求 A 沿着方向性向量 $g=(y, -b)$ 的方向在增加 y 的同时，减少了 b；而传统的距离函数要求 A 同时增加 y 和 b。显然，当存在非期望产出时，传统的距离函数得出的结果将存在偏差。

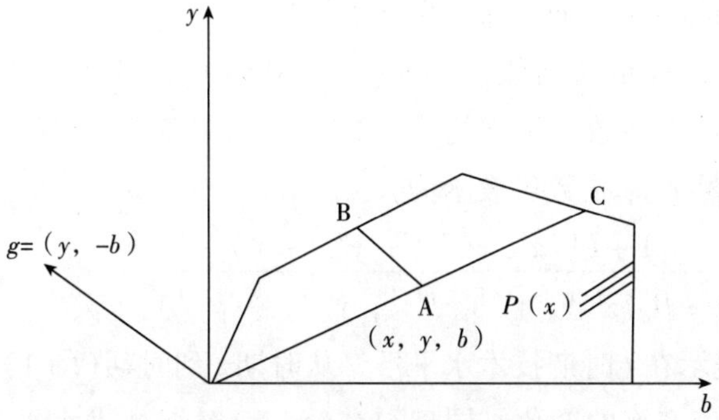

图 4.1 方向性产出距离函数

3. Malmquist 生产率指数

利用距离函数，Fare 等（1994）构建了基于 DEA 的 Malmquist 生产率指数（下文简称“*M* 生产率指数”），其表达式为①：

$$M_t^{t+1}=\left[\frac{D_o^t(x^{t+1}, y^{t+1})}{D_o^t(x^t, y^t)}\times\frac{D_o^{t+1}(x^{t+1}, y^{t+1})}{D_o^{t+1}(x^t, y^t)}\right]^{\frac{1}{2}} \tag{4.3}$$

M 生产率指数可以分解为技术进步指数（*TECH*）和技术效率变化指数（*EFFCH*）：

$$M_t^{t+1}=TECH_t^{t+1}\times EFFCH_t^{t+1} \tag{4.4}$$

$$TECH=\left[\frac{D_o^t(x^{t+1}, y^{t+1})}{D_o^{t+1}(x^{t+1}, y^{t+1})}\times\frac{D_o^t(x^t, y^t)}{D_o^{t+1}(x^t, y^t)}\right]^{\frac{1}{2}} \tag{4.5}$$

---

① Fare, R., Grosskopf, S., Norris, M., Zhang, Z., “Productivity Growth, Technical Progress and Efficiency Change in Industrialized Countries”, *American Economic Review*, Vol. 87, 1994.

$$EFFCH=\frac{D_o^{t+1}(x^{t+1},\ y^{t+1})}{D_o^t(x^t,\ y^t)} \tag{4.6}$$

技术进步指数（*TECH*）测度了生产前沿面从时期 t 到时期（$t+1$）的移动；技术效率变化指数（*EFFCH*）测度了从时期 t 到时期（$t+1$）每个决策单元向生产前沿面的追赶程度。当 *M*、*TECH* 和 *EFFCH* 大于（小于）1 时，分别表示农业全要素生产率①增长（下降）、技术进步（退步）和技术效率改善（恶化）。

4. Malmquist – Luenberger 生产率指数

基于方向性距离函数，Chung 等（1997）构建了 Malmquist – Luenberger 生产率指数（下文简称“*ML* 生产率指数”）。基于 t 时期技术水平的 *ML* 生产率指数可表示为：

$$ML^t=\frac{1+\vec{D}_o^t(x^t,\ y^t,\ b^t;\ y^t,\ -b^t)}{1+\vec{D}_o^t(x^{t+1},\ y^{t+1},\ b^{t+1};\ y^{t+1},\ -b^{t+1})} \tag{4.7}$$

上式表示在 t 时期技术水平下，从时期 t 到时期($t+1$)的“两型农业”全要素生产率的变化。同理，在($t+1$)时期技术水平下，测度时期 t 到时期($t+1$)的“两型农业”全要素生产率变化的 *ML* 生产率指数可表示为：

$$ML^{t+1}=\frac{1+\vec{D}_o^{t+1}(x^t,\ y^t,\ b^t;\ y^t,\ -b^t)}{1+\vec{D}_o^{t+1}(x^{t+1},\ y^{t+1},\ b^{t+1};\ y^{t+1},\ -b^{t+1})} \tag{4.8}$$

为避免参照技术集选择的随意性，按照 Fare 等（1994）的思路，可用式（4.7）和式（4.8）的几何平均值来衡量从时期 t 到时期($t+1$)的“两型农业”全要素生产率的变化，即从时期 t 到时期($t+1$)的 *ML* 生产率指数可最终表示为：

$$ML_t^{t+1}=\left[\frac{1+\vec{D}_o^t(x^t,\ y^t,\ b^t;\ y^t,\ -b^t)}{1+\vec{D}_o^t(x^{t+1},\ y^{t+1},\ b^{t+1};\ y^{t+1},\ -b^{t+1})}\times\frac{1+\vec{D}_o^{t+1}(x^t,\ y^t,\ b^t;\ y^t,\ -b^t)}{1+\vec{D}_o^{t+1}(x^{t+1},\ y^{t+1},\ b^{t+1};\ y^{t+1},\ -b^{t+1})}\right]^{\frac{1}{2}} \tag{4.9}$$

① *M* 生产率指数及其分解不能处理非期望产出，只能测度传统农业全要素生产率、技术进步和技术效率变化。

ML 生产率指数具有较好的可分解性，可以将其分解为技术进步指数（$MLTECH$）和技术效率变化指数（$MLEFFCH$）：

$$ML_t^{t+1} = MLTECH_t^{t+1} \times MLEFFCH_t^{t+1} \tag{4.10}$$

$$MLTECH_t^{t+1} = \left[\frac{1+\vec{D}_o^{t+1}(x^t, y^t, b^t; y^t, -b^t)}{1+\vec{D}_o^t(x^t, y^t, b^t; y^t, -b^t)} \times \frac{1+\vec{D}_o^{t+1}(x^{t+1}, y^{t+1}, b^{t+1}; y^{t+1}, -b^{t+1})}{1+\vec{D}_o^t(x^{t+1}, y^{t+1}, b^{t+1}; y^{t+1}, -b^{t+1})}\right]^{\frac{1}{2}} \tag{4.11}$$

$$MLEFFCH_t^{t+1} = \frac{1+\vec{D}_o^t(x^t, y^t, b^t; y^t, -b^t)}{1+\vec{D}_o^{t+1}(x^{t+1}, y^{t+1}, b^{t+1}; y^{t+1}, -b^{t+1})} \tag{4.12}$$

技术进步指数（$MLTECH$）测度了生产前沿面从时期 t 到时期（$t+1$）的移动，反映的是一种"技术进步效应"；技术效率变化指数（$MLEFFCH$）测度了从时期 t 到时期（$t+1$）每个决策单元向生产前沿面的追赶程度，反映的是一种"追赶效应"。当 ML、$MLTECH$ 和 $MLEFFCH$ 大于（小于）1 时，分别表示"两型农业"全要素生产率增长（下降）、技术进步（退步）和技术效率改善（恶化）。

由式（4.9）可知，ML 生产率指数的求解需要计算四个方向性距离函数，即 $\vec{D}_o^t(x^t, y^t, b^t; y^t, -b^t)$、$\vec{D}_o^{t+1}(x^t, y^t, b^t; y^t, -b^t)$、$\vec{D}_o^t(x^{t+1}, y^{t+1}, b^{t+1}; y^{t+1}, -b^{t+1})$ 和 $\vec{D}_o^{t+1}(x^{t+1}, y^{t+1}, b^{t+1}; y^{t+1}, -b^{t+1})$。该四个方向性距离函数的线性规划模型可表示为：

$$\begin{aligned}
&\vec{D}_o^t(x_{k'}^t, y_{k'}^t, b_{k'}^t; y_{k'}^t, -b_{k'}^t) = \max\beta \\
&\text{s.t.} \sum_{k=1}^{K} z_k^t y_{km}^t \geqslant (1+\beta) y_{k'm}^t,\ m=1, \cdots, M; \\
&\sum_{k=1}^{K} z_k^t b_{kj}^t = (1-\beta) b_{k'j}^t,\ j=1, \cdots, J; \\
&\sum_{k=1}^{K} z_k^t x_{kn}^t \leqslant x_{k'n}^t,\ n=1, \cdots, N; \\
&z_k^t \geqslant 0,\ k=1, \cdots, K;
\end{aligned} \tag{4.13a}$$

$$\begin{aligned}
&\vec{D}_o^{t+1}(x_{k'}^t, y_{k'}^t, b_{k'}^t; y_{k'}^t, -b_{k'}^t) = \max\beta \\
&\text{s.t.} \sum_{k=1}^{K} z_k^{t+1} y_{km}^{t+1} \geqslant (1+\beta) y_{k'm}^t,\ m=1, \cdots, M;
\end{aligned}$$

$$\sum_{k=1}^{K} z_k^{t+1} b_{kj}^{t+1} = (1-\beta) b_{k'j}^{t}, \ j=1, \ \cdots, \ J;$$

$$\sum_{k=1}^{K} z_k^{t+1} x_{kn}^{t+1} \leqslant x_{k'n}^{t}, \ n=1, \ \cdots, \ N;$$

$$z_k^{t+1} \geqslant 0, \ k=1, \ \cdots, \ K; \quad (4.13b)$$

$$\vec{D}_o^t (x_{k'}^{t+1}, \ y_{k'}^{t+1}, \ b_{k'}^{t+1}; \ y_{k'}^{t+1}, \ -b_{k'}^{t+1}) = \max\beta$$

$$\text{s. t.} \ \sum_{k=1}^{K} z_k^{t} y_{km}^{t} \geqslant (1+\beta) y_{k'm}^{t+1}, \ m=1, \ \cdots, \ M;$$

$$\sum_{k=1}^{K} z_k^{t} b_{kj}^{t} = (1-\beta) b_{k'j}^{t+1}, \ j=1, \ \cdots, \ J;$$

$$\sum_{k=1}^{K} z_k^{t} x_{kn}^{t} \leqslant x_{k'n}^{t+1}, \ n=1, \ \cdots, \ N;$$

$$z_k^{t} \geqslant 0, \ k=1, \ \cdots, \ K; \quad (4.13c)$$

$$\vec{D}_o^{t+1} (x^{t+1}, \ y^{t+1}, \ b^{t+1}; \ y^{t+1}, \ -b^{t+1}) = \max\beta$$

$$\text{s. t.} \ \sum_{k=1}^{K} z_k^{t+1} y_{km}^{t+1} \geqslant (1+\beta) y_{k'm}^{t+1}, \ m=1, \ \cdots, \ M;$$

$$\sum_{k=1}^{K} z_k^{t+1} b_{kj}^{t+1} = (1-\beta) b_{k'j}^{t+1}, \ j=1, \ \cdots, \ J;$$

$$\sum_{k=1}^{K} z_k^{t+1} x_{kn}^{t+1} \leqslant x_{k'n}^{t+1}, \ n=1, \ \cdots, \ N;$$

$$z_k^{t+1} \geqslant 0, \ k=1, \ \cdots, \ K; \quad (4.13d)$$

（二）实证研究

利用基于 *DDF* 的 *ML* 生产率指数方法（*DDF* + *ML*），本书测度了中国 30 个省份 1997—2015 年“两型农业”全要素生产率（考虑环境约束）。为了分析农业环境污染对农业全要素生产率的影响，本书同时测度了传统农业全要素生产率（不考虑环境约束）。接下来，将对两类农业全要素生产率进行对比分析。

1. 时序维度下农业全要素生产率分析

表 4.4 和图 4.2 呈现了各年份考虑环境约束的 *ML* 生产率指数及其分解以及不考虑环境约束的 *M* 生产率指数及其分解。

表 4.4　　各年份 *M* 生产率指数和 *ML* 生产率指数及其分解

年份	考虑环境约束			不考虑环境约束		
	MLEFFCH	*MLTECH*	*ML*	*EFFCH*	*TECH*	*M*
1997—1998	0.9919	1.0209	1.0126	1.0120	1.0026	1.0147
1998—1999	1.0004	1.0112	1.0116	1.0146	0.9966	1.0111
1999—2000	1.0044	1.0148	1.0192	1.0158	1.0141	1.0301
2000 - 2001	0.9924	1.0296	1.0218	0.9116	1.1270	1.0273
2001—2002	0.9932	1.0286	1.0216	0.9419	1.1056	1.0413
2002—2003	0.9932	1.0252	1.0183	0.9314	1.1131	1.0367
2003—2004	0.9927	1.0245	1.0170	1.0339	1.0007	1.0346
2004—2005	1.0039	1.0069	1.0108	1.0499	0.9708	1.0192
2005—2006	0.9940	1.0203	1.0143	1.0056	1.0170	1.0227
2006—2007	1.0002	1.0349	1.0351	0.9694	1.0554	1.0230
2007—2008	0.9979	1.0136	1.0114	1.0085	1.0281	1.0369
2008—2009	0.9956	1.0151	1.0106	0.9872	1.0450	1.0316
2009—2010	0.9996	1.0109	1.0105	0.9886	1.0363	1.0245
2010—2011	0.9973	1.0142	1.0115	1.0098	1.0125	1.0224
2011—2012	0.9965	1.0149	1.0113	0.9993	1.0299	1.0292
2012—2013	0.9921	1.0231	1.0150	0.9725	1.0670	1.0377
2013—2014	0.9925	1.0255	1.0177	0.9802	1.0617	1.0407
2014—2015	0.8960	1.1100	0.9945	1.0787	0.9578	1.0331
平均值	0.9905	1.0244	1.0147	0.9943	1.0346	1.0287

注：本表中的平均值为几何平均值。

如表 4.4 和图 4.2 所示，①当考虑环境约束时，1997—2015 年“两型农业”全要素生产率指数平均值为 1.0147，说明考察期内“两型农业”全要素生产率的平均增长率为 1.47%；当不考虑环境约束时，1997—2015 年传统农业全要素生产率指数平均值为 1.0287，说明考察期内传统农业全要素生产率的平均增长率为 2.87%。可见，不考虑环境约束时的传统农业全要素生产率指数要远远高于考虑环境约束时的“两型农业”全要素生产率指数。从具体年份看，除 1998—1999 年以及 2006—2007 年之外，其余年份的传统农业全要素生产率

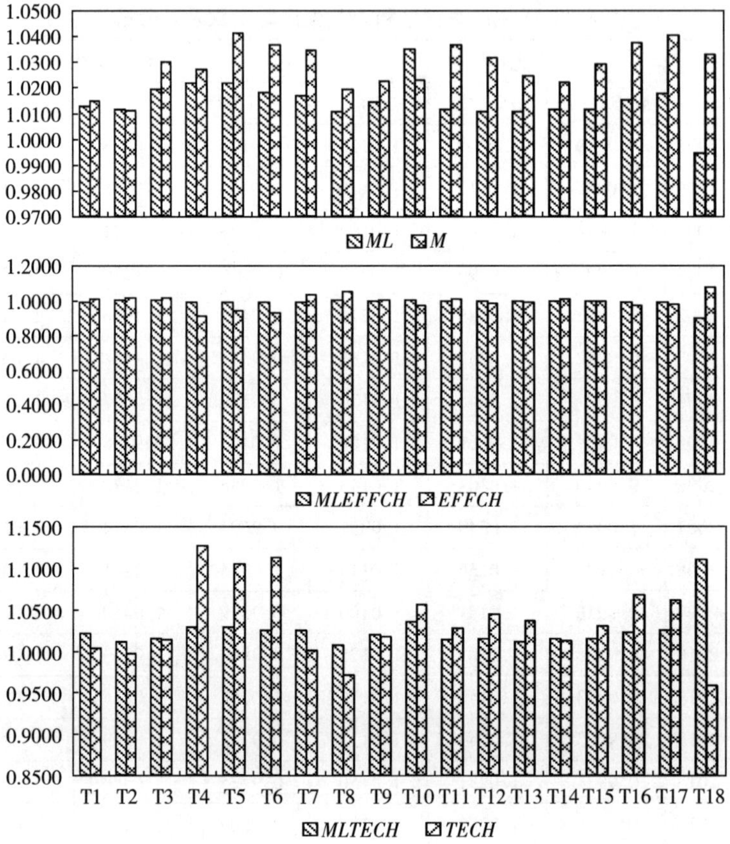

图 4.2 *M* 生产率指数和 *ML* 生产率指数及其分解的时序特征

注：T1 表示 1997—1998 年，T2 表示 1998—1999 年，…，T18 表示 2014—2015 年。

指数都高于"两型农业"全要素生产率指数。说明考虑环境约束时可能会造成农业效率损失，而不考虑环境约束时可能会高估农业全要素生产率。②从农业全要素生产率的分解来看，当考虑环境约束时，1997—2015 年"两型农业"技术效率变化指数和技术进步指数平均值分别为 0. 9905 和 1. 0244，说明考察期内"两型农业"技术效率平均下降 0. 95%，而技术进步平均增长 2. 44%；当不考虑环境约束时，1997—2015 年传统农业技术效率变化指数和技术进步指数平均值分别为 0. 9943 和 1. 0346，说明考察期内传统农业技术效率平均下降

0.57%，而技术进步平均增长3.46%。可见，不考虑环境约束时的传统农业技术效率变化指数和技术进步指数要高于考虑环境约束时的“两型农业”技术效率变化指数和技术进步指数。③从农业全要素生产率的增长来源看，在平均意义上，无论是否考虑环境约束，农业技术进步都是推动农业全要素生产率增长的主要动力，但是从具体年份看，农业全要素生产率的增长来源将受到环境约束的影响。考虑环境约束时，考察期内每一个年份“两型农业”全要素生产率的增长均是由技术进步推动；不考虑环境约束时，在1997—1998年、1998—1999年、1999—2000年、2003—2004年、2004—2005年和2014—2015年，传统农业全要素生产率的增长主要由技术效率推动，而在其他年份则主要由技术进步推动。可见，如果不考虑环境约束，可能会高估农业技术效率对农业全要素生产率的推动作用。

2. 区域维度下农业全要素生产率分析

如图4.3、图4.4和表4.5所示，①当考虑环境约束时，1997—2015年东中西部地区的“两型农业”全要素生产率平均增长率分别为2.4%、1.04%和0.86%；当不考虑环境约束时，1997—2015年东中西部地区的传统农业全要素生产率平均增长率分别为4.17%、2.49%和1.86%，与考虑环境约束时相比，分别提高了73.75%、139.42%和116.28%。另外，无论是否考虑环境约束，东部地区的农业全要素生产率平均增长率都是最高，中部地区次之，西部地区则最低。②当考虑环境约束时，1997—2015年东中西部地区的“两型农业”技术效率平均增长率分别为-0.34%、-1.26%和-1.34%；当不考虑环境约束时，1997—2015年东中西部地区的传统农业技术效率平均增长率分别为0.27%、-0.91%和-1.17%。可见，不考虑环境约束时，东中西部地区的农业技术效率将会被高估。另外，无论是否考虑环境约束，东中西部地区的农业技术效率均呈现依次递减态势。③当考虑环境约束时，1997—2015年东中西部地区的“两型农业”技术进步平均增长率分别为2.74%、2.33%和2.23%；当不考虑环境约束时，1997—2015年东中西部地区的传统农业技术进步平均增长率分别为3.89%、3.43%和3.06%，与考虑环境约束时相比，分别提高了41.97%、47.21%和37.22%。另外，无论是否考虑环境约束，东部地区的农业技术进步平均增长率都是最高，中部地区次之，西部地区则最低。

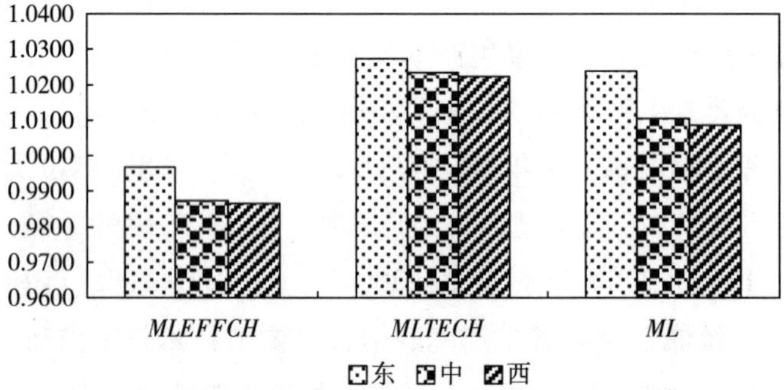

图4.3 东中西部地区 *ML* 生产率指数及其分解

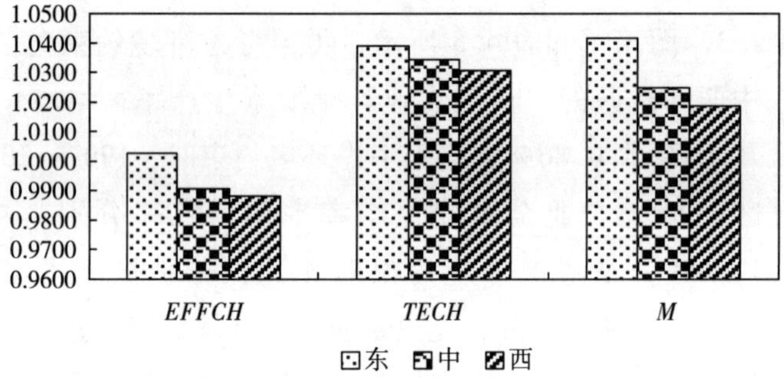

图4.4 东中西部地区 *M* 生产率指数及其分解

3. 省域维度下农业全要素生产率分析

表4.5呈现了各省份考虑环境约束的 *ML* 生产率指数及其分解以及不考虑环境约束的 *M* 生产率指数及其分解。

表4.5 各省份 *M* 生产率指数和 *ML* 生产率指数及其分解

省份	考虑环境约束			不考虑环境约束		
	MLEFFCH	*MLTECH*	*ML*	*EFFCH*	*TECH*	*M*
北京	1.0000	1.0535	1.0535	1.0049	1.0581	1.0633
天津	0.9952	1.0167	1.0119	1.0147	1.0297	1.0448

续表

省份	考虑环境约束			不考虑环境约束		
	MLEFFCH	*MLTECH*	*ML*	*EFFCH*	*TECH*	*M*
河北	0.9965	1.0169	1.0133	1.0026	1.0365	1.0392
山西	0.9882	1.0200	1.0080	0.9932	1.0255	1.0184
内蒙古	0.9823	1.0193	1.0013	0.9987	1.0206	1.0193
辽宁	0.9904	1.0280	1.0181	1.0002	1.0358	1.0360
吉林	0.9912	1.0199	1.0109	1.0007	1.0487	1.0494
黑龙江	0.9829	1.0271	1.0095	1.0070	1.0216	1.0288
上海	0.9952	1.0180	1.0132	0.9952	1.0191	1.0142
江苏	1.0085	1.0199	1.0285	1.0262	1.0478	1.0752
浙江	0.9932	1.0297	1.0227	1.0048	1.0306	1.0355
安徽	0.9842	1.0274	1.0112	0.9869	1.0295	1.0160
福建	0.9926	1.0300	1.0223	0.9938	1.0505	1.0440
江西	0.9811	1.0314	1.0119	0.9722	1.0381	1.0093
山东	0.9954	1.0173	1.0126	0.9929	1.0446	1.0372
河南	0.9906	1.0171	1.0075	0.9906	1.0357	1.0259
湖北	0.9947	1.0193	1.0138	0.9932	1.0456	1.0385
湖南	0.9861	1.0241	1.0099	0.9836	1.0302	1.0134
广东	0.9944	1.0227	1.0170	0.9933	1.0356	1.0286
广西	0.9834	1.0319	1.0148	0.9767	1.0297	1.0058
海南	1.0018	1.0499	1.0518	1.0018	1.0404	1.0422
重庆	0.9819	1.0260	1.0074	0.9709	1.0345	1.0044
四川	0.9819	1.0292	1.0105	0.9731	1.0407	1.0127
贵州	0.9863	1.0195	1.0055	0.9608	1.0392	0.9985
云南	0.9896	1.0188	1.0083	0.9875	1.0224	1.0096
陕西	0.9972	1.0147	1.0119	0.9870	1.0368	1.0234
甘肃	0.9820	1.0286	1.0100	1.0047	1.0248	1.0296
青海	0.9947	1.0149	1.0095	0.9941	1.0272	1.0212
宁夏	0.9932	1.0144	1.0075	1.0182	1.0231	1.0417
新疆	0.9801	1.0284	1.0080	1.0013	1.0377	1.0391
东部平均	0.9966	1.0274	1.0240	1.0027	1.0389	1.0417
中部平均	0.9874	1.0233	1.0104	0.9909	1.0343	1.0249
西部平均	0.9866	1.0223	1.0086	0.9883	1.0306	1.0186
全国平均	0.9905	1.0244	1.0147	0.9943	1.0346	1.0287

注：本表中的平均值为几何平均值。

如表4.5所示，①当考虑环境约束时，以全国“两型农业”全要素生产率指数平均值（1.0147）为分界点，高于全国平均水平的省份依次为北京、海南、江苏、浙江、福建、辽宁、广东和广西8个省份；其余22个省份处于全国平均水平之下，并且排在后5位的省份依次为内蒙古、贵州、重庆、宁夏和河南。可见，全国“两型农业”全要素生产率指数排名靠前的省份除广西之外均来自于东部地区，而排名靠后的省份除河南之外均来自于西部地区。当不考虑环境约束时，以全国传统农业全要素生产率指数平均值（1.0287）为分界点，高于全国平均水平的省份依次为江苏、北京、吉林、天津、福建、海南、宁夏、河北、新疆、湖北、山东、辽宁、浙江、甘肃和黑龙江15个省份；其余15个省份处于全国平均水平之下，排在后5位的省份依次为贵州、重庆、广西、江西和云南。由前可知，与不考虑环境约束的传统农业全要素生产率指数相比较，当考虑环境约束时，排名上升的省份包括北京、海南、浙江、辽宁、广东、广西、湖北、上海、江西、陕西、安徽、四川、湖南、云南、重庆和贵州16个省份，其中广西、江西和上海上升幅度较大，分别上升20位、14位和12位。另外，福建排名没有发生变化，其余13个省份的排名则出现下降，宁夏降幅最大，下降了20位。②当考虑环境约束时，1997—2015年北京的“两型农业”技术效率变化指数平均值为1，说明北京位于生产前沿面上，属于农业生产的最佳实践者；江苏和海南的“两型农业”技术效率变化指数平均值均大于1，说明这两个省份实现了向生产前沿面的追赶；其余27个省份的“两型农业”技术效率变化指数平均值均小于1，说明这些省份的“两型农业”技术效率均出现了不同程度的恶化。另外，以全国“两型农业”技术效率变化指数平均值（0.9905）为分界点，高于全国平均水平的省份依次为江苏、海南、北京、陕西、河北、山东、天津、上海、湖北、青海、广东、浙江、宁夏、福建、吉林和河南16个省份；其余14个省份处于全国平均水平之下，并且排在后5位的省份依次为新疆、江西、四川、重庆和甘肃。当不考虑环境约束时，以全国传统农业技术效率变化指数平均值（0.9943）为分界点，高于全国平均水平的省份依次为江苏、宁夏、天津、黑龙江、北京、浙江、甘肃、河北、海南、新疆、吉林、辽宁、内蒙古和上海14个省份；其余16个省份处于全国平均水平之下，并且排在后5位的省份依次为贵州、重庆、江西、四川和广西。由前可知，与不考虑环境约束的传统农业技术效率变化指数相比较，当考虑环境约束时，排名上升的省份包括海南、北京、陕西、河北、山东、上海、湖北、青海、广东、福建、云南、贵州、湖南、安徽、广西和重庆16个省份，其中陕西、山东和贵州上升幅度较大，分别上升19位、14位和10位。另外，江苏和山西排名没有发生变化，其余12个省份的排名则出现下降，黑龙江和新疆降幅最大，两个省份均下降了20位。③当考虑环境约束时，以全国“两型农业”技术进步指数平均值（1.0244）为分界点，高于全国平均水平的省份依次为北京、海南、广西、江西、福建、浙江、四川、甘肃、新疆、辽宁、安徽、黑龙江和重庆13个省份；其余17个省份处于全国平均水平之下，并且排在后5位的省份依次为宁夏、陕西、青海、天津和河北。当不考虑环境约束时，以全国传统农业技术进步指数平均值（1.0346）为分界点，高于全国平均水平的省份依次为北京、福建、吉林、江苏、湖北、山东、四川、海南、贵州、江西、新疆、陕西、河北、辽宁、河南和广东16个省份；其余14个省份处于全国平均水平之下，并且排在后5位的省份依次为上海、内蒙古、黑龙江、云南和宁夏。由前可知，与不考虑环境约束的传统农业技术进步指数相比较，当考虑环境约束时，排名上升的省份包括海南、广西、江西、浙江、甘肃、新疆、辽宁、安徽、黑龙江、重庆、湖南、广东、山西、内蒙古、云南和上海16个省份，其中广西、甘肃、黑龙江上升幅度较大，分别上升17位、17位和16位；另外，北京和四川排名没有发生变化；其余12个省份的排名则出现下降，山东和陕西降幅最大，两个省份分别下降了18位和17位。

4. 农业全要素生产率增长类型分析

为进一步探讨农业环境污染对农业全要素生产率的影响，本书按照汪克亮等（2010）[①] 以及韩海彬（2013）[②] 的思路，在分别测算了考虑环境约束的"两型农业"全要素生产率指数以及不考虑环境约束的传统农业全要素生产率指数的基础上，构建了中国农业全要素生产率增长的分类矩阵（见图4.5）。

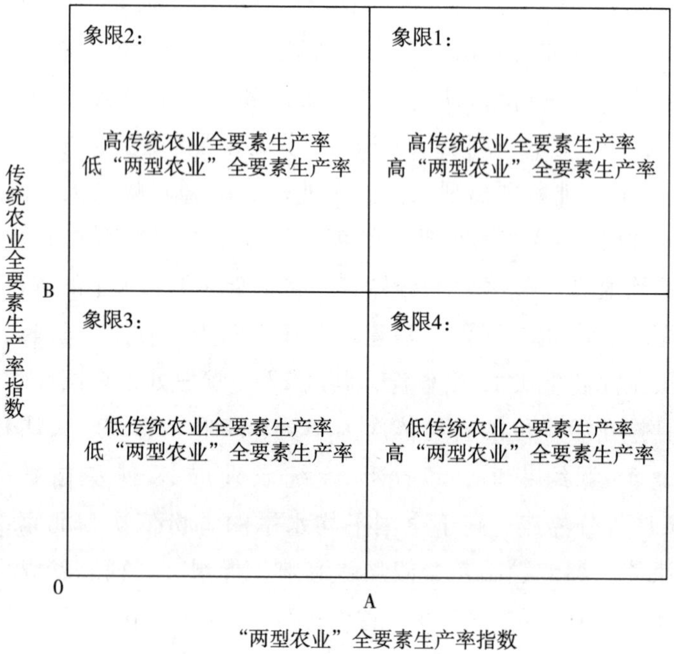

图 4.5　中国农业全要素生产率增长的分类矩阵

图4.5的横轴表示考虑环境约束的"两型农业"全要素生产率指数，纵轴表示不考虑环境约束的传统农业全要素生产率指数，A点和B点分别为两种情形下的全国均值水平点。以A点和B点为界，可将坐标图划分为四个象限，分别代表农业全要素生产率的四种类型。具体来说，象限1表示高传统农业全要素生产率和高"两型农业"全要素生产率；象限2表示高传统农业全要素生产率和低"两型农业"全

① 汪克亮、杨宝臣、杨力：《考虑环境效应的中国省际全要素能源效率研究》，《管理科学》2010年第6期。

② 韩海彬：《中国农业环境技术效率及其影响因素分析》，《经济与管理研究》2013年第9期。

要素生产率；象限3表示低传统农业全要素生产率和低“两型农业”全要素生产率；象限4表示低传统农业全要素生产率和高“两型农业”全要素生产率。

根据该分类矩阵，可将中国各省份的农业全要素生产率增长类型进行分类，具体分类结果如下：①辽宁、福建、浙江、江苏、海南和北京6个省份的传统农业全要素生产率指数和“两型农业”全要素生产率指数均高于全国平均水平，因此属于高传统农业全要素生产率和高“两型农业”全要素生产率型。这些省份均位于东部地区，凭借优越的地理位置、资源禀赋和气候条件基本实现了农业发展和资源保护的协调发展。②黑龙江、甘肃、山东、湖北、新疆、河北、宁夏、天津和吉林9个省份的传统农业全要素生产率指数高于全国平均水平，而“两型农业”全要素生产率指数低于全国平均水平，因此属于高传统农业全要素生产率和低“两型农业”全要素生产率型。这些省份较高的传统农业全要素生产率是以牺牲农业生态环境为代价取得的。③贵州、重庆、江西、云南、四川、湖南、上海、安徽、山西、内蒙古、青海、陕西、河南13个省份的传统农业全要素生产率指数和“两型农业”全要素生产率指数均低于全国平均水平，因此属于低传统农业全要素生产率和低“两型农业”全要素生产率型。④广西和广东两个省份的传统农业全要素生产率指数低于全国平均水平，而“两型农业”全要素生产率指数高于全国平均水平，因此属于低传统农业全要素生产率和高“两型农业”全要素生产率型。

三　“两型农业”全要素生产率评价：基于 *SBM + ML*

（一）研究方法

1. *SBM* 距离函数模型

传统的 *DEA* 模型通常是径向的和角度的。当存在投入过度或者产出不足时，径向 *DEA* 模型往往会高估决策单元的效率值；而使用角度

DEA 模型测度决策单元效率时，往往又无法避免角度选择的偏差。[①] Tone（2001）提出了非径向和非角度的 *SBM* 距离函数模型，该模型有效解决了传统 *DEA* 模型存在的上述问题，其数学表达式为[②]：

$$\rho^{*} = \min \frac{1 - \frac{1}{N}\sum_{n=1}^{N}\frac{s_n^x}{x_{k'n}^t}}{1 + \frac{1}{M}\sum_{m=1}^{M}\frac{s_m^y}{y_{k'm}^t}}$$

$$\text{s. t.} \quad \sum_{k=1}^{K}\lambda_k^t x_{kn}^t + s_n^x = x_{k'n}^t,\ n = 1,\ \cdots,\ N;$$

$$\sum_{k=1}^{K}\lambda_k^t y_{km}^t - s_m^y = y_{k'm}^t,\ m = 1,\ \cdots,\ M;$$

$$\lambda_k^t \geqslant 0,\ s_n^x \geqslant 0,\ s_m^y \geqslant 0,\ k = 1,\ \cdots,\ K \tag{4.14}$$

式(4.14)中，$x_{k'n}^t$ 和 $y_{k'm}^t$ 分别为 t 时期第 k 个决策单元的投入和产出值；s_n^x 和 s_m^y 分别为投入和产出松弛向量；λ_k^t 为权重系数向量。

为解决生产过程中由于污染而导致的负外部性问题，Tone（2003）对 *SBM* 模型进行了修正，并提出了能够处理非期望产出的 *SBM* 距离函数模型[③]：

$$\vec{S}^t(x_{k'}^t, y_{k'}^t, b_{k'}^t) = \rho^{*} = \min \frac{1 - \frac{1}{N}\sum_{n=1}^{N}\frac{s_n^x}{x_{k'n}^t}}{1 + \frac{1}{M+J}\left(\sum_{m=1}^{M}\frac{s_m^y}{y_{k'm}^t} + \sum_{j=1}^{J}\frac{s_j^b}{b_{k'j}^t}\right)}$$

$$\text{s. t.} \quad \sum_{k=1}^{K}\lambda_k^t x_{kn}^t + s_n^x = x_{k'n}^t,\ n = 1,\ \cdots,\ N;$$

$$\sum_{k=1}^{K}\lambda_k^t y_{km}^t - s_m^y = y_{k'm}^t,\ m = 1,\ \cdots,\ M;$$

$$\sum_{k=1}^{K}\lambda_k^t b_{kj}^t + s_j^b = b_{k'j}^t,\ j = 1,\ \cdots,\ J;$$

---

① 汪克亮、杨力、杨宝臣等：《能源经济效率、能源环境绩效与区域经济增长》，《管理科学》2013 年第 3 期。

② Tone, K., “A Slacks – based Measure of Efficiency in Data Envelopment Analysis”, *European Journal of Operational Research*, Vol. 130, No. 3, 2001.

③ Tone, K., “Dealing with Undesirable Outputs in DEA: A Slacks – based Measure (SBM) Approach”, *North American Productivity Workshop* 2004, Toronto, 23 – 25 June 2004.

$$\lambda_k^t \geqslant 0, \; s_n^x \geqslant 0, \; s_m^y \geqslant 0, \; s_j^b \geqslant 0, \; k = 1, \; \cdots, \; K \tag{4.15}$$

式（4.15）中，$\vec{S}^t$表示*SBM*距离函数；s_n^x为投入松弛向量，表示投入过剩；s_m^y和s_j^b为产出松弛向量，分别表示"期望"产出不足和"非期望"产出过剩；λ_k^t为权重系数向量。

2. 基于SBM距离函数的*ML*生产率指数

参照基于传统方向性距离函数的*ML*生产率指数，可构造从时期t到时期$(t+1)$的基于*SBM*距离函数的*SBM_ ML*生产率指数，其数学表达式为：

$$\begin{aligned} SBM\_ML_t^{t+1} &= \left[\frac{\vec{S}^t(x^{t+1},y^{t+1},b^{t+1};y^{t+1},-b^{t+1})}{\vec{S}^t(x^t,y^t,b^t;y^t,-b^t)} \times \frac{\vec{S}^{t+1}(x^{t+1},y^{t+1},b^{t+1};y^{t+1},-b^{t+1})}{\vec{S}^{t+1}(x^t,y^t,b^t;y^t,-b^t)}\right]^{\frac{1}{2}} \\ &= \underbrace{\left[\frac{\vec{S}^t(x^t,y^t,b^t;y^t,-b^t)}{\vec{S}^{t+1}(x^t,y^t,b^t;y^t,-b^t)} \times \frac{\vec{S}^t(x^{t+1},y^{t+1},b^{t+1};y^{t+1},-b^{t+1})}{\vec{S}^{t+1}(x^{t+1},y^{t+1},b^{t+1};y^{t+1},-b^{t+1})}\right]^{\frac{1}{2}}}_{S\_MLTC} \\ &\quad \times \underbrace{\frac{\vec{S}^{t+1}(x^{t+1},y^{t+1},b^{t+1};y^{t+1},-b^{t+1})}{\vec{S}^t(x^t,y^t,b^t;y^t,-b^t)}}_{S\_MLEC} = S\_MLTC_t^{t+1} \times S\_MLEC_t^{t+1} \end{aligned} \tag{4.16}$$

式（4.16）中，*S_ MLTC*和*S_ MLEC*分别表示基于*SBM*距离函数的技术进步指数和技术效率变化指数。当*SBM_ ML*、*S_ MLTC*和*S_ MLEC*大于(小于)1时，分别表示"两型农业"全要素生产率增长(下降)、技术进步(退步)和技术效率改善(恶化)。*SBM_ ML*生产率指数的求解需要计算四个*SBM*距离函数，即$\vec{S}^t(x^t, y^t, b^t; y^t, -b^t)$、$\vec{S}^{t+1}(x^t, y^t, b^t; y^t, -b^t)$、$\vec{S}^t(x^{t+1}, y^{t+1}, b^{t+1}; y^{t+1}, -b^{t+1})$和$\vec{S}^{t+1}(x^{t+1}, y^{t+1}, b^{t+1}; y^{t+1}, -b^{t+1})$。该四个*SBM*距离函数的线性规划模型可表示为：

$$\vec{S}^t(x_{k'}^t, \; y_{k'}^t, \; b_{k'}^t) = \rho^* = \min \frac{1 - \dfrac{1}{N}\sum_{n=1}^{N}\dfrac{s_n^x}{x_{k'n}^t}}{1 + \dfrac{1}{M+J}\left(\sum_{m=1}^{M}\dfrac{s_m^y}{y_{k'm}^t} + \sum_{j=1}^{J}\dfrac{s_j^b}{b_{k'j}^t}\right)}$$

$$\text{s. t.} \; \sum_{k=1}^{K} \lambda_k^t x_{kn}^t + s_n^x = x_{k'n}^t, \; n = 1, \; \cdots, \; N;$$

$$\sum_{k=1}^{K}\lambda_k^t y_{km}^t - s_m^y = y_{k'm}^t,\ m=1,\ \cdots,\ M;$$

$$\sum_{k=1}^{K}\lambda_k^t b_{kj}^t + s_j^b = b_{k'j}^t,\ j=1,\ \cdots,\ J;$$

$$\lambda_k^t \geqslant 0,\ s_n^x \geqslant 0,\ s_m^y \geqslant 0,\ s_j^b \geqslant 0,\ k=1,\ \cdots,\ K \tag{4.17a}$$

$$\vec{S}^{t+1}(x_{k'}^t, y_{k'}^t, b_{k'}^t) = \rho^* = \min \frac{1-\frac{1}{N}\sum_{n=1}^{N}\frac{s_n^x}{x_{k'n}^t}}{1+\frac{1}{M+J}\left(\sum_{m=1}^{M}\frac{s_m^y}{y_{k'm}^t}+\sum_{j=1}^{J}\frac{s_j^b}{b_{k'j}^t}\right)}$$

$$\text{s.t.}\ \sum_{k=1}^{K}\lambda_k^{t+1} x_{kn}^{t+1} + s_n^x = x_{k'n}^t,\ n=1,\ \cdots,\ N;$$

$$\sum_{k=1}^{K}\lambda_k^{t+1} y_{km}^{t+1} - s_m^y = y_{k'm}^t,\ m=1,\ \cdots,\ M;$$

$$\sum_{k=1}^{K}\lambda_k^{t+1} b_{kj}^{t+1} + s_j^b = b_{k'j}^t,\ j=1,\ \cdots,\ J;$$

$$\lambda_k^{t+1} \geqslant 0,\ s_n^x \geqslant 0,\ s_m^y \geqslant 0,\ s_j^b \geqslant 0,\ k=1,\ \cdots,\ K \tag{4.17b}$$

$$\vec{S}^{t}(x_{k'}^{t+1}, y_{k'}^{t+1}, b_{k'}^{t+1}) = \rho^* = \min \frac{1-\frac{1}{N}\sum_{n=1}^{N}\frac{s_n^x}{x_{k'n}^{t+1}}}{1+\frac{1}{M+J}\left(\sum_{m=1}^{M}\frac{s_m^y}{y_{k'm}^{t+1}}+\sum_{j=1}^{J}\frac{s_j^b}{b_{k'j}^{t+1}}\right)}$$

$$\text{s.t.}\ \sum_{k=1}^{K}\lambda_k^{t} x_{kn}^{t} + s_n^x = x_{k'n}^{t+1},\ n=1,\ \cdots,\ N;$$

$$\sum_{k=1}^{K}\lambda_k^{t} y_{km}^{t} - s_m^y = y_{k'm}^{t+1},\ m=1,\ \cdots,\ M;$$

$$\sum_{k=1}^{K}\lambda_k^{t} b_{kj}^{t} + s_j^b = b_{k'j}^{t+1},\ j=1,\ \cdots,\ J;$$

$$\lambda_k^{t} \geqslant 0,\ s_n^x \geqslant 0,\ s_m^y \geqslant 0,\ s_j^b \geqslant 0,\ k=1,\ \cdots,\ K \tag{4.17c}$$

$$\vec{S}^{t+1}(x_{k'}^{t+1}, y_{k'}^{t+1}, b_{k'}^{t+1}) = \rho^* = \min \frac{1-\frac{1}{N}\sum_{n=1}^{N}\frac{s_n^x}{x_{k'n}^{t+1}}}{1+\frac{1}{M+J}\left(\sum_{m=1}^{M}\frac{s_m^y}{y_{k'm}^{t+1}}+\sum_{j=1}^{J}\frac{s_j^b}{b_{k'j}^{t+1}}\right)}$$

$$\text{s.t.}\ \sum_{k=1}^{K}\lambda_k^{t+1} x_{kn}^{t+1} + s_n^x = x_{k'n}^{t+1},\ n=1,\ \cdots,\ N;$$

$$\sum_{k=1}^{K}\lambda_k^{t+1}y_{km}^{t+1}-s_m^y=y_{k'm}^{t+1},\ m=1,\ \cdots,\ M;$$

$$\sum_{k=1}^{K}\lambda_k^{t+1}b_{kj}^{t+1}+s_j^b=b_{k'j}^{t+1},\ j=1,\ \cdots,\ J;$$

$$\lambda_k^{t+1}\geqslant 0,\ s_n^x\geqslant 0,\ s_m^y\geqslant 0,\ s_j^b\geqslant 0,\ k=1,\ \cdots,\ K \tag{4.17d}$$

（二）实证研究

利用基于 *SBM* 距离函数的 *ML* 生产率指数方法（*SBM* + *ML*），本书测度了中国 30 个省份 1997—2015 年“两型农业”技术效率和全要素生产率。

1. “两型农业”技术效率分析

（1）“两型农业”技术效率的时序特征

图 4.6 描述了全国及东中西部地区“两型农业”技术效率的发展趋势。由该图可知，第一，东部地区的“两型农业”技术效率远高于中西部地区，并高于全国平均水平；中西部地区的“两型农业”技术效率较为接近，并且两个地区均低于全国平均水平。第二，对全国范围来说，考察期内“两型农业”技术效率整体呈现下降趋势，由 1997 年的 0.4780 下降到 2015 年的 0.2988，年均降幅 2.58%。从演进过程来看，考察期内全国“两型农业”技术效率经历了反复上升和下降的动态波动过程。具体来说，全国“两型农业”技术效率由 1997 年的 0.4780，上升到 1999 年的 0.5423，并达到考察期内最大值，从 2000 年开始出现连续 5 年的下降，降至 2004 年的 0.3835，2005 年又回升到 0.4358，但是上升趋势未能持续，从 2006 年开始又出现降幅，并于 2014 年达到考察期内最低值 0.2942，2015 年又上升至 0.2988。第三，考察期内，东中西部地区的“两型农业”技术效率均整体呈现波动下降趋势，分别由 1997 年的 0.6613、0.3971 和 0.3954 下降到 2015 年的 0.5212、0.2306 和 0.2067，年均下降率分别为 1.31%、2.97% 和 3.54%。具体来说，东中西部地区的“两型农业”技术效率的演进过程又呈现阶段性特征。东部地区的“两型农业”技术效率在 1997—1999 年呈现稳定上升趋势，并于 1999 年达到考察期内最高值 0.8161，1999—2004 年呈现持续下降态势，2005 年

大幅回升之后又出现反复下降和上升的波动过程，并于2014年达到考察期内最低值0.5096，2015年又上升至0.5212；中西部地区的“两型农业”技术效率的波动幅度相对较小，中部地区在［0.2123，0.4302］区间波动，西部地区在［0.2067，0.4264］区间波动，并且两个地区的动态演进过程比较接近。

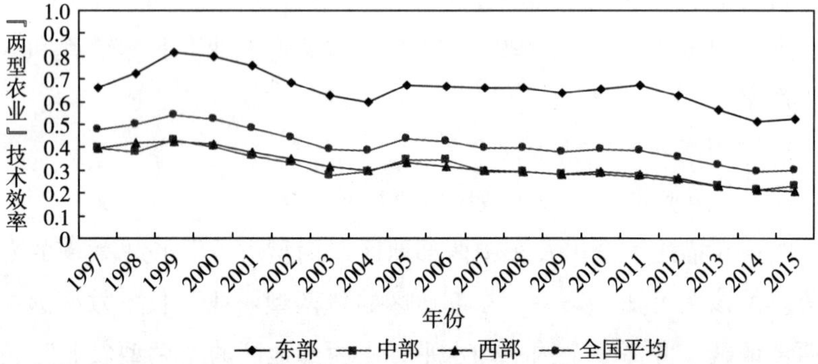

图4.6　全国及东中西部地区“两型农业”技术效率发展趋势

为进一步分析“两型农业”技术效率的有效和无效情况，本书汇报了各年份“两型农业”技术效率有效和无效的省份个数及其占比等情况（见表4.6）。

表4.6　各年份技术有效和无效情况

年份	有效省份		无效省份		
	个数	占比（%）	个数	占比（%）	技术效率值<0.5的个数
1997	8	26.67	22	73.33	16
1998	9	30.00	21	70.00	16
1999	10	33.33	20	66.67	13
2000	10	33.33	20	66.67	17
2001	9	30.00	21	70.00	18
2002	8	26.67	22	73.33	18
2003	6	20.00	24	80.00	18

续表

年份	有效省份		无效省份		
	个数	占比（%）	个数	占比（%）	技术效率值<0.5的个数
2004	6	20.00	24	80.00	19
2005	7	23.33	23	76.67	19
2006	7	23.33	23	76.67	20
2007	6	20.00	24	80.00	21
2008	6	20.00	24	80.00	21
2009	5	16.67	25	83.33	22
2010	5	16.67	25	83.33	21
2011	6	20.00	24	80.00	21
2012	5	16.67	25	83.33	21
2013	5	16.67	25	83.33	22
2014	4	13.33	26	86.67	25
2015	2	6.67	28	93.33	23
1997—2015	7	21.75	23	78.25	20

如表4.6所示，总体来看，考察期内平均每年有7个省份处于“两型农业”技术效率有效状态；平均每年有23个省份处于“两型农业”技术效率无效状态；平均每年有20个省份的“两型农业”技术效率小于0.5。可见，从整体来看，各省份的“两型农业”技术效率不容乐观。从演进过程来看，处于“两型农业”技术效率有效状态的省份由1997年的8个减少到2015年的2个；处于“两型农业”技术效率无效状态的省份由1997年的22个增加到2015年的28个；“两型农业”技术效率小于0.5的省份个数由1997年的16个增加到2015年的23个。可见，考察期内，“两型农业”技术效率的有效和无效省份个数的变化趋势与“两型农业”技术效率的发展趋势基本保持一致。

（2）“两型农业”技术效率的空间特征

为进一步分析“两型农业”技术效率的空间特征，本书采用四分位分类法，分别以0.2499、0.3734和0.6467作为分类阈值，将各省份的“两型农业”技术效率平均值①的分布情况划分为四种状态：低效率水平状态，其区间为（0，0.2499]；中低效率水平状态，其区间为（0.2499，0.3734]；中高效率水平状态，其区间为（0.3734，0.6467]；高效率水平状态，其区间为（0.6467，1]。

结果显示：①广东、浙江、辽宁、海南、广西、福建、上海、北京8个省份处于高效率水平状态，这些省份的“两型农业”技术效率平均值为0.8666，明显高于其他状态的平均水平。值得一提的是，北京的“两型农业”技术效率平均值为1，说明北京的“两型农业”技术效率处于有效状态。另外，位于西部地区的广西的“两型农业”技术效率也表现不凡，其“两型农业”技术效率平均值为0.9388，显著高于西部地区的其他省份。②江西、江苏、新疆、四川、重庆、黑龙江、天津7个省份处于中高效率水平状态，这些省份的“两型农业”技术效率平均值为0.4737。③安徽、河北、湖南、湖北、甘肃、山东、吉林7个省份处于中低效率水平状态，这些省份的“两型农业”技术效率平均值为0.3181。④宁夏、山西、青海、贵州、陕西、河南、云南、内蒙古8个省份处于低效率水平状态，这些省份的“两型农业”技术效率平均值为0.2055，明显低于其他状态的平均水平。

（3）“两型农业”技术效率的改善方向分析

根据*SBM*距离函数模型，当“两型农业”技术效率值等于1时，投入和产出的松弛向量均为0，此时“两型农业”技术效率是相对有效的，农业生产中的投入和产出为相对最优；当“两型农业”技术效率值小于1时，投入和产出的松弛向量不等于0，此时可以根据松弛向量的值来判断“两型农业”技术效率的改善方向。

按照潘丹（2012）② 和范丹（2013）③ 的思路，将第k个省份的

① 对1997—2015年全国30个样本省份的“两型农业”技术效率在时间维度取几何平均值。

② 潘丹：《考虑资源环境因素的中国农业生产率研究》，博士学位论文，南京农业大学，2012年。

③ 范丹：《低碳视角下的中国能源效率研究》，博士学位论文，东北财经大学，2013年。

第 n 个投入指标的投入冗余率定义为：

$$x_{kn}^{s}=\frac{s_{n}^{x}}{x_{kn}},\ n=1,\ \cdots,\ N;\ k=1,\ \cdots,\ K \tag{4.18}$$

其中，x_{kn}^{s}为投入冗余率，s_{n}^{x} 为投入松弛向量，x_{kn}为投入指标值。

类似，第 k 个省份的第 j 个非期望产出指标的产出冗余率可定义为：

$$b_{kj}^{s}=\frac{s_{j}^{b}}{b_{kj}},\ j=1,\ \cdots,\ J;\ k=1,\ \cdots,\ K \tag{4.19}$$

其中，b_{kj}^{s}为非期望产出冗余率，s_{j}^{b} 为非期望产出松弛向量，b_{kj}为非期望产出指标值。

第 k 个省份的第 m 个期望产出指标的产出冗余率可定义为：

$$y_{km}^{s}=\frac{s_{m}^{y}}{y_{km}},\ m=1,\ \cdots,\ M;\ k=1,\ \cdots,\ K \tag{4.20}$$

其中，y_{km}^{s}为期望产出冗余率，s_{m}^{y} 为期望产出松弛向量，y_{km}为期望产出指标值。

本书以2015年中国各省份投入和产出数据为例，利用式（4.18）—式（4.20）测算了投入和产出指标的冗余量和冗余率，结果见表4.7。

如表4.7所示，①从全国范围来看，对“两型农业”技术无效率贡献较大的因素分别为土地投入、农业机械投入、化肥施用量投入和农业碳排放非期望产出。具体来说，土地投入、农业机械投入、化肥施用量投入和农业碳排放非期望产出可以减少的潜力分别为4278.8906千公顷、2399.3996万千瓦、124.4762万吨和659.9900万吨。值得一提的是，在耕地资源相对稀缺的当下，土地投入尚且存在冗余，其原因主要在于当前我国土地集约化利用程度不高，土地资源浪费现象依然存在，尤其是碎片化的农业生产模式影响了农业生产效率。②分区域来看，对东部地区“两型农业”技术无效率贡献较大的因素分别为土地投入、劳动力投入、农业机械投入和农业碳排放非期望产出，这些因素尚能减少的潜力分别为3578.3982千公顷、533.3808万人、1421.3167万千瓦和555.1034万吨；对中部地区“两

表 4.7　　2015 年中国“两型农业”技术效率的改善方向

省份	劳动力投入（万人）		农业机械投入（万千瓦）		土地投入（千公顷）		化肥施用量投入（万吨）		农业碳排放（万吨）		农业面源污染等标排放（10^6m^3）	
	投入冗余值	投入冗余率	投入冗余值	投入冗余率	投入冗余值	投入冗余率	投入冗余值	投入冗余率	产出冗余值	产出冗余率	产出冗余值	产出冗余率
北京	0	0	0	0	0	0	0	0	0	0	0	0
天津	-5.4403	-0.0822	-322.2121	-0.5892	-259.2832	-0.5528	-9.1228	-0.4185	-27.6794	-0.2419	-18282.2883	-0.2876
河北	-750.2084	-0.5406	-8743.7270	-0.7875	-6537.9140	-0.7481	-202.3981	-0.6033	-670.0137	-0.4239	-399576.4842	-0.4566
山西	-533.9710	-0.8010	-2860.9989	-0.8536	-3309.6947	-0.8784	-90.8140	-0.7664	-289.2947	-0.6043	-61548.3234	-0.3836
内蒙古	-330.2457	-0.5771	-2909.5474	-0.7646	-6732.0188	-0.8895	-178.8718	-0.7797	-1053.9386	-0.7530	-310364.7244	-0.6323
辽宁	-215.2956	-0.3123	-1059.8079	-0.3766	-2582.6846	-0.6120	-53.1319	-0.3493	-388.0299	-0.3643	-44729.4158	-0.1123
吉林	-213.0362	-0.4056	-1997.5560	-0.6336	-4601.1109	-0.8102	-166.0366	-0.7182	-511.9187	-0.5345	-229911.8358	-0.4969
黑龙江	-322.2303	-0.4217	-3807.4698	-0.6996	-10768.0999	-0.8759	-163.0608	-0.6387	-844.3368	-0.5723	-168529.6595	-0.3384
上海	-7.9952	-0.1738	0	0	-205.6323	-0.6044	-1.7654	-0.1783	-47.5197	-0.4752	-12858.2599	-0.3827
江苏	-14.2936	-0.0196	-2179.6599	-0.4517	-5275.4545	-0.6811	-170.7183	-0.5335	-916.8647	-0.4731	-416723.7536	-0.4387
浙江	-178.3779	-0.3620	-1197.8075	-0.5074	-1205.0920	-0.5261	-21.8881	-0.2501	-300.9474	-0.4014	-10758.8799	-0.0439
安徽	-928.2137	-0.6648	-4849.5436	-0.7369	-7334.4120	-0.8194	-241.0090	-0.7116	-1256.0619	-0.6527	-98963.7895	-0.2209
福建	-140.0923	-0.2267	-320.7090	-0.2317	-574.2938	-0.2463	-17.5856	-0.1420	-147.0164	-0.1908	-156861.5060	-0.5905
江西	-472.8135	-0.6015	-1102.0722	-0.4875	-4497.5793	-0.8061	-78.2231	-0.5447	-1240.2170	-0.7350	-34452.4435	-0.1286
山东	-1015.3528	-0.5172	-9846.1537	-0.7374	-7753.3178	-0.7032	-265.6392	-0.5731	-836.3374	-0.3819	-609110.2124	-0.4629
河南	-1765.7075	-0.6825	-8671.4811	-0.7405	-11588.8469	-0.8034	-544.6572	-0.7606	-1427.3660	-0.5489	-572703.4540	-0.4833
湖北	-253.0226	-0.3310	-2576.3748	-0.5766	-6186.7221	-0.7780	-227.1664	-0.6803	-1269.0666	-0.6348	-332768.7455	-0.4660

续表

省份	劳动力投入（万人）		农业机械投入（万千瓦）		土地投入（千公顷）		化肥施用量投入（万吨）		农业碳排放（万吨）		农业面源污染等标排放（10^6m^3）	
	投入冗余值	投入冗余率	投入冗余值	投入冗余率	投入冗余值	投入冗余率	投入冗余值	投入冗余率	产出冗余值	产出冗余率	产出冗余值	产出冗余率
湖南	-1086.8277	-0.6714	-3926.2413	-0.6661	-6880.2614	-0.7893	-135.4709	-0.5496	-1606.8678	-0.6790	-200242.6773	-0.3355
广东	-718.2943	-0.5223	-266.5644	-0.0988	-2516.3931	-0.5259	-119.3830	-0.4654	-584.7105	-0.3840	-161262.4082	-0.2477
广西	-949.4189	-0.6653	-2108.9781	-0.5545	-4474.4176	-0.7294	-159.5370	-0.6138	-935.3642	-0.5805	0	0
海南	0	0	0	0	0	0	0	0	0	0	0	0
重庆	-350.1172	-0.6650	-647.2666	-0.4980	-2966.8388	-0.8297	-60.8889	-0.6232	-403.4138	-0.6157	-24954.7318	-0.1595
四川	-1283.9274	-0.6863	-2232.7811	-0.5069	-7662.8846	-0.7908	-127.2688	-0.5095	-1437.1631	-0.6316	-77216.2180	-0.1500
贵州	-988.9691	-0.8514	-1936.7221	-0.7521	-4946.2644	-0.8925	-67.6763	-0.6526	-605.0119	-0.7106	-115945.1910	-0.4740
云南	-1240.8936	-0.7871	-2091.2121	-0.6274	-6026.5534	-0.8387	-161.8367	-0.6979	-892.9979	-0.6507	-194034.8215	-0.4367
陕西	-547.8659	-0.6944	-1775.1517	-0.6655	-3451.7963	-0.8056	-181.5639	-0.7829	-315.4464	-0.4781	-220062.1750	-0.5503
甘肃	-518.9373	-0.7480	-2038.0907	-0.7591	-3625.4948	-0.8572	-61.4006	-0.6272	-549.0308	-0.6874	-33498.8098	-0.2044
青海	-91.6049	-0.7959	-367.0100	-0.8086	-477.2995	-0.8548	-5.1976	-0.5146	-314.3930	-0.9036	-45063.8404	-0.7202
宁夏	-83.1518	-0.6565	-670.3493	-0.8064	-1114.3736	-0.8812	-31.0190	-0.7735	-140.9004	-0.6940	-43855.0542	-0.5748
新疆	-253.0756	-0.4804	-1476.5003	-0.5931	-4811.9840	-0.8358	-190.9565	-0.7697	-787.7903	-0.6684	-127290.5761	-0.3841
全国平均	-508.6460	-0.4981	-2399.3996	-0.5504	-4278.8906	-0.6989	-124.4762	-0.5409	-659.9900	-0.5224	-157385.6760	-0.3388
东部平均	-533.3808	-0.6239	-1421.3167	-0.5970	-3578.3982	-0.7532	-92.0259	-0.5902	-555.1034	-0.5966	-94482.4630	-0.3630
中部平均	-696.9778	-0.5725	-3723.9672	-0.6743	-6895.8409	-0.8201	-205.8048	-0.6713	-1055.6412	-0.6202	-212390.1161	-0.3567
西部平均	-603.4734	-0.6916	-1659.4190	-0.6669	-4208.1751	-0.8368	-111.4743	-0.6677	-675.9500	-0.6703	-108389.6493	-0.3897

注：各省份的农林牧副渔总产值指标的产出冗余值和产出冗余率均为0。为节约空间，未列出该指标。

型农业”技术无效率贡献较大的因素分别为土地投入、农业机械投入、化肥施用量投入和农业碳排放非期望产出，这些因素尚能减少的潜力分别为6895.8409千公顷、3723.9672万千瓦、205.8048万吨和1055.6412万吨；对西部地区“两型农业”技术无效率贡献较大的因素分别为土地投入、劳动力投入、化肥施用量投入和农业碳排放非期望产出，这些因素尚能减少的潜力分别为4208.1751千公顷、603.4734万人、111.4743万吨和675.9500万吨。③从省域视角来看，不同省份的“两型农业”技术效率的改善方向发生了分异，北京和海南所有投入和产出指标的投入冗余率和产出冗余率均为0，说明北京和海南处于生产前沿面上，未发生效率损失，而其他省份的投入和产出指标均在不同程度上存在冗余。具体来说，第一，劳动力投入。贵州、山西、青海、云南、甘肃5个省份的劳动力投入可减少潜力均超过了60%，具有较高的改善空间。这些省份除山西之外，均位于西部地区，具有较丰富的劳动力资源，在农业生产中投入的劳动力过多，从而造成效率损失。第二，农业机械投入。山西、青海、宁夏、河北、内蒙古、甘肃、贵州、河南、山东、安徽、黑龙江、湖南、陕西、吉林、云南15个省份的农业机械投入可减少潜力均超过了60%，具有较高的改善空间。另外，新疆、天津、湖北、广西、浙江、四川6个省份的农业机械投入可减少潜力均超过了50%，因此也具有一定的改善空间。第三，土地投入。除北京和海南的土地投入可减少潜力为0，福建的土地投入可减少潜力低于50%之外，其余27个省份的土地投入可减少潜力均超过了50%。可见，土地资源浪费，粗放使用情况较为普遍。第四，化肥施用量投入。陕西、内蒙古、宁夏、新疆、山西、河南、吉林、安徽、云南、湖北、贵州、黑龙江、甘肃、重庆、广西、河北16个省份的化肥施用量投入可减少潜力均超过了60%，具有较高的改善空间。这些省份，除河北之外，均位于中西部地区。可见，中西部地区农用化肥过度使用情况比较严重。第五，农业碳排放。青海、内蒙古、江西、贵州、宁夏、甘肃、湖南、新疆、安徽、云南、湖北、四川、重庆、山西14个省份的农业碳排放非期望产出可减排潜力均超过了60%，具有较高的减排空间。另外，广西、黑龙江、河南、吉林4个省份的农业碳排放非期望产出可减排潜力均超过了50%，因此也具有一定的减排空间。第六，农业面源污染等标排放非期望产出。青海和内蒙古的农业面源污染相对较为严重，这两个省份的农业面源污染等标排放非期望产出可减排潜力超过了60%，福建、宁夏和陕西的可减排潜力也超过了50%，降低这些省份的农业面源污染等标排放是提高其“两型农业”技术效率的关键。

2. “两型农业”全要素生产率的总体特征分析

“两型农业”技术效率衡量了各省份与生产前沿面的相对关系，属于静态分析方法，而“两型农业”全要素生产率能够测度各省份与生产前沿面的相对位置变化以及生产前沿面的移动，属于动态分析方法。[①] 接下来，将对“两型农业”全要素生产率的总体特征进行分析。

如表4.8所示，1997—2015年，中国“两型农业”全要素生产率指数（*SBM_ ML*）、技术效率变化指数（*S_ MLEC*）和技术进步指数（*S_ MLTC*）的均值分别为1.0625、0.9742和1.0906，可见考察期内“两型农业”全要素生产率、技术效率和技术进步平均增长率分别为6.25%、-2.58%和9.06%，说明“两型农业”全要素生产率增长主要由技术进步推动，而“两型农业”技术效率的恶化阻碍了“两型农业”全要素生产率的增长。无论是不考虑环境约束的高帆(2015)[②] 的研究，还是考虑环境约束的杜江和王锐等（2016）[③] 的研究均得出了相同的结论。

另外，考察期内“两型农业”*SBM_ ML*生产率指数的均值在0.9884和1.1098之间波动，其标准差在0.0304和0.2598之间波动，

---

① 李平：《环境技术效率、绿色生产率与可持续发展：长三角与珠三角城市群的比较》，《数量经济技术经济研究》2017年第11期。

② 高帆：《我国区域农业全要素生产率的演变趋势与影响因素》，《数量经济技术经济研究》2015年第5期。

③ 杜江、王锐、王新华：《环境全要素生产率与农业增长：基于DEA - GML指数与面板Tobit模型的两阶段分析》，《中国农村经济》2016年第3期。

表 4.8　“两型农业”*SBM_ ML* 生产率指数及其分解的统计特征

年份	*SBM_ ML*				*S_ MLEC*				*S_ MLTC*			
	最小值	最大值	平均值	标准差	最小值	最大值	平均值	标准差	最小值	最大值	平均值	标准差
1997—1998	0. 7844	1. 8234	1. 0833	0. 2304	0. 5303	1. 7373	1. 0449	0. 2291	0. 9603	1. 4792	1. 0367	0. 1150
1998—1999	0. 8654	1. 5074	1. 0432	0. 1285	0. 6830	1. 5975	1. 0857	0. 1889	0. 7851	1. 3667	0. 9609	0. 1511
1999—2000	0. 8943	1. 3607	1. 0573	0. 0877	0. 7625	1. 2216	0. 9624	0. 0800	0. 9932	1. 1729	1. 0986	0. 0545
2000—2001	0. 9341	1. 3875	1. 0776	0. 1108	0. 7530	1. 0000	0. 9260	0. 0677	0. 9942	1. 7236	1. 1637	0. 1389
2001—2002	0. 8638	1. 6501	1. 0910	0. 1393	0. 5343	1. 1207	0. 9153	0. 1112	1. 0020	1. 6168	1. 1919	0. 1224
2002—2003	0. 8257	1. 5944	1. 0925	0. 1382	0. 5087	1. 1826	0. 8844	0. 1406	1. 0790	1. 9623	1. 2352	0. 1720
2003—2004	0. 9300	2. 3678	1. 1098	0. 2598	0. 5833	2. 0719	0. 9803	0. 2355	1. 0126	1. 8135	1. 1321	0. 1880
2004—2005	0. 8834	1. 4343	1. 0746	0. 1194	0. 9699	1. 5509	1. 1364	0. 1542	0. 7313	1. 2995	0. 9456	0. 1356
2005—2006	0. 8223	1. 2212	1. 0563	0. 0680	0. 6602	1. 0418	0. 9762	0. 0697	1. 0131	1. 2899	1. 0820	0. 0734
2006—2007	0. 9795	1. 3751	1. 1029	0. 1091	0. 4593	1. 0316	0. 9380	0. 1040	1. 0203	2. 1327	1. 1759	0. 2086
2007—2008	0. 9753	1. 3445	1. 0551	0. 0704	0. 9085	1. 0578	0. 9922	0. 0349	0. 9978	1. 3170	1. 0634	0. 0605
2008—2009	0. 9711	1. 1157	1. 0358	0. 0304	0. 7766	1. 0216	0. 9584	0. 0452	1. 0119	1. 3012	1. 0808	0. 0542
2009—2010	0. 9646	1. 3692	1. 0443	0. 0721	0. 9132	1. 1080	1. 0251	0. 0363	0. 9848	1. 2357	1. 0187	0. 0581
2010—2011	0. 9539	1. 5567	1. 0542	0. 1046	0. 9068	1. 4745	0. 9868	0. 0964	0. 9813	1. 2132	1. 0683	0. 0384
2011—2012	0. 9851	1. 2435	1. 0527	0. 0492	0. 6527	1. 0000	0. 9325	0. 0636	0. 9851	1. 6197	1. 1288	0. 1101
2012—2013	0. 9809	1. 3393	1. 0582	0. 0613	0. 7318	1. 0102	0. 8949	0. 0752	0. 9809	1. 4282	1. 1825	0. 1043
2013—2014	0. 9850	1. 2107	1. 0548	0. 0449	0. 5669	1. 0000	0. 9184	0. 0744	0. 9996	1. 8108	1. 1485	0. 1325
2014—2015	0. 5302	1. 2751	0. 9884	0. 1190	0. 3010	1. 1726	1. 0154	0. 1693	0. 9269	1. 7616	0. 9735	0. 1658
总体平均	0. 8961	1. 4542	1. 0625	0. 1080	0. 6779	1. 2445	0. 9742	0. 1098	0. 9700	1. 5302	1. 0906	0. 1157

其中黑龙江2003—2004年的“两型农业”*SBM_ ML*生产率指数为考察期内各省份中的最大值，广西2014—2015年的“两型农业”*SBM_ ML*生产率指数为考察期内各省份中的最小值；考察期内“两型农业”*S_ MLEC*指数的均值在0.8844和1.1364之间波动，其标准差在0.0349和0.2355之间波动，其中黑龙江2003—2004年的“两型农业”*S_ MLEC*指数为考察期内各省份中的最大值，广西2014—2015年的“两型农业”*S_ MLEC*指数为考察期内各省份中的最小值；考察期内“两型农业”*S_ MLTC*指数的均值在0.9456和1.2352之间波动，其标准差在0.0384和0.2086之间波动，其中黑龙江2006—2007年的“两型农业”*S_ MLTC*指数为考察期内各省份中的最大值，新疆2004—2005年的“两型农业”*S_ MLTC*指数为考察期内各省份中的最小值。

3. 区域“两型农业”全要素生产率的时空分异

如表4.9和图4.7—图4.10所示，①整体来看，东中西部地区“两型农业”全要素生产率整体呈现增长态势，并表现为“东高中低”的增长格局。具体来说，考察期内三大地区*SBM_ ML*指数的平均值分别为1.0701、1.0511和1.0634，说明东中西部地区“两型农业”全要素生产率的平均增长率分别为7.01%、5.11%和6.34%，可见东部地区“两型农业”全要素生产率的平均增长率最高，西部地区次之，中部地区最低并低于全国平均水平。另外，对于“两型农业”全要素生产率的分解来说，考察期内东中西部地区“两型农业”技术效率整体呈现恶化态势，三大地区*S_ MLEC*指数的平均值分别为0.9869、0.9703和0.9646，说明东中西部地区“两型农业”技术效率的平均增长率分别为-1.31%、-2.97%和-3.54%；考察期内东中西部地区“两型农业”技术进步整体呈现增长态势，并表现为“西高中低”的增长格局，三大地区*S_ MLTC*指数的平均值分别为1.0843、1.0833和1.1024，说明东中西部地区“两型农业”技术进步的平均增长率分别为8.43%、8.33%和10.24%。由前所述，东中西部地区“两型农业”全要素生产率的增长均是由“两型农业”技术进步推动，而“两型农业”技术效率则阻碍了“两型农业”全要素

表 4.9 东中西部地区“两型农业”*SBM_ ML* 指数及其分解

年份	全国			东部			中部			西部		
	SBM_ ML	*S_ MLEC*	*S_ MLTC*	*SBM_ ML*	*S_ MLEC*	*S_ MLTC*	*SBM_ ML*	*S_ MLEC*	*S_ MLTC*	*SBM_ ML*	*S_ MLEC*	*S_ MLTC*
1997—1998	1.0833	1.0449	1.0367	1.1382	1.0957	1.0388	1.0015	0.9586	1.0448	1.0917	1.0610	1.0289
1998—1999	1.0432	1.0857	0.9609	1.0751	1.1263	0.9546	1.0235	1.1302	0.9056	1.0264	1.0164	1.0098
1999—2000	1.0573	0.9624	1.0986	1.0665	0.9773	1.0913	1.0396	0.9297	1.1182	1.0610	0.9718	1.0918
2000—2001	1.0776	0.9260	1.1637	1.0541	0.9482	1.1116	1.0446	0.9032	1.1566	1.1268	0.9208	1.2237
2001—2002	1.0910	0.9153	1.1919	1.0705	0.9035	1.1849	1.0782	0.9256	1.1649	1.1214	0.9199	1.2191
2002—2003	1.0925	0.8844	1.2352	1.1067	0.9179	1.2057	1.0316	0.8273	1.2470	1.1244	0.8946	1.2568
2003—2004	1.1098	0.9803	1.1321	1.0733	0.9519	1.1276	1.1711	1.0560	1.1090	1.1034	0.9564	1.1537
2004—2005	1.0746	1.1364	0.9456	1.0624	1.1253	0.9441	1.0747	1.1793	0.9113	1.0868	1.1171	0.9729
2005—2006	1.0563	0.9762	1.0820	1.0642	0.9952	1.0693	1.0738	0.9987	1.0752	1.0358	0.9419	1.0997
2006—2007	1.1029	0.9380	1.1759	1.1205	0.9872	1.1350	1.0629	0.8561	1.2415	1.1153	0.9524	1.1711
2007—2008	1.0551	0.9922	1.0634	1.0627	1.0039	1.0585	1.0675	1.0003	1.0672	1.0387	0.9749	1.0655
2008—2009	1.0358	0.9584	1.0808	1.0422	0.9586	1.0872	1.0280	0.9480	1.0844	1.0353	0.9659	1.0718
2009—2010	1.0443	1.0251	1.0187	1.0672	1.0303	1.0359	1.0220	1.0156	1.0063	1.0379	1.0268	1.0108
2010—2011	1.0542	0.9868	1.0683	1.0895	1.0253	1.0626	1.0262	0.9548	1.0748	1.0404	0.9728	1.0694
2011—2012	1.0527	0.9325	1.1288	1.0588	0.9321	1.1359	1.0526	0.9266	1.1360	1.0466	0.9373	1.1166
2012—2013	1.0582	0.8949	1.1825	1.0551	0.9050	1.1658	1.0743	0.9110	1.1792	1.0498	0.8736	1.2017
2013—2014	1.0548	0.9184	1.1485	1.0563	0.9002	1.1734	1.0438	0.9287	1.1239	1.0613	0.9292	1.1421
2014—2015	0.9884	1.0154	0.9735	1.0054	1.0228	0.9830	1.0144	1.0861	0.9340	0.9535	0.9598	0.9934
平均值	1.0625	0.9742	1.0906	1.0701	0.9869	1.0843	1.0511	0.9703	1.0833	1.0634	0.9646	1.1024

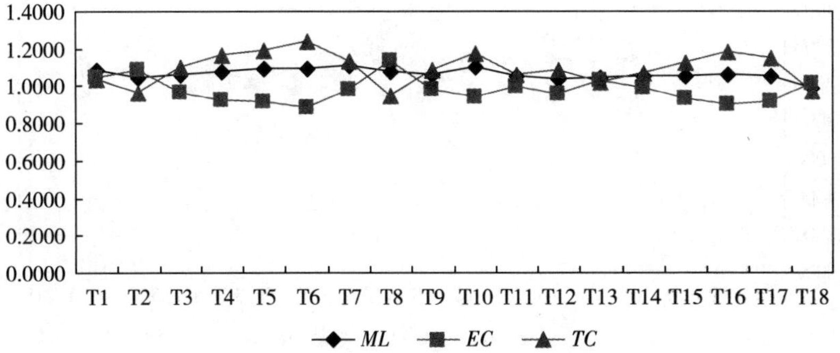

注：T1表示1997—1998年，T2表示1998—1999年，……，T18表示2014—2015年（下同）。

图 4.7　全国“两型农业”*SBM_ ML* 指数及其分解的发展趋势

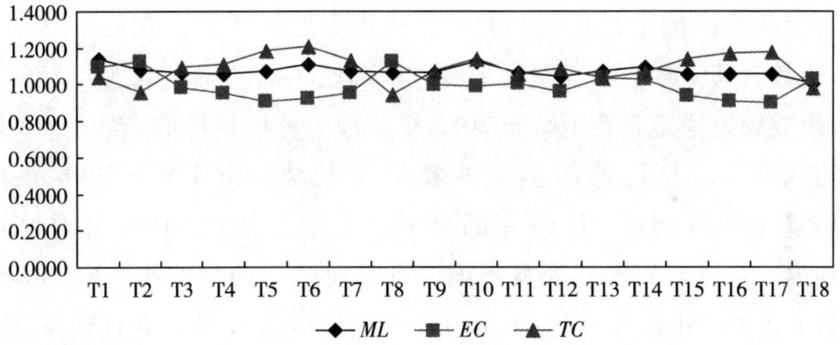

图 4.8　东部地区“两型农业”*SBM_ ML* 指数及其分解的发展趋势

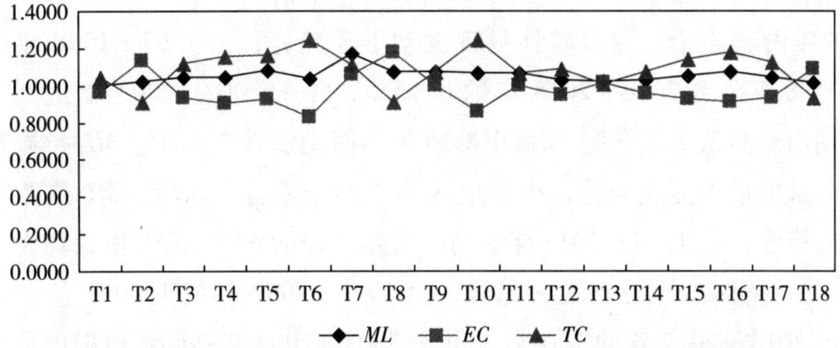

图 4.9　中部地区“两型农业”*SBM_ ML* 指数及其分解的发展趋势

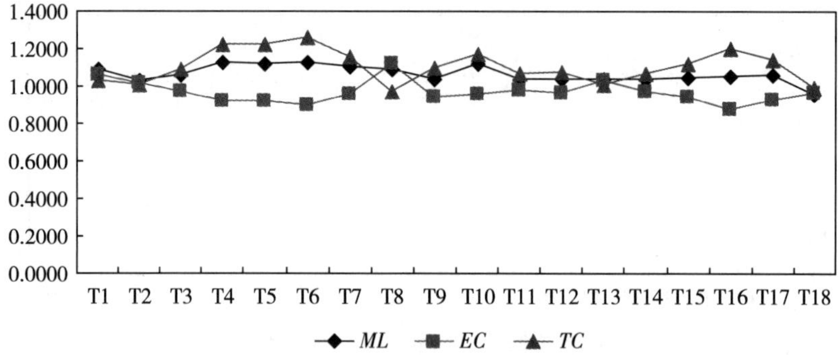

图 4.10 西部地区“两型农业”*SBM_ ML* 指数及其分解的发展趋势

生产率的增长。可见，分地区的“两型农业”全要素生产率的增长源泉与全国范围的结论保持一致。②从东部地区“两型农业”*SBM_ ML* 指数及其分解的动态变化来看，东部地区的“两型农业”*SBM_ ML* 指数较为稳定，在 1997—2015 年，每个考察年份的 *SBM_ ML* 指数均大于 1，并且整体呈现波动下降趋势，由 1997—1998 年的 1. 1382 下降到 2014—2015 年的 1. 0054，并于 1997—1998 年达到考察期内最高值 1. 1382；考察期内，东部地区“两型农业”*S_ MLEC* 指数大于 1 的年份有 7 个，而小于 1 的年份多达 11 个，并且整体呈现波动下降趋势，由 1997—1998 年的 1. 0957 下降到 2014—2015 年的 1. 0228，并于 1998—1999 年达到考察期内最高值 1. 1263；考察期内，东部地区“两型农业”*S_ MLTC* 指数大于 1 的年份有 15 个，而小于 1 的年份有 3 个，并且整体呈现波动下降趋势，由 1997—1998 年的 1. 0388 下降到 2014—2015 年的 0. 9830，并于 2002—2003 年达到考察期内最高值 1. 2057。③从中部地区“两型农业”*SBM_ ML* 指数及其分解的动态变化来看，中部地区的“两型农业”*SBM_ ML* 指数也较为稳定，在 1997—2015 年，每个考察年份的 *SBM_ ML* 指数均大于 1，并且整体呈现波动上升趋势，由 1997—1998 年的 1. 0015 波动上升到 2014—2015 年的 1. 0144，并于 2003—2004 年达到考察期内最大值 1. 1711；考察期内，中部地区“两型农业”*S_ MLEC* 指数大于 1 的年份有 6 个，而小于 1 的年份多达 12 个，并且整体呈现波动上升趋势，由1997—1998年的0.9586上升到2014—2015年的1.0861，并于2004—2005年达到考察期内最高值1.1793；考察期内，中部地区“两型农业”*S_ MLTC*指数大于1的年份有15个，而小于1的年份有3个，并且整体呈现波动下降趋势，由1997—1998年的1.0448下降到2014—2015年的0.9340，并于2008—2009年达到考察期内最高值1.2470。④从西部地区“两型农业”*SBM_ ML*指数及其分解的动态变化来看，西部地区的“两型农业”*SBM_ ML*指数仅在2014—2015年小于1，其他年份均大于1，并且整体呈现波动下降趋势，由1997—1998年的1.0917下降到2014—2015年的0.9535，并于2000—2001年达到考察期内最高值1.1268；考察期内，西部地区“两型农业”*S_ MLEC*指数大于1的年份有4个，而小于1的年份多达14个，并且整体呈现波动下降趋势，由1997—1998年的1.0610下降到2014—2015年的0.9598，并于2004—2005年达到考察期内最高值1.1171；考察期内，西部地区“两型农业”*S_ MLTC*指数仅在2004—2005年和2014—2015年小于1，其他年份均大于1，并且整体呈现波动下降趋势，由1997—1998年的1.0289下降到2014—2015年的0.9934，并于2002—2003年达到考察期内最高值1.2568。

4. 省域“两型农业”全要素生产率的时空分异

为分析省域“两型农业”全要素生产率的时空分异特征，表4.10和图4.11展示了中国各省份代表年份的“两型农业”*SBM_ ML*指数值以及1997—2015年的平均值。

表4.10 中国各省份“两型农业”*SBM_ ML*指数

省份	T1	T7	T13	T18	整体平均	省份	T1	T7	T13	T18	整体平均
北京	1.0411	1.0126	0.9993	0.9483	1.0504	河南	1.0141	1.1261	1.0345	1.0314	1.0353
天津	1.0041	0.9434	1.0573	1.0702	1.0325	湖北	0.9949	1.0335	1.0192	1.0936	1.0398
河北	1.0589	1.0583	1.0386	1.0087	1.0535	湖南	1.0046	1.0280	1.0163	1.0266	1.0292
山西	1.0911	1.0577	1.0316	0.9826	1.0320	广东	1.1293	1.0730	1.0265	1.0122	1.0673
内蒙古	1.0816	1.0876	1.0438	0.9888	1.0161	广西	1.0693	1.1191	1.0813	0.5302	1.0849
辽宁	1.1404	1.2753	1.1593	0.9983	1.1012	海南	1.3816	1.0580	1.0069	1.2751	1.1239

续表

省份	T1	T7	T13	T18	整体平均	省份	T1	T7	T13	T18	整体平均
吉林	1.1856	0.9300	0.9933	0.9956	1.0374	重庆	0.9962	1.0292	1.0838	1.0094	1.1191
黑龙江	0.7844	2.3678	0.9646	0.9801	1.1071	四川	0.8095	1.5261	1.0845	0.9841	1.1037
上海	0.9917	1.0298	1.0144	0.7064	1.0016	贵州	0.9574	1.0232	1.0333	1.0278	1.0096
江苏	1.0304	1.1354	1.0499	1.0300	1.0608	云南	1.0352	1.0322	0.9789	1.0340	1.0333
浙江	1.7074	1.0579	1.3692	1.0309	1.1841	陕西	1.0529	1.1022	1.0175	1.0278	1.0440
安徽	0.9778	1.2452	1.0685	1.0110	1.0528	甘肃	1.5571	1.2210	1.0566	1.0102	1.1232
福建	1.0645	1.1214	1.0363	1.0304	1.0583	青海	1.0547	1.0630	0.9951	0.9935	1.0292
江西	1.0064	1.0193	1.0519	0.9993	1.0772	宁夏	0.9009	1.0422	1.0603	1.0359	1.0473
山东	1.1351	1.0728	1.0298	1.0412	1.0487	新疆	1.8234	0.9809	0.9890	1.0018	1.0949

注：T1 表示 1997—1998 年，T7 表示 2003—2004 年，T13 表示 2009—2010 年，T18 表示 2014—2015 年。

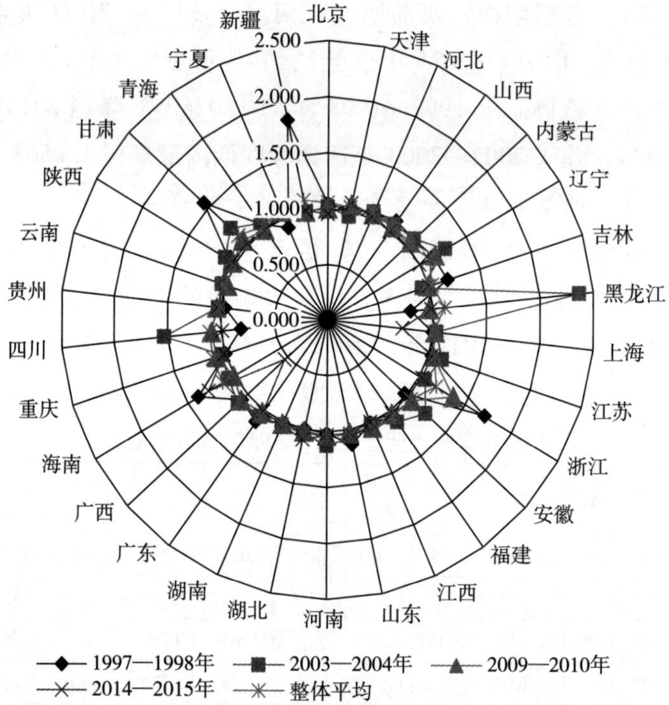

图 4.11　中国各省份“两型农业”*SBM_ ML* 指数雷达图

由表4.10和图4.11可知，从1997—2015年中国各省份“两型农业”*SBM_ ML*指数的平均值来看，考察期内所有省份的“两型农业”*SBM_ ML*指数均实现了增长，但是仅有36.67%的省份的“两型农业”*SBM_ ML*指数高于全国平均值，可见各省份“两型农业”全要素生产率的增长不平衡。另外，考察期内“两型农业”*SBM_ ML*指数平均值排在前5位的省份分别为浙江、海南、甘肃、重庆和黑龙江，排在后5位的省份分别为上海、贵州、内蒙古、青海和湖南。

从中国各省份“两型农业”*SBM_ ML*指数代表年份的动态变化来看，①1997—1998年，黑龙江、四川、宁夏、贵州、安徽、上海、湖北、重庆8个省份的“两型农业”*SBM_ ML*指数均小于1，即该8个省份的“两型农业”全要素生产率增长率为负，而其他22个省份的“两型农业”全要素生产率则实现了正增长。其中，海南、甘肃、浙江、新疆4个省份的增长率较高，均在3%以上。②2003—2004年，吉林、天津、新疆3个省份的“两型农业”全要素生产率增长率为负，而其他27个省份的“两型农业”全要素生产率则实现了正增长。其中，增长率排在前5位的省份分别为江苏、甘肃、安徽、辽宁和四川。③2009—2010年，黑龙江、云南、新疆、吉林、青海、北京6个省份的“两型农业”全要素生产率增长率为负，而其他24个省份的“两型农业”全要素生产率则实现了正增长。其中，增长率排在前5位的省份分别为广西、重庆、四川、辽宁和浙江。④2014—2015年，广西、上海、北京、黑龙江、山西、四川、内蒙古、青海、吉林、辽宁、江西11个省份的“两型农业”全要素生产率增长率为负，而其他19个省份的“两型农业”全要素生产率则实现了正增长。其中，增长率排在前5位的省份分别为宁夏、山东、天津、湖北和海南。

由于“两型农业”*SBM_ ML*指数可以分解为*S_ MLEC*指数和*S_ MLTC*指数，因此可以进一步对省域“两型农业”*S_ MLEC*指数和*S_ MLTC*指数的时空分异特征进行分析。表4.11和图4.12展示了中国各省份代表年份的“两型农业”*S_ MLEC*指数值及其1997—2015年的平均值。

表 4.11 中国各省份“两型农业”*S_ MLEC* 指数

省份	T1	T7	T13	T18	整体平均	省份	T1	T7	T13	T18	整体平均
北京	1.0000	1.0000	1.0000	1.0000	1.0000	河南	1.0480	1.0843	1.0467	1.0994	0.9798
天津	1.0000	0.9002	1.0649	1.1504	0.9623	湖北	1.0066	0.9981	1.0341	1.1726	0.9882
河北	1.1017	1.0145	1.0470	1.0746	0.9926	湖南	1.0333	0.9952	1.0289	1.0920	0.9768
山西	1.1359	1.0126	1.0418	1.0456	0.9770	广东	1.1672	1.0000	1.0343	1.0857	0.9902
内蒙古	1.1237	1.0526	1.0571	1.0570	0.9711	广西	1.0000	1.0000	1.0000	0.3010	0.9355
辽宁	1.0000	1.0000	0.9842	1.0769	0.9630	海南	1.1041	0.9919	1.0000	1.0000	1.0320
吉林	1.2288	0.8839	1.0057	1.0698	0.9787	重庆	1.0000	0.7996	1.0377	1.0806	0.9308
黑龙江	0.5303	2.0719	0.9132	1.0574	0.9282	四川	0.6714	1.0207	1.0447	1.0555	0.9454
上海	1.0000	1.0000	1.0000	0.5917	0.9713	贵州	0.9780	1.0005	1.0482	1.0881	0.9626
江苏	1.0539	1.0777	1.0627	1.1072	1.0029	云南	1.0655	0.9997	0.9940	1.1009	0.9834
浙江	1.7373	0.5833	1.1080	1.1064	0.9936	陕西	1.0778	1.0610	1.0322	1.0968	0.9905
安徽	0.9214	1.0810	1.0640	1.0834	0.9625	甘肃	1.2929	0.9382	1.0022	1.0787	0.9529
福建	1.0000	1.0000	1.0000	1.1031	0.9743	青海	1.0983	1.0469	1.0065	1.0399	0.9901
江西	0.9590	0.7162	0.9987	1.0735	0.9723	宁夏	0.9247	1.0177	1.0730	1.1043	0.9980
山东	1.0514	1.0211	1.0390	1.1088	0.9756	新疆	1.7241	0.6722	1.0023	1.0785	0.9531

注：T1 表示 1997—1998 年，T7 表示 2003—2004 年，T13 表示 2009—2010 年，T18 表示 2014—2015 年。

由表 4.11 和图 4.12 可知，从 1997—2015 年中国各省份“两型农业”*S_ MLEC* 指数的平均值来看，考察期内北京的“两型农业”*S_ MLEC* 指数为 1，说明北京始终处于生产前沿面上，属于农业生产的最佳实践者。

从中国各省份“两型农业”*S_ MLEC* 指数在代表年份的动态变化来看，①1997—1998 年，北京、天津、辽宁、上海、福建、广西、重庆 7 个省份的“两型农业”*S_ MLEC* 指数为 1，说明这 7 个省份在该年度处于生产前沿面上，代表了潜在最优生产技术；黑龙江、四川、安徽、宁夏、江西、贵州 6 个省份的“两型农业”*S_ MLEC* 指数均小于 1，说明这 6 个省份在该年度未实现对最佳实践者的追赶，与生产前沿面的差距进一步扩大；其余 17 个省份的“两型农业”*S_ MLEC*

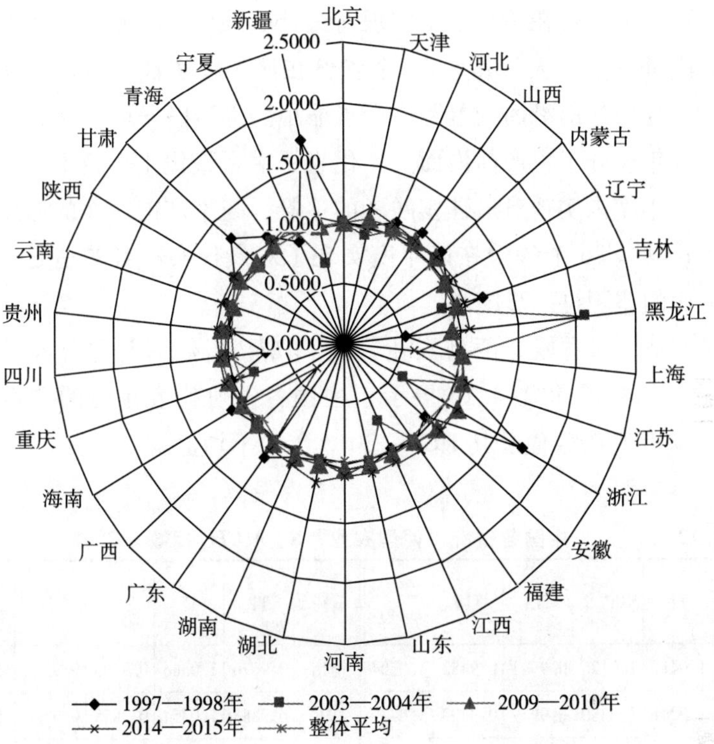

图 4.12 中国各省份“两型农业”*S_ MLEC* 指数雷达图

指数均大于1，说明这些省份在该年度实现了对最佳实践者的追赶，与生产前沿面的差距进一步缩小。②2003—2004 年，广东、北京、辽宁、上海、福建、广西6 个省份的“两型农业”*S_ MLEC* 指数为1，说明这6 个省份在该年度处于生产前沿面上；浙江、新疆、江西、重庆、吉林、天津、甘肃、海南、湖南、湖北、云南 11 个省份的“两型农业”*S_ MLEC* 指数均小于1，说明这 11 个省份在该年度未实现对最佳实践者的追赶，与生产前沿面的差距进一步扩大；其余 13 个省份的“两型农业”*S_ MLEC* 指数均大于1，说明这些省份在该年度实现了对最佳实践者的追赶，与生产前沿面的差距进一步缩小。③2009—2010 年，北京、上海、福建、广西、海南5 个省份在该年度处于生产前沿面上，代表了潜在最优生产技术；黑龙江、辽宁、云南、江西 4 个省份在该年度未实现对最佳实践者的追赶，与生产前沿面的差距进一步扩大；其余 21 个省份在该年度实现了对最佳实践者的追赶，与生产前沿面的差距进一步缩小。④2014—2015 年，北京和海南在该年度处于生产前沿面上，代表了潜在最优生产技术；广西和上海在该年度未实现对最佳实践者的追赶，与生产前沿面的差距进一步扩大；其余 26 个省份在该年度实现了对最佳实践者的追赶，与生产前沿面的差距进一步缩小。

接下来，对省域“两型农业”*S_ MLTC* 指数的时空分异特征进行分析。表 4. 12 和图 4. 13 展示了中国各省份代表年份的“两型农业”*S_ MLTC* 指数值及其 1997—2015 年的平均值。

表 4. 12　　中国各省份“两型农业”*S_ MLTC* 指数

省份	T1	T7	T13	T18	整体平均	省份	T1	T7	T13	T18	整体平均
北京	1. 0411	1. 0126	0. 9993	0. 9483	1. 0504	河南	0. 9676	1. 0386	0. 9883	0. 9382	1. 0567
天津	1. 0041	1. 0480	0. 9929	0. 9303	1. 0729	湖北	0. 9883	1. 0354	0. 9855	0. 9326	1. 0522
河北	0. 9611	1. 0432	0. 9920	0. 9386	1. 0614	湖南	0. 9722	1. 0330	0. 9878	0. 9400	1. 0537
山西	0. 9606	1. 0445	0. 9901	0. 9397	1. 0563	广东	0. 9676	1. 0730	0. 9925	0. 9322	1. 0779
内蒙古	0. 9625	1. 0333	0. 9874	0. 9355	1. 0463	广西	1. 0693	1. 1191	1. 0813	1. 7616	1. 1598
辽宁	1. 1404	1. 2753	1. 1779	0. 9270	1. 1435	海南	1. 2512	1. 0666	1. 0069	1. 2751	1. 0890
吉林	0. 9648	1. 0522	0. 9877	0. 9307	1. 0601	重庆	0. 9962	1. 2870	1. 0443	0. 9341	1. 2023
黑龙江	1. 4792	1. 1428	1. 0562	0. 9269	1. 1928	四川	1. 2056	1. 4951	1. 0381	0. 9324	1. 1674
上海	0. 9917	1. 0298	1. 0144	1. 1940	1. 0313	贵州	0. 9790	1. 0227	0. 9858	0. 9445	1. 0488
江苏	0. 9777	1. 0535	0. 9879	0. 9303	1. 0577	云南	0. 9715	1. 0325	0. 9848	0. 9392	1. 0507
浙江	0. 9828	1. 8135	1. 2357	0. 9318	1. 1917	陕西	0. 9768	1. 0388	0. 9858	0. 9371	1. 0540
安徽	1. 0613	1. 1519	1. 0042	0. 9331	1. 0939	甘肃	1. 2044	1. 3014	1. 0543	0. 9365	1. 1787
福建	1. 0645	1. 1214	1. 0363	0. 9341	1. 0862	青海	0. 9603	1. 0154	0. 9886	0. 9553	1. 0394
江西	1. 0494	1. 4232	1. 0533	0. 9309	1. 1080	宁夏	0. 9742	1. 0242	0. 9881	0. 9381	1. 0493
山东	1. 0797	1. 0507	0. 9911	0. 9390	1. 0750	新疆	1. 0576	1. 4592	0. 9868	0. 9288	1. 1488

注：T1 表示 1997—1998 年，T7 表示 2003—2004 年，T13 表示 2009—2010 年，T18 表示 2014—2015 年。

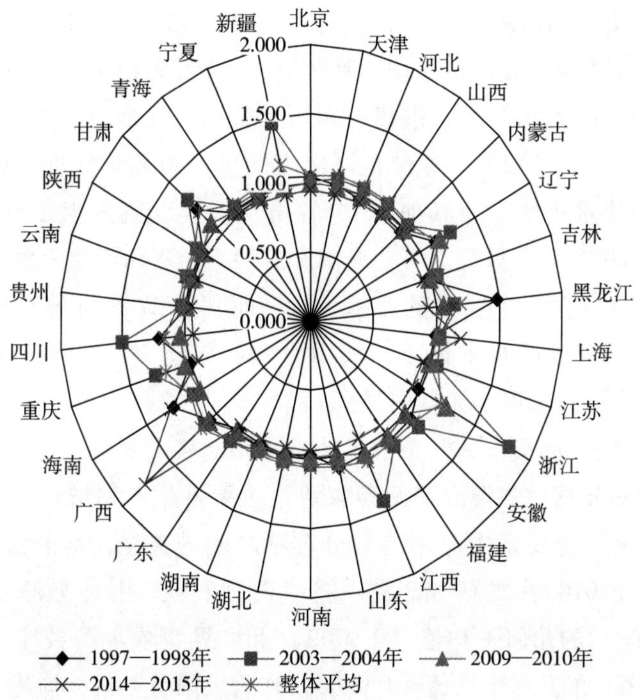

图 4.13 中国各省份“两型农业”*S_ MLTC* 指数雷达图

由表 4.12 和图 4.13 可知，从 1997—2015 年中国各省份“两型农业”*S_ MLTC* 指数的平均值来看，考察期内所有省份的“两型农业”*S_ MLTC* 指数的平均值均大于 1，说明在平均意义上所有省份的生产边界均向外扩张，产生了明显的技术进步，但是具体到不同年度情况又发生了分异。

具体来说，从中国各省份“两型农业”*S_ MLTC* 指数在代表年份的动态变化来看，①1997—1998 年，天津、北京、江西、新疆、安徽、福建、广西、山东、辽宁、甘肃、四川、海南、黑龙江 13 个省份的“两型农业”*S_ MLTC* 指数均大于 1，说明这些省份在该年度发生了技术进步。而其余 17 个省份的“两型农业”*S_ MLTC* 指数均小于 1，说明这些省份在该年度发生了技术退步。②2003—2004 年，所有省份的“两型农业”*S_ MLTC* 指数均大于 1，说明所有省份在该年度的生产边界均向外扩张，其中甘肃、江西、新疆、四川、浙江5个省份的“两型农业”技术进步增长率较高，均在3%以上。③2009—2010年，安徽、海南、上海、福建、四川、重庆、江西、甘肃、黑龙江、广西、辽宁、浙江12个省份在该年度的生产边界均向外扩张，发生了明显的技术进步，而其他18个省份在该年度则发生了技术退步。④2014—2015年，只有上海、海南和广西3个省份在该年度的生产边界向外扩张，发生了明显的技术进步。而其他27个省份在该年度则发生了不同程度的技术退步，其中黑龙江、辽宁、新疆3个省份的“两型农业”技术退步尤其明显。

5. 省域“两型农业”全要素生产率增长模式分析

为进一步探讨各省份“两型农业”全要素生产率增长模式，揭示“两型农业”全要素生产率与其分解项之间的关系，本书借鉴Oh和Heshmati（2010）[①]的研究思路，将“两型农业”技术效率变化指数（*S_ MLEC*）的几何平均值（0.9742）和“两型农业”技术进步指数（*S_ MLTC*）的几何平均值（1.0906）作为象限分割线，构建了反映省域“两型农业”全要素生产率增长模式的四象限气泡图（见图4.14）。

图4.14中的横轴（*X*轴）表示技术效率变化指数，该值反映了各省份向生产前沿的追赶效应；纵轴（*Y*轴）表示技术进步指数，该值反映了各省份的技术创新能力；圆圈大小代表着“两型农业”全要素生产率平均增长率的大小。基于此，定义各象限的“两型农业”全要素生产率增长模式如下：第一象限为创新能力和追赶能力都较高的“双高型”增长模式，位于该象限的省份的技术创新能力和追赶生产前沿的能力均优于全国平均水平；第二象限为创新能力较高但追赶能力较低的“创新驱动型”增长模式，位于该象限的省份的技术创新能力优于全国平均水平，但追赶生产前沿的能力不及全国平均水平；第三象限为创新能力和追赶能力都较低的“双低型”增长模式，位于该

① Oh, D. H., Heshmati, A. A., “Sequential Malmquist - Luenberger Productivity Index: Environmentally Sensitive Productivity Growth Considering the Progressive Nature of Technology”, *Energy Economics*, Vol. 32, No. 6, 2010.

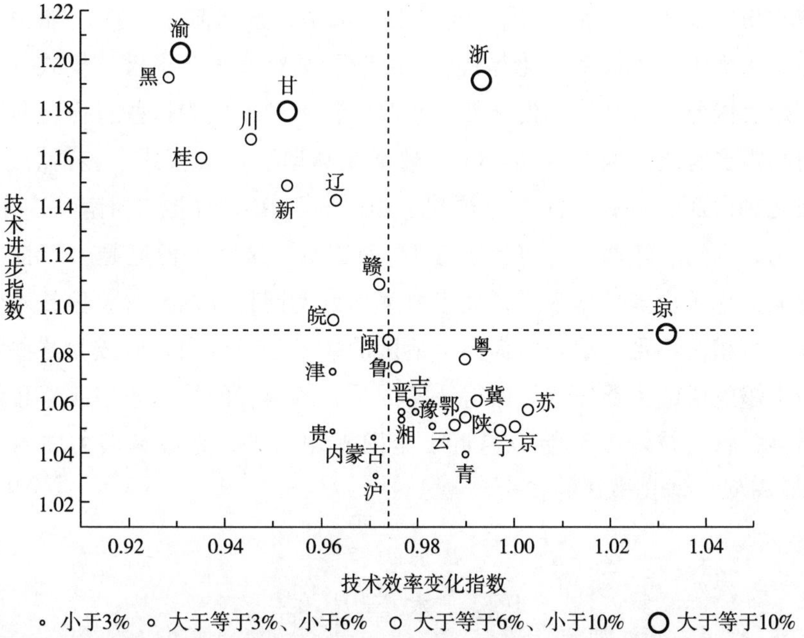

图 4.14 省域“两型农业”全要素生产率增长模式四象限气泡图

注：图例中的圆圈大小仅代表不同范围；各省份均以其简称形式在图中标注。

象限的省份的技术创新能力和追赶生产前沿的能力均低于全国平均水平；第四象限为创新能力较低但追赶能力较高的“效率驱动型”增长模式，位于该象限的省份的技术创新能力低于全国平均水平，但追赶生产前沿的能力优于全国平均水平。

如图 4.14 所示，①“双高型”增长模式仅有浙江一省。该省具有较高的技术创新能力，且善于追赶生产前沿，使得其“两型农业”全要素生产率增长实现了技术进步和技术效率改善的双轮驱动，是最理想的“两型农业”全要素生产率增长模式。②“创新驱动型”增长模式包括重庆、黑龙江、甘肃、四川、广西、新疆、辽宁、江西、安徽 9 个省份。这些省份善于技术创新，虽然追赶生产前沿的能力不及全国平均水平，但其技术创新所带来的技术进步效应有效弥补了这一劣势，使得其“两型农业”全要素生产率增长仍保持在全国前列。③“双低型”增长模式包括天津、内蒙古、贵州、上海 4 个省份。这些省份的技术创新能力低于全国平均水平，且追赶生产前沿能力不足，出现了技术效率恶化趋势，“两型”全要素生产率增长模式并不理想。因此，提高技术创新能力并改善技术效率成为这些省份现阶段迫切需要解决的两大难题。④“效率驱动型”增长模式，包括北京、河北、山西、吉林、江苏、福建、山东、河南、湖北、湖南、广东、海南、云南、陕西、青海、宁夏16个省份。这些省份追赶生产前沿的能力优于全国平均水平，技术效率均有不同程度的改善，但技术创新能力相对不足，故如何提高本地区的技术创新能力，应成为这些省份下一阶段的主要任务。值得注意的是，海南省的技术效率改善程度最高，且其技术创新能力逼近于全国平均水平，是最具潜力跻身于“双高型”增长模式的省份。

四　本章小结

构建科学合理的投入和产出指标体系是评价“两型农业”全要素生产率的基本前提，现有文献在测度“两型农业”全要素生产率时，大多仅考虑农业“非期望”产出的某一方面，鲜有文献同时考虑农业面源污染和农业碳排放，这将不能全面拟合农业真实的生产过程。鉴于此，本书同时将农业面源污染和农业碳排放作为非期望产出指标纳入“两型农业”全要素生产率投入和产出指标体系。在此基础上，本章首先利用基于方向性距离函数的 *ML* 生产率指数（即 *DDF* + *ML* 方法）对“两型农业”全要素生产率进行测度，并通过与传统的农业全要素生产率进行对比分析，探讨了农业环境因素对农业全要素生产率的影响。另外，利用基于 *SBM* 距离函数的 *ML* 生产率指数（即 *SBM* + *ML* 方法）对“两型农业”技术效率以及“两型农业”全要素生产率的总体特征、区域时空特征和省域时空特征进行了深入研究。

第五章　考虑技术差距的“两型农业”技术效率及全要素生产率评价

利用传统 DEA 方法测度“两型农业”效率的一个潜在假设条件是各决策单元均具有相同或类似的技术水平。然而，当研究对象为全国样本并且将省份视为决策单元时，由于中国东中西部地区之间的资源禀赋存在明显差异，因此位于不同地区的省份所处的生产前沿不同，所能达到的潜在最优生产技术也不可能相同。如果不考虑不同地区之间的技术差距，则最终的测度结果可能会出现偏误。为此，本章基于共同前沿理论框架，对考虑技术差距的“两型农业”技术效率及全要素生产率进行评价。

一　考虑技术差距的“两型农业”技术效率评价

（一）研究方法

1. GSBM 模型和 MSBM 模型

本章采用 O’Donnell 等（2008）通过 DEA 方法构造的群组前沿（group－frontier）和共同前沿（meta－frontier）解决不同区域存在的技术差距问题。① 群组前沿和共同前沿所参照的技术集合不同，群组

① O’Donnell, C. J., Rao, D. S. P., Battese, G. E., “Meta－frontier Frameworks for the Study of Firm－level Efficiency and Technology Ratios”, *Empirical Economics*, Vol. 34, No. 2, 2008.

前沿是指不同群组的实际技术水平，而共同前沿是指所有决策单元的潜在技术水平。[①]

假设样本中存在 $h=1, \cdots, H$ 个技术异质性程度较高的群组，并且每个群组中包含 N_h 个决策单元，那么任何一个群组中决策单元的效率值均不能参考其他群组的技术集进行测度。[②] 具体来说，本书按照国家统计局的统计口径，将全国样本划分为东部、中部和西部三个群组，当利用群组前沿测度东部地区“两型农业”技术效率时只能参考东部地区的技术集而不能参考中部或西部地区的技术集。基于 Battese 等人（2004）的研究，第 h 个群组考虑非期望产出的群组前沿技术集 T_h 为[③]：

$$T_h = \{(X, Y, B): X \text{可以生产}(Y, B)\}, h=1, 2, \cdots, H \tag{5.1}$$

其中，X 为投入向量，Y 为期望产出向量，B 为非期望产出向量。基于非参数 DEA 生产前沿方法，第 h 个群组考虑非期望产出的群组前沿技术集合 T_h 在规模报酬不变假设下的表达式为[④]：

$$T_h = \left\{ (X,Y,B): \begin{array}{l} \sum_{n=1}^{N_h} \beta_n^h x_{mn} \leqslant x_m, m = 1,2,\cdots,M; \\ \sum_{n=1}^{N_h} \beta_n^h y_{in} \geqslant y_i, i = 1,2,\cdots,I; \\ \sum_{n=1}^{N_h} \beta_n^h b_{jn} \leqslant b_j, j = 1,2,\cdots,J; \\ \beta_n^h \geqslant 0, n = 1,2,\cdots,N_h, h = 1,2,\cdots,H \end{array} \right\} \tag{5.2}$$

其中，N_h 为第 h 个群组的决策单元数量；$\beta^h = (\beta_1^h, \beta_2^h, \cdots,$

---

① 李静、马潇璨：《资源与环境双重约束下的工业用水效率——基于 SBM－Undesirable 和 Meta－frontier 模型的实证研究》，《自然资源学报》2014 年第 6 期。

② Liu, H., Lin, B., “Ecological Indicators for Green Building Construction”, *Ecological Indicators*, Vol. 67, 2016.

③ Battese, G. E., O’Donnell, C. J., Rao, D. S. P., “A Meta－frontier Frameworks Production Function for Estimation of Technical Efficiency and Technology Gap for Firms Operating under Different Technology”, *Journal of Productivity Analysis*, Vol. 21, No. 1, 2004.

④ Lin, B., Tan, R., “Ecological Total－factor Energy Efficiency of China’s Energy Intensive Industries”, *Ecological Indicators*, Vol. 70, 2016.

$\beta_n^h)^T$为非负权重向量；M、I和J分别为投入、期望产出和非期望产出的数量；x_{mn}为省份n的第m种投入；y_{in}为省份n的第i种期望产出；b_{jn}为省份n的第j种非期望产出。

群组前沿下的“两型农业”技术效率可以通过求解方向性距离函数获得，但是传统的方向性距离函数是基于径向和角度的DEA模型，当松弛变量非零时通常会高估“两型农业”技术效率值。Tone（2001）提出的SBM（Slack Based Measure）模型，有效解决了投入和产出变量的松弛性问题，避免了径向和角度的选择性偏误。① Zhou等（2006）在SBM模型的基础上做了进一步拓展，使其能够考虑非期望产出。② 本书按照Zhang等（2015）的思路，将能够考虑非期望产出的SBM模型和群组前沿技术进行整合，从而提出了GSBM模型（Group - frontier SBM，GSBM）③：

$$TE_g = \min \frac{1 - \frac{1}{M}\sum_{m=1}^{M}\frac{p_{m0}^X}{x_{m0}}}{1 + \frac{1}{I+J}\left(\sum_{i=1}^{I}\frac{p_{i0}^Y}{y_{i0}} + \sum_{j=1}^{J}\frac{p_{j0}^B}{b_{j0}}\right)}$$

$$\begin{aligned}
\text{s. t.}\quad & \sum_{n=1}^{N_h}\beta_n^h x_{mn} = x_{m0} + p_{m0}^X \\
& \sum_{n=1}^{N_h}\beta_n^h y_{in} = y_{i0} - p_{i0}^Y \\
& \sum_{n=1}^{N_h}\beta_n^h b_{jn} = b_{j0} + p_{j0}^B \\
& p_{m0}^X \geqslant 0,\ p_{i0}^Y \geqslant 0,\ p_{j0}^B \geqslant 0,\ \beta_n^h \geqslant 0
\end{aligned} \tag{5.3}$$

其中，p_{m0}^X、p_{i0}^Y和p_{j0}^B作为投入、期望产出和非期望产出的松弛变量分别表示第m种投入的潜在减少量、第i种期望产出的潜在增加量和第j种非期望产出的潜在减少量。另外，$0 \leqslant TE_g \leqslant 1$，当且仅当

① Tone, K., “A Slacks - based Measure of Efficiency in Data Envelopment Analysis”, *European Journal of Operational Research*, Vol. 130, No. 3, 2001.

② Zhou, P., Ang, B. W., Poh, K. L., “Slacks - based Efficiency Measures for Modeling Environmental Performance”, *Ecological Economics*, Vol. 60, 2006.

③ Zhang, N., Kong, F., Yu, Y., “Measuring Ecological Total - factor Energy Efficiency Incorporating Regional Heterogeneities in China”, *Ecological Indicators*, Vol. 51, 2015.

$TE_g = 1$，即 $p_{m0}^{X} = 0$，$p_{i0}^{Y} = 0$，$p_{j0}^{B} = 0$ 时，决策单元才是有效的。

群组前沿下的“两型农业”技术效率是参照各自群组的技术集进行测度，可见不同群组的参照对象不一样。因此，有必要构建一个适应于所有决策单元的统一的参照技术集，即共同前沿。共同前沿是群组前沿的包络曲线，可以描述为 $T_m = \{T_1 \cup T_2 \cup \cdots \cup T_H\}$。根据 Zhang 等（2015）的研究，考虑规模报酬不变假设下的非期望产出的非参数共同前沿技术集合 T_m 定义为①：

$$T_m = \left\{ (X, Y, B): \begin{array}{l} \sum_{h=1}^{H} \sum_{n=1}^{N_h} \beta_n^h x_{mn} \leqslant x_m, m = 1, 2, \cdots, M; \\ \sum_{h=1}^{H} \sum_{n=1}^{N_h} \beta_n^h y_{in} \geqslant y_i, i = 1, 2, \cdots, I; \\ \sum_{h=1}^{H} \sum_{n=1}^{N_h} \beta_n^h b_{jn} \leqslant b_j, j = 1, 2, \cdots, J; \\ \beta_n^h \geqslant 0, n = 1, 2, \cdots, N_h, h = 1, 2, \cdots, H \end{array} \right\} \tag{5.4}$$

其中，H 为群组的数量，其他变量含义同式（5.2）。

本书将能够考虑非期望产出的 SBM 模型和共同前沿技术进行整合，从而提出了 MSBM 模型（Meta - frontier SBM，MSBM）：

$$TE_m = \min \frac{1 - \frac{1}{M} \sum_{m=1}^{M} \frac{p_{m0}^{X}}{x_{m0}}}{1 + \frac{1}{I+J} \left(\sum_{i=1}^{I} \frac{p_{i0}^{Y}}{y_{i0}} + \sum_{j=1}^{J} \frac{p_{j0}^{B}}{b_{j0}} \right)}$$

$$\begin{aligned} \text{s. t.} \quad & \sum_{h=1}^{H} \sum_{n=1}^{N_h} \beta_n^h x_{mn} = x_{m0} + p_{m0}^{X} \\ & \sum_{h=1}^{H} \sum_{n=1}^{N_h} \beta_n^h y_{in} = y_{i0} - p_{i0}^{Y} \\ & \sum_{h=1}^{H} \sum_{n=1}^{N_h} \beta_n^h b_{jn} = b_{j0} + p_{j0}^{B} \\ & p_{m0}^{X} \geqslant 0,\ p_{i0}^{Y} \geqslant 0,\ p_{j0}^{B} \geqslant 0,\ \beta_n^h \geqslant 0 \end{aligned} \tag{5.5}$$

① Zhang, N., Kong, F., Yu, Y., “Measuring Ecological Total - factor Energy Efficiency Incorporating Regional Heterogeneities in China”, *Ecological Indicators*, Vol. 51, 2015.

2. 技术落差比及农业环境无效率分解

为了测量群组前沿和共同前沿之间的技术差距，本书按照钱丽等（2015）的思路，引入技术落差比（*TGR*）指标①，其定义为共同前沿下的“两型农业”技术效率与群组前沿下的“两型农业”技术效率之比，即：

$$TGR = \frac{TE_m}{TE_g} \tag{5.6}$$

其中 TE_m 和 TE_g 分别为共同前沿下和群组前沿下的“两型农业”技术效率。由于群组前沿技术集是共同前沿技术集的子集，因此 *TGR* 的取值区间为［0，1］。*TGR* 越大，表明群组前沿和共同前沿之间的技术差距越小，农业生产的技术异质性程度越低，反之亦然。

为探究“两型农业”技术效率损失的根源，本书借鉴 Chiu（2012）的思路，从管理和技术两个维度将共同前沿下农业环境无效率值（*TEI*）分解为管理无效率（*MI*）和技术差距无效率（*TGRI*），具体公式为②：

$$\begin{aligned} &TEI = 1 - TE_m = MI + TGRI \\ &MI = 1 - TE_g \\ &TGRI = TE_g \times (1 - TGR) = TE_g - TE_m \end{aligned} \tag{5.7}$$

其中，*MI* 表示特定区域内由于各省份农业生产管理水平低下而使农业资源配置未达到最优所导致的效率损失；而 *TGRI* 是由于各区域生产技术水平与全国潜在最优生产技术的差距而引发的效率损失。

（二）评价结果与分析

本书基于第四章构建的“两型农业”全要素生产率评价指标体系，利用 GSBM 模型和 MSBM 模型对群组前沿下和共同前沿下中国“两型农业”技术效率进行评价，在此基础上进一步对“两型农业”技术效率损失进行分析。

---

① 钱丽、肖仁桥、陈忠卫：《我国工业企业绿色技术创新效率及其区域差异研究——基于共同前沿理论和 DEA 模型》，《经济理论与经济管理》2015 年第 1 期。

② Chiu，C. R.，Liou，J. L.，Wu，P. I.，et al.，“Decomposition of the Environmental Inefficiency of the Meta-frontier with Undesirable Output”，*Energy Economics*，Vol. 34，No. 5，2012.

1. 考虑技术差距的“两型农业”技术效率分析

中国东中西部地区的地理位置、资源禀赋、气候条件以及经济发展水平等诸多方面均存在明显差异，因此不同地区所处的生产前沿可能不同，所能达到的潜在最优生产技术也可能存在差异。本节利用 GSBM 模型和 MSBM 模型分别测度基于群组前沿和共同前沿的中国各省份 1997—2015 年考虑技术差距的“两型农业”技术效率以及技术落差比，在此只报告各年份分区域的测度结果，具体见表 5.1—表 5.3。

（1）群组前沿下“两型农业”技术效率

如表 5.1 所示，当以群组前沿为参照集时，东中西部地区的“两型农业”技术效率均值分别为 0.6584、0.8794、0.7477（均大于 0.5），可见群组前沿下三大区域的“两型农业”技术效率相对较高且彼此之间的差距不大。另外，东中西部地区的“两型农业”技术效率标准差均值分别为 0.2819、0.19104 和 0.2438，可见各区域在考察期内均未出现较大幅度的波动。总体而言，群组前沿下各区域内部的技术差距相对较小，Liu 和 Lin（2016）的研究也得出了类似的结论。[①] 分区域来看，考察期内，东部地区各年份的“两型农业”技术效率均值在 0.5096 和 0.8161 之间，标准差在 0.2422 和 0.3083 之间，其中北京的“两型农业”技术效率最高，其次是上海，而河北和山东相对较低；中部地区各年份的“两型农业”技术效率均值在 0.8001 和 0.9308 之间，标准差在 0.1543 和 0.2361 之间，其中，吉林、黑龙江、江西、湖北和湖南的“两型农业”技术效率达到最高值 1，而山西最低；西部地区各年份的“两型农业”技术效率均值在 0.7095 和 0.8099 之间，标准差在 0.2254 和 0.2574 之间，其中广西、四川、陕西、新疆四个省份的“两型农业”技术效率达到最高值 1，而宁夏最低。

① Liu, H. X., Lin, B. Q., “Ecological Indicators for Green Building Construction”, *Ecological Indicators*, Vol. 34, No. 5, 2016.

表 5.1　　群组前沿下中国“两型农业”技术效率

年份	东部地区				中部地区				西部地区			
	最小值	最大值	平均值	标准差	最小值	最大值	平均值	标准差	最小值	最大值	平均值	标准差
1997	0. 2919	1	0. 6613	0. 2829	0. 5210	1	0. 8913	0. 1777	0. 4074	1	0. 8099	0. 2254
1998	0. 3216	1	0. 7246	0. 2723	0. 5607	1	0. 8781	0. 1882	0. 3302	1	0. 8029	0. 2361
1999	0. 4017	1	0. 8161	0. 2457	0. 4708	1	0. 8657	0. 2059	0. 3055	1	0. 7768	0. 2556
2000	0. 3749	1	0. 7975	0. 2634	0. 5518	1	0. 9284	0. 1585	0. 3355	1	0. 7447	0. 2533
2001	0. 3319	1	0. 7562	0. 2780	0. 4964	1	0. 9162	0. 178	0. 3527	1	0. 7496	0. 2495
2002	0. 2813	1	0. 6832	0. 3048	0. 4896	1	0. 8617	0. 2089	0. 347	1	0. 7391	0. 2574
2003	0. 2682	1	0. 6271	0. 3083	0. 5043	1	0. 8113	0. 2235	0. 3644	1	0. 7413	0. 2560
2004	0. 272	1	0. 5970	0. 2918	0. 5230	1	0. 9222	0. 1687	0. 3749	1	0. 7438	0. 2543
2005	0. 2851	1	0. 6718	0. 2901	0. 4254	1	0. 8001	0. 2361	0. 3839	1	0. 7281	0. 2462
2006	0. 2942	1	0. 6686	0. 2879	0. 4271	1	0. 8106	0. 2292	0. 3870	1	0. 7255	0. 2431
2007	0. 2891	1	0. 6600	0. 2917	0. 4568	1	0. 9067	0. 1921	0. 3929	1	0. 7228	0. 2462
2008	0. 3000	1	0. 6626	0. 2880	0. 4663	1	0. 8558	0. 2159	0. 4217	1	0. 7325	0. 2395
2009	0. 2917	1	0. 6352	0. 2795	0. 4948	1	0. 8645	0. 2056	0. 4500	1	0. 7347	0. 2381
2010	0. 3054	1	0. 6544	0. 2693	0. 5196	1	0. 8742	0. 1942	0. 4662	1	0. 7462	0. 2309
2011	0. 3005	1	0. 6710	0. 2863	0. 5426	1	0. 8827	0. 1838	0. 4315	1	0. 7445	0. 2342
2012	0. 2852	1	0. 6255	0. 2809	0. 5461	1	0. 8854	0. 1806	0. 4396	1	0. 7419	0. 2368
2013	0. 2584	1	0. 5660	0. 3033	0. 5506	1	0. 8913	0. 1743	0. 4497	1	0. 7562	0. 2426
2014	0. 2375	1	0. 5096	0. 2905	0. 5636	1	0. 9308	0. 1543	0. 4463	1	0. 7572	0. 2412
2015	0. 2552	1	0. 5212	0. 2422	0. 5636	1	0. 9308	0. 1543	0. 4586	1	0. 7095	0. 2467
总体平均	0. 2971	1	0. 6584	0. 2819	0. 5092	1	0. 8794	0. 19104	0. 3971	1	0. 7477	0. 2438

表 5.2　共同前沿下中国"两型农业"技术效率

年份	东部地区				中部地区				西部地区				全国范围			
	最小值	最大值	平均值	标准差	最小值	最大值	平均值	标准差	最小值	最大值	平均值	标准差	最小值	最大值	平均值	标准差
1997	0. 2919	1	0. 6613	0. 2829	0. 2002	1	0. 3971	0. 2435	0. 1606	1	0. 3954	0. 3204	0. 1606	1	0. 4780	0. 3048
1998	0. 3216	1	0. 7246	0. 2723	0. 2275	0. 5303	0. 3807	0. 1031	0. 1485	1	0. 4195	0. 3388	0. 1485	1	0. 4995	0. 3060
1999	0. 4017	1	0. 8161	0. 2457	0. 2454	0. 5486	0. 4302	0. 1008	0. 1656	1	0. 4264	0. 2872	0. 1656	1	0. 5423	0. 2963
2000	0. 3749	1	0. 7975	0. 2634	0. 2488	0. 5395	0. 4000	0. 0947	0. 1738	1	0. 4144	0. 2927	0. 1738	1	0. 5219	0. 3060
2001	0. 3319	1	0. 7562	0. 2780	0. 2021	0. 4911	0. 3613	0. 0983	0. 1680	1	0. 3816	0. 2957	0. 1680	1	0. 4833	0. 3121
2002	0. 2813	1	0. 6832	0. 3048	0. 1858	0. 4869	0. 3344	0. 1040	0. 1512	1	0. 3510	0. 3130	0. 1512	1	0. 4424	0. 3164
2003	0. 2682	1	0. 6271	0. 3083	0. 1646	0. 4826	0. 2766	0. 1133	0. 1357	1	0. 3140	0. 2761	0. 1357	1	0. 3912	0. 3051
2004	0. 272	1	0. 597	0. 2918	0. 1667	1	0. 2921	0. 2696	0. 1381	1	0. 3003	0. 2578	0. 1381	1	0. 3835	0. 3038
2005	0. 2851	1	0. 6718	0. 2901	0. 1629	1	0. 3445	0. 2587	0. 1526	1	0. 3355	0. 2564	0. 1526	1	0. 4358	0. 3093
2006	0. 2942	1	0. 6686	0. 2879	0. 1649	1	0. 3441	0. 2578	0. 1527	1	0. 3160	0. 2400	0. 1527	1	0. 4255	0. 3075
2007	0. 2891	1	0. 6600	0. 2917	0. 1520	0. 4593	0. 2946	0. 1004	0. 1451	1	0. 3010	0. 2393	0. 1451	1	0. 3991	0. 2974
2008	0. 3000	1	0. 6626	0. 2880	0. 1608	0. 4601	0. 2947	0. 0972	0. 1531	1	0. 2934	0. 2374	0. 1531	1	0. 396	0. 2970
2009	0. 2917	1	0. 6352	0. 2795	0. 1579	0. 4136	0. 2793	0. 0837	0. 1564	1	0. 2834	0. 2378	0. 1564	1	0. 3795	0. 2881
2010	0. 3054	1	0. 6544	0. 2693	0. 1646	0. 3777	0. 2837	0. 0733	0. 1678	1	0. 2910	0. 2365	0. 1646	1	0. 3890	0. 2871
2011	0. 3005	1	0. 6710	0. 2863	0. 1614	0. 3425	0. 2709	0. 0648	0. 1631	1	0. 2831	0. 2383	0. 1614	1	0. 3839	0. 3042
2012	0. 2852	1	0. 6255	0. 2809	0. 1525	0. 3096	0. 2510	0. 0554	0. 1570	1	0. 2653	0. 2422	0. 1525	1	0. 3580	0. 2935
2013	0. 2584	1	0. 5660	0. 3033	0. 1366	0. 3045	0. 2286	0. 0546	0. 1442	1	0. 2318	0. 2451	0. 1366	1	0. 3204	0. 2947
2014	0. 2375	1	0. 5096	0. 2905	0. 126	0. 2821	0. 2123	0. 0518	0. 1402	1	0. 2154	0. 2486	0. 126	1	0. 2942	0. 2776
2015	0. 2552	1	0. 5212	0. 2422	0. 1318	0. 3029	0. 2306	0. 0587	0. 1526	0. 301	0. 2067	0. 0567	0. 1318	1	0. 2988	0. 2242
总体平均	0. 2971	1	0. 6584	0. 2820	0. 1743	0. 5437	0. 3109	0. 1202	0. 1540	0. 963	0. 3171	0. 2558	0. 1513	1	0. 4117	0. 2964

表 5.3　　中国“两型农业”技术效率的技术落差比（TGR）

年份	东部地区				中部地区				西部地区			
	最小值	最大值	平均值	标准差	最小值	最大值	平均值	标准差	最小值	最大值	平均值	标准差
1997	1	1	1	0	0. 3562	1	0. 4456	0. 2171	0. 1989	1	0. 4882	0. 2911
1998	1	1	1	0	0. 3724	0. 5303	0. 4335	0. 0583	0. 2185	1	0. 5225	0. 3054
1999	1	1	1	0	0. 4314	0. 5486	0. 497	0. 0406	0. 2422	1	0. 549	0. 2514
2000	1	1	1	0	0. 3059	0. 5395	0. 4309	0. 0688	0. 2191	1	0. 5565	0. 2604
2001	1	1	1	0	0. 2753	0. 4911	0. 3943	0. 0696	0. 2169	1	0. 5091	0. 2569
2002	1	1	1	0	0. 3348	0. 4869	0. 3881	0. 0585	0. 1952	1	0. 4749	0. 2639
2003	1	1	1	0	0. 2838	0. 4826	0. 3410	0. 0695	0. 1831	1	0. 4236	0. 2365
2004	1	1	1	0	0. 2012	1	0. 3168	0. 2605	0. 1918	1	0. 4038	0. 2250
2005	1	1	1	0	0. 3258	1	0. 4306	0. 2211	0. 1979	1	0. 4608	0. 2236
2006	1	1	1	0	0. 3261	1	0. 4245	0. 2224	0. 1981	1	0. 4356	0. 2068
2007	1	1	1	0	0. 224	0. 4593	0. 3249	0. 0774	0. 1916	1	0. 4164	0. 2086
2008	1	1	1	0	0. 2464	0. 4601	0. 3443	0. 0624	0. 1870	1	0. 4006	0. 2093
2009	1	1	1	0	0. 2374	0. 4136	0. 3231	0. 0517	0. 1876	1	0. 3857	0. 2110
2010	1	1	1	0	0. 2526	0. 3777	0. 3245	0. 0390	0. 1888	1	0. 3899	0. 2098
2011	1	1	1	0	0. 2395	0. 3425	0. 3069	0. 0325	0. 1969	1	0. 3802	0. 2117
2012	1	1	1	0	0. 229	0. 3096	0. 2834	0. 0252	0. 1840	1	0. 3576	0. 2162
2013	1	1	1	0	0. 2044	0. 3045	0. 2565	0. 0283	0. 1695	1	0. 3065	0. 2244
2014	1	1	1	0	0. 1714	0. 2821	0. 2281	0. 0359	0. 1601	1	0. 2845	0. 2297
2015	1	1	1	0	0. 1884	0. 3029	0. 2478	0. 0406	0. 1958	0. 359	0. 2914	0. 0444
总体平均	1	1	1	0	0. 2740	0. 5437	0. 3548	0. 0884	0. 1959	0. 966	0. 4230	0. 2256

（2）共同前沿下“两型农业”技术效率

如表5.2所示，当以共同前沿为参照集时，全国各省份的“两型农业”技术效率均值为0.4117，意味着全国的“两型农业”技术效率尚有58.83%的改善空间，共同前沿下的“两型农业”技术效率值偏低，效率损失较严重。另外，东中西部地区的“两型农业”技术效率均值分别为0.6584、0.3109和0.3171，东部地区与中西部地区的“两型农业”技术效率均值差距显著，说明各区域之间可能存在明显的技术异质性。就各省份而言，考察期内北京的“两型农业”技术效率在所有年份均达到最高值1，上海和福建的“两型农业”技术效率在绝大多数年份也均达到最高值1，而西部地区的宁夏和青海以及中部地区的山西则相对较低。考察期内东中西部地区的“两型农业”技术效率的标准差均值分别为0.2820、0.1202和0.2558，说明中部地区各省份之间的“两型农业”技术效率差异较小，而东西部地区则相对较大。图5.1描述了东中西部地区“两型农业”技术效率的箱线图，由图5.1可知，东部地区四分位间距框明显比中西部地区的宽，而且东部地区的中位数与标准差也要大于中西部地区。说明东部地区

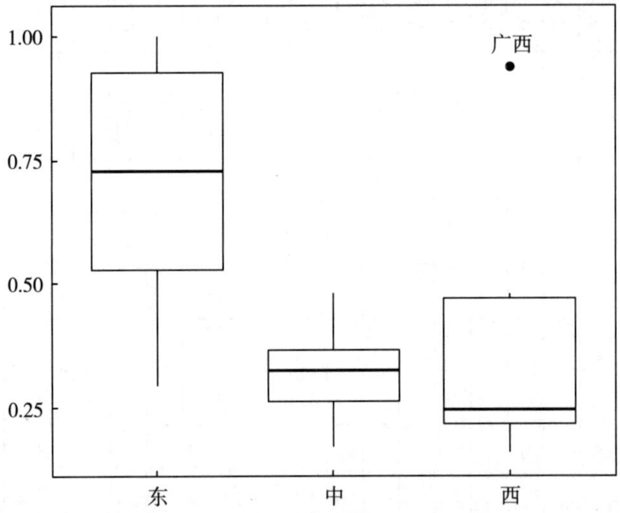

图5.1　东中西部地区“两型农业”技术效率的箱线图

“两型农业”技术效率的分布更为分散。另外，从动态演进来看，全国范围以及东中西部地区的“两型农业”技术效率均呈现波动下降趋势，全国“两型农业”技术效率从1997年的0.4780下降到2015年的0.2988，年均降幅2.6%；东中西部地区的“两型农业”技术效率分别从1997年的0.6613、0.3971和0.3954下降到2015年的0.5212、0.2306和0.2067，年均降幅分别为1.3%、3%和3.5%。

（3）群组前沿下和共同前沿下“两型农业”技术效率的对比

将基于群组前沿与共同前沿的“两型农业”技术效率进行对比，可以发现各年份东部地区在两种前沿下的“两型农业”技术效率值均完全相同，然而中西部地区在群组前沿下的“两型农业”技术效率值显著大于在共同前沿下的“两型农业”技术效率值。具体到某一个省份，也均能得出类似的结论。以中部地区的安徽为例，在群组前沿下，安徽的“两型农业”技术效率值为0.9409，意味着当以群组前沿为参照集时，安徽的“两型农业”技术效率仅有5.91%的改善空间；然而在共同前沿下，安徽的“两型农业”技术效率值下降至0.2731，说明当以共同前沿为参照集时，安徽的“两型农业”技术效率的改善空间可以提升至72.69%。究其原因，主要在于群组前沿代表的仅是某个特定区域（群组）的潜在最优生产技术，而共同前沿是群组前沿的包络曲线，代表的是全国潜在最优生产技术，导致各省份投入产出数据所决定的实际生产点与共同前沿的距离不会小于其与群组前沿的距离，因此共同前沿下的“两型农业”技术效率值不会大于群组前沿下的“两型农业”技术效率值。

（4）“两型农业”技术效率的技术落差比

为进一步检验区域之间的技术异质性，本书通过技术落差比考察群组前沿和共同前沿之间的技术差距。如表5.3所示，东部地区的技术落差比在考察期内始终为1，说明东部地区各省份代表了全国潜在最优生产技术。另外，中西部地区技术落差比的均值分别为0.3548和0.4230，表明中部和西部地区仅实现了全国潜在最优生产技术的35.48%和42.30%，这两个地区的农业生产技术与节能减排技术同东部地区相比尚有较大的差距。考察期内东中西部地区技术落差比标准差的均值分别为0、0. 0884和0. 2256，可见考察期内东部地区的技术落差比未发生变动；中部地区的技术落差比变动幅度相对较小，说明考察期内中部地区群组前沿和共同前沿之间的技术差距始终在较小范围内波动；而西部地区群组前沿和共同前沿之间的技术差距的波动幅度相对较大。

2. 考虑技术差距的“两型农业”技术效率损失分析

如前文所述，共同前沿下中国“两型农业”技术效率仅实现了全国潜在最优生产技术的41. 17%，尚有58. 83%的改善空间，可见效率损失非常严重，那么中国“两型农业”技术无效率的根源在哪里？接下来，本书利用式（5. 7）从管理和技术两个维度对各省份共同前沿下中国“两型农业”技术效率损失进行测度，具体结果见表5. 4。

表5. 4　中国各省份“两型农业”技术无效率均值

省份	*TEI*	*MI*	*TGRI*	省份	*TEI*	*MI*	*TGRI*
北京	0	0	0	湖南	0. 6732	0	0. 6732
天津	0. 3676	0. 3676	0	广东	0. 3239	0. 3239	0
河北	0. 7029	0. 7029	0	广西	0. 0368	0	0. 0368
山西	0. 8257	0. 4908	0. 3348	海南	0. 0796	0. 0796	0
内蒙古	0. 7501	0. 3527	0. 3974	重庆	0. 4842	0. 0827	0. 4015
辽宁	0. 1317	0. 1317	0	四川	0. 5111	0	0. 5111
吉林	0. 6343	0	0. 6343	贵州	0. 7853	0. 5092	0. 2761
黑龙江	0. 4671	0	0. 4671	云南	0. 7540	0. 3965	0. 3575
上海	0. 0215	0. 0215	0	陕西	0. 7749	0	0. 7749
江苏	0. 5406	0. 5406	0	甘肃	0. 6593	0. 3807	0. 2786
浙江	0. 2456	0. 2456	0	青海	0. 8056	0. 0283	0. 7773
安徽	0. 7171	0. 0505	0. 6666	宁夏	0. 8459	0. 5921	0. 2538
福建	0. 0425	0. 0425	0	新疆	0. 4680	0	0. 4680
江西	0. 6035	0	0. 6035	东部	0. 2828	0. 2828	0
山东	0. 6545	0. 6545	0	中部	0. 6700	0. 0976	0. 5724
河南	0. 7662	0. 2394	0. 5268	西部	0. 6250	0. 2129	0. 4121
湖北	0. 6727	0	0. 6727	全国	0. 5115	0. 2078	0. 3037

由表5.4可知，中国各省份1997—2015年"两型农业"技术无效率的均值为0.5115，其中管理无效率为0.2078，技术差距无效率为0.3037。可见，对于全国范围来说，技术差距无效率所占比例略高于管理无效率。从省级层面来看，北京未发生效率损失，无论是农业绿色生产技术水平还是管理水平均已达到相对最优。吉林、黑龙江、江西、湖北、湖南、广西、四川、陕西、新疆9个省份的管理无效率为0，技术差距无效率的贡献均为100%，可见这些省份的效率损失仅来源于技术差距无效率；另外，安徽、重庆、青海3个省份的技术差距无效率的贡献均达到80%以上，可见这些省份的效率损失主要来源于技术差距无效率。总体而言，这12个省份均位于中西部地区，由于区域农业经济基础、自然资源禀赋以及农业产业结构等方面的差异，导致这些省份在农业机械化水平和农业科技服务水平等方面与东部地区的省份相比尚有较大差距。因此，这些省份应该加快引进东部地区先进的农业生产技术和节能减排技术，加强农业科技创新能力建设，从而改善"两型农业"技术效率。天津、河北、辽宁、上海、江苏、浙江、福建、山东、广东、海南10个省份的技术差距无效率为0，其效率损失仅来源于管理无效率，因此这些省份应该将如何优化和调整农业政策、调动农民生产积极性、提升农业生产管理水平作为未来农业发展的重点。山西、内蒙古、河南、贵州、云南、甘肃、宁夏7个省份的管理无效率和技术差距无效率各占有一定比例，因此这些省份应该"双管齐下"，在提升农业生产管理水平的同时，还应该加强农业科技创新能力的建设。

从区域层面来看，东部地区的技术差距无效率均值为0，前文已揭示东部地区各省份代表了全国潜在最优生产技术，因此东部地区的"两型农业"技术无效率完全由管理无效率导致。而中西部地区的"两型农业"技术无效率则同时来源于管理无效率与技术差距无效率，中部地区的管理无效率与技术差距无效率的贡献份额分别为15%和85%，西部地区分别为34%和66%。从动态视角来看，图5.2描述了各地区"两型农业"技术无效率值的变化趋势。由此可知，东部地区的管理无效率值在1997—2011年出现了微弱降幅，然而从2012年开始又呈现稳步上升态势，说明近几年东部地区的农业生产管理效率有下降趋势。西部地区的管理无效率值和技术差距无效率值在考察期内均呈现波动上升态势，可见管理无效率和技术差距无效率共同推动了西部地区“两型农业”技术无效率值的持续增加。考察期内中部地区的管理无效率值呈现波动下降态势，而技术差距无效率值则呈现明显的上升趋势。说明中部地区在农业制度建设能力和农业生产管理水平等方面均有所提升，但是农业生产技术差距不断扩大，农业科技创新环境持续恶化。

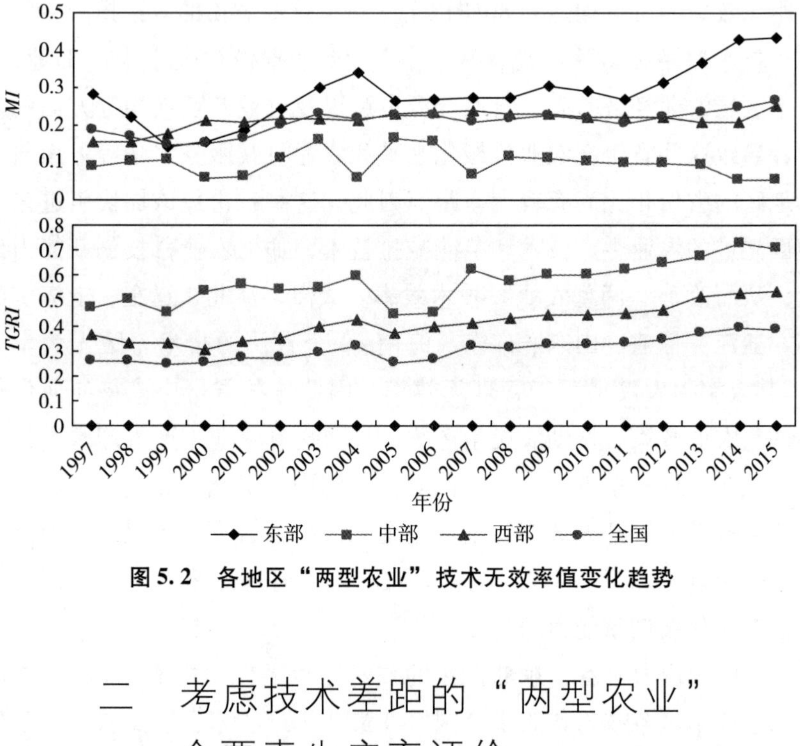

图 5.2　各地区“两型农业”技术无效率值变化趋势

二　考虑技术差距的“两型农业”全要素生产率评价

（一）研究方法

1. Metafrontier Malmquist - Luenberger（*MML*）生产率指数

将每个省份均视为一个决策单元，假定有 $k=1, \cdots, K$ 个决策单元在 $t=1, \cdots, T$ 时期内，使用 N 种投入 $x=(x_1, \cdots, x_N) \in R_+^N$，得

到 M 种“期望”产出 $y=(y_1, \cdots, y_M)\in R_+^M$ 以及 J 种“非期望”产出 $b=(b_1, \cdots, b_J)\in R_+^J$。则生产可能性集 $P(x)$ 可以表示为：

$$P(x)=\{(y, b): x \text{ 可以生产}(y, b), x\in R_+^N\} \tag{5.8}$$

由于技术的异质性，假定样本存在 H 个不同的群组 $R_h(h=1, \cdots, H)$。另外，为分析 *MML* 生产率指数，需要引入三种基准技术集：当期基准技术集、跨期基准技术集和全局基准技术集。① 当期基准技术集定义为 $P_{R_h}^t(x^t)=\{(y^t, b^t): x^t \text{ 可以生产}(y^t, b^t)\}$，其中，$t=1, \cdots, T$，表示群组 R_h 在时间 t 时的生产可能性集；跨期基准技术集定义为 $P_{R_h}^I=conv\{P_{R_h}^1\cup P_{R_h}^2\cup\cdots\cup P_{R_h}^T\}$，表示群组 R_h 在整个时期($t=1, \cdots, T$)的生产可能性集，位于某个跨期基准技术集的决策单元是很难达到其他跨期基准技术集的生产技术的；全局基准技术集定义为 $P^G=conv\{P_{R_1}^I\cup P_{R_2}^I\cup\cdots\cup P_{R_H}^I\}$，表示全部群组在整个时期（$t=1, \cdots, T$）的生产可能性集，代表决策单元追求产出极大的上限。图 5.3 以两个群组和两个时期为例，描述了前述三种基准技术集之间的关系。如图 5.3 所示，跨期基准技术集是群组当期基准技术集的包络曲线，而全局基准技术集则是群组跨期基准技术集的包络曲线。

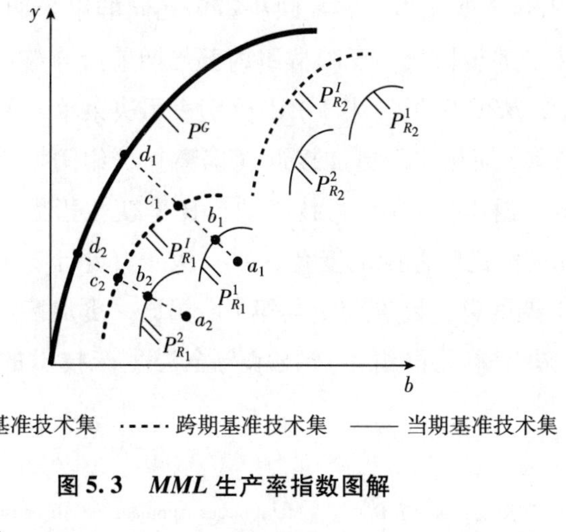

图 5.3　*MML* 生产率指数图解

---

① Tulkens, H., Vanden Eeckaut, P., “Non-parametric Efficiency, Progress and Regress Measures for Panel Data: Methodological Aspects”, *European Journal of Operational Research*, Vol. 80, No. 3, 1995.

根据 Oh（2010），*MML* 生产率指数可以定义为①：

$$MML(x^t, y^t, b^t, x^{t+1}, y^{t+1}, b^{t+1}) = \frac{1+\vec{D}_G(x^t, y^t, b^t)}{1+\vec{D}_G(x^{t+1}, y^{t+1}, b^{t+1})}$$

$$= \frac{1+\vec{D}^t(x^t, y^t, b^t)}{1+\vec{D}^{t+1}(x^{t+1}, y^{t+1}, b^{t+1})} \times \frac{[1+\vec{D}^I(x^t, y^t, b^t)]/[1+\vec{D}^t(x^t, y^t, b^t)]}{[1+\vec{D}^I(x^{t+1}, y^{t+1}, b^{t+1})]/[1+\vec{D}^t(x^{t+1}, y^{t+1}, b^{t+1})]} \times \frac{[1+\vec{D}_G(x^t, y^t, b^t)]/[1+\vec{D}^I(x^t, y^t, b^t)]}{[1+\vec{D}_G(x^{t+1}, y^{t+1}, b^{t+1})]/[1+\vec{D}^I(x^{t+1}, y^{t+1}, b^{t+1})]}$$

$$= \frac{TE^{t+1}}{TE^t} \times \frac{BPG^{t+1}}{BPG^t} \times \frac{TGR^{t+1}}{TGR^t} = EC \times BPC \times TGC \tag{5.9}$$

其中，$\vec{D}^s(x, y, b) = \inf\{\beta: (x, y+\beta y, b-\beta b) \in P^s_{R_h}\}$，$s=t$，$t+1$ 表示定义在当期基准技术集上的当期方向性距离函数；$\vec{D}^I(x, y, b) = \inf\{\beta: (x, y+\beta y, b-\beta b) \in P^I_{R_h}\}$ 表示定义在跨期基准技术集上的跨期方向性距离函数；$\vec{D}^G(x, y, b) = \inf\{\beta: (x, y+\beta y, b-\beta b) \in P^G\}$ 表示定义在全局基准技术集上的全局方向性距离函数。另外，*EC* 为技术效率变化指数，反映决策单元向群组当期前沿的追赶效应；*BPC* 为技术进步指数，反映群组内部当期前沿与群组跨期前沿之间差距的变化，*BPC* 大于（小于）1 分别表示决策单元第 $t+1$ 期的群组当期前沿与第 t 期相比，更加接近（偏离）群组跨期前沿，反映了群组技术进步（退步）；*TGC* 为技术缺口比率变化指数，反映群组跨期前沿与共同前沿之间差距的变化，*TGC* 大于（小于）1 分别表示决策单元第 $t+1$ 期的群组跨期前沿与第 t 期相比，更加接近（偏离）全局前沿，反映决策单元群组生产技术与全局生产技术的差距进一步缩小（扩大）。②

---

① Oh，D. H.，Lee，J. D.，“A Metafrontier Approach for Measuring Malmquist Productivity Index”，*Empirical Economics*，Vol. 38，2010.

② 汪克亮、孟祥瑞、杨力等：《生产技术异质性与区域绿色全要素生产率增长——基于共同前沿与 2000—2012 年中国省际面板数据的分析》，《北京理工大学学报》（社会科学版）2015 年第 1 期。

图 5.3 形象地描述了 *MML* 生产率指数及其分解，假定 a_1 是群组 R_1 中时期为 1 时的决策单元，a_2 是群组 R_1 中时期为 2 时的决策单元，则利用方向性距离函数，*MML* 生产率指数可以表示为：

$$MML(x^t, y^t, b^t, x^{t+1}, y^{t+1}, b^{t+1}) = \frac{1+a_1d_1}{1+a_2d_2}$$

$$= \frac{1+a_1b_1}{1+a_2b_2} \times \frac{(1+a_1c_1)/(1+a_1b_1)}{(1+a_2c_2)/(1+a_2b_2)} \times \frac{(1+a_1d_1)/(1+a_1c_1)}{(1+a_2d_2)/(1+a_2c_2)} \quad (5.10)$$

2. 方向性距离函数的计算

当利用 *MML* 生产率指数测度“两型农业”全要素生产率时，需要通过求解方向性距离函数的方法来实现。SFA（Stochastic Frontier Approach）和 DEA（Data Envelopment Analysis）是目前求解方向性距离函数的两种常用方法。与 SFA 方法相比，DEA 方法无须设定具体的生产函数形式，有效避免了较强理论约束，并且可以解决多投入和多产出的问题，因此受到广大学者的青睐。本书采用 DEA 方法求解方向性距离函数，根据 Oh（2010）的研究①，第 k' 个决策单元的 *MML* 生产率指数可以通过求解六个方向性距离函数［$\vec{D}^t(x^{k',t}, y^{k',t}, b^{k',t})$、$\vec{D}^{t+1}(x^{k',t+1}, y^{k',t+1}, b^{k',t+1})$、$\vec{D}^I(x^{k',t}, y^{k',t}, b^{k',t})$、$\vec{D}^I(x^{k',t+1}, y^{k',t+1}, b^{k',t+1})$、$\vec{D}^G(x^{k',t}, y^{k',t}, b^{k',t})$ 和 $\vec{D}^G(x^{k',t+1}, y^{k',t+1}, b^{k',t+1})$］获得。这些方向性距离函数的线性规划式分别表示为：

$$\vec{D}^t(x^{k',t}, y^{k',t}, b^{k',t}) = \max\beta$$
$$\text{s.t.} \quad \sum_{con1} \lambda^{k,t} y_m^{k,t} \geqslant (1+\beta) y_m^{k',t}, \quad m=1, \cdots, M$$
$$\sum_{con1} \lambda^{k,t} b_j^{k,t} = (1-\beta) b_j^{k',t}, \quad j=1, \cdots, J$$
$$\sum_{con1} \lambda^{k,t} x_n^{k,t} \leqslant x_n^{k',t}, \quad n=1, \cdots, N$$
$$\lambda^{k,t} \geqslant 0 \quad (5.11a)$$

$$\vec{D}^{t+1}(x^{k',t+1}, y^{k',t+1}, b^{k',t+1}) = \max\beta$$
$$\text{s.t.} \quad \sum_{con1} \lambda^{k,t+1} y_m^{k,t+1} \geqslant (1+\beta) y_m^{k',t+1}, \quad m=1, \cdots, M$$

① Oh, D. H., “A Metafrontier Approach for Measuring an Environmentally Sensitive Productivity Growth Index”, Energy Economics, Vol. 32, No. 1, 2010.

$$\sum_{con1} \lambda^{k,t+1} b_j^{k,t+1} = (1-\beta) b_j^{k',t+1},\ j=1,\ \cdots,\ J$$

$$\sum_{con1} \lambda^{k,t+1} x_n^{k,t+1} \leqslant x_n^{k',t+1},\ n=1,\ \cdots,\ N$$

$$\lambda^{k,t+1} \geqslant 0 \tag{5.11b}$$

$$\vec{D}^I(x^{k',t},\ y^{k',t},\ b^{k',t}) = \max\beta$$

$$\text{s. t. } \sum_{con2} \lambda^{k,t} y_m^{k,t} \geqslant (1+\beta) y_m^{k',t},\ m=1,\ \cdots,\ M$$

$$\sum_{con2} \lambda^{k,t} b_j^{k,t} = (1-\beta) b_j^{k',t},\ j=1,\ \cdots,\ J$$

$$\sum_{con2} \lambda^{k,t} x_n^{k,t} \leqslant x_n^{k',t},\ n=1,\ \cdots,\ N$$

$$\lambda^{k,t} \geqslant 0 \tag{5.11c}$$

$$\vec{D}^I(x^{k',t+1},\ y^{k',t+1},\ b^{k',t+1}) = \max\beta$$

$$\text{s. t. } \sum_{con2} \lambda^{k,t+1} y_m^{k,t+1} \geqslant (1+\beta) y_m^{k',t+1},\ m=1,\ \cdots,\ M$$

$$\sum_{con2} \lambda^{k,t+1} b_j^{k,t+1} = (1-\beta) b_j^{k',t+1},\ j=1,\ \cdots,\ J$$

$$\sum_{con2} \lambda^{k,t+1} x_n^{k,t+1} \leqslant x_n^{k',t+1},\ n=1,\ \cdots,\ N$$

$$\lambda^{k,t+1} \geqslant 0 \tag{5.11d}$$

$$\vec{D}^G(x^{k',t},\ y^{k',t},\ b^{k',t}) = \max\beta$$

$$\text{s. t. } \sum_{con3} \lambda^{k,t} y_m^{k,t} \geqslant (1+\beta) y_m^{k',t},\ m=1,\ \cdots,\ M$$

$$\sum_{con3} \lambda^{k,t} b_j^{k,t} = (1-\beta) b_j^{k',t},\ j=1,\ \cdots,\ J$$

$$\sum_{con3} \lambda^{k,t} x_n^{k,t} \leqslant x_n^{k',t},\ n=1,\ \cdots,\ N$$

$$\lambda^{k,t} \geqslant 0 \tag{5.11e}$$

$$\vec{D}^G(x^{k',t+1},\ y^{k',t+1},\ b^{k',t+1}) = \max\beta$$

$$\text{s. t. } \sum_{con3} \lambda^{k,t+1} y_m^{k,t+1} \geqslant (1+\beta) y_m^{k',t+1},\ m=1,\ \cdots,\ M$$

$$\sum_{con3} \lambda^{k,t+1} b_j^{k,t+1} = (1-\beta) b_j^{k',t+1},\ j=1,\ \cdots,\ J$$

$$\sum_{con3} \lambda^{k,t+1} x_n^{k,t+1} \leqslant x_n^{k',t+1},\ n=1,\ \cdots,\ N$$

$$\lambda^{k,t+1} \geqslant 0 \tag{5.11f}$$

其中，$\lambda^{k,t}$和$\lambda^{k,t+1}$为权重向量；*con*1、*con*2 和 *con*3 分别表示当期

基准技术集、跨期基准技术集和全局基准技术集。

（二）实证结果与分析

本节利用 *MML* 生产率指数方法对中国各省份 1997—2015 年考虑技术差距的“两型农业”全要素生产率及其分解进行测度。

1. 考虑技术差距的“两型农业”全要素生产率分析：全国视角

将中国各省份 1997—2015 年考虑技术差距的“两型农业”全要素生产率指数及其分解在省域维度求平均值，具体结果见表 5.5。作为比较，同时也列示了不考虑技术异质性的 *ML* 生产率指数及其分解。

表 5.5　　中国“两型农业”*MML* 生产率指数及其分解①

年份	全局基准技术集				当期基准技术集		
	MML	*EC*	*BPC*	*TGC*	*ML*	*EC*	*TC*
1997—1998	1.0049	0.9996	1.0027	1.0026	1.0126	0.9919	1.0209
1998—1999	1.0092	1.0035	0.9972	1.0085	1.0116	1.0004	1.0112
1999—2000	1.0087	1.0009	1.0042	1.0037	1.0192	1.0044	1.0148
“九五”平均	1.0076	1.0013	1.0014	1.0049	1.0145	0.9989	1.0156
2000—2001	1.0102	0.9974	1.0127	1.0002	1.0218	0.9924	1.0296
2001—2002	1.0112	0.9907	1.0232	0.9976	1.0216	0.9932	1.0286
2002—2003	1.0104	0.9958	1.0168	0.9979	1.0183	0.9932	1.0252
2003—2004	1.0063	0.9989	1.0113	0.9962	1.0170	0.9927	1.0245
2004—2005	1.0060	0.9986	1.0069	1.0006	1.0108	1.0039	1.0069
“十五”平均	1.0088	0.9963	1.0142	0.9985	1.0179	0.9951	1.0229
2005—2006	1.0086	0.9963	1.0138	0.9987	1.0143	0.9940	1.0203
2006—2007	1.0300	1.0072	1.0256	0.9972	1.0351	1.0002	1.0349
2007—2008	1.0066	0.9994	1.0085	0.9987	1.0114	0.9979	1.0136
2008—2009	1.0059	0.9976	1.0087	0.9996	1.0106	0.9956	1.0151
2009—2010	1.0077	1.0038	1.0020	1.0018	1.0105	0.9996	1.0109
“十一五”平均	1.0117	1.0008	1.0117	0.9992	1.0163	0.9975	1.0189

① 此处因篇幅问题，未给出以跨期基准技术集为参照的测度结果。

续表

年份	全局基准技术集				当期基准技术集		
	MML	*EC*	*BPC*	*TGC*	*ML*	*EC*	*TC*
2010—2011	1.0109	1.0014	1.0123	0.9972	1.0115	0.9973	1.0142
2011—2012	1.0063	0.9979	1.0081	1.0003	1.0113	0.9965	1.0149
2012—2013	1.0092	0.9954	1.0167	0.9973	1.0150	0.9921	1.0231
2013—2014	1.0135	0.9982	1.0192	0.9963	1.0177	0.9925	1.0255
2014—2015	1.0036	0.9917	1.0147	0.9974	0.9945	0.8960	1.1100
“十二五”平均	1.0087	0.9969	1.0142	0.9977	1.0100	0.9740	1.0369
总体平均	1.0094	0.9986	1.0113	0.9995	1.0147	0.9905	1.0244

注：①受数据限制，“九五”时期仅包括3年的数据（下同）。②本表中的平均值为几何平均值，如无特殊说明，本节后续研究中的平均值也均为几何平均值。

由表5.5可知，（1）中国“两型农业”*MML*生产率指数与*ML*生产率指数存在显著差异，除2014—2015年之外，其他各时期的*MML*生产率指数均低于*ML*生产率指数，因此当使用*ML*生产率指数时，“两型农业”全要素生产率可能会被高估。究其原因，*ML*生产率指数采用当期基准技术集，仅以当期潜在最优技术为参考，从而忽略了群组的技术异制性问题。（2）在全局基准技术集下，1997—2015年中国“两型农业”全要素生产率指数（*MML*）平均增长0.94%，显著低于以当期基准技术集为参照的李谷成（2014）的测度结果①；考察期内，“两型农业”技术效率变化指数（*EC*）平均降低0.14%，说明“落后”省份没有实现对“先进”省份的追赶，并且距离群组当期前沿越来越远；“两型农业”技术进步指数（*BPC*）平均增长1.13%，说明群组当期前沿逐渐向群组跨期前沿趋近，群组内不同省份的生产技术水平之间的差异不断缩小，即群组内“落后”省份的生产技术对群组内潜在最优生产技术具有追赶效应；最后，“两型农业”技术缺口比率变化指数（*TGC*）平均缩小0.05%，说明群组跨期前沿不断偏离全局前沿，三大群组的潜在最优生产技术水平之间的差距逐

① 李谷成：《中国农业的绿色生产率革命：1978—2008年》，《经济学》（季刊）2014年第2期。

步增大。综上，“两型农业”技术进步是推动“两型农业”全要素生产率增长的主要动力。（3）从“两型农业”全要素生产率的时序特征来看，“两型农业”全要素生产率在“九五”“十五”“十一五”和“十二五”时期均有不同程度的增长，其平均增长率分别为0.76%、0.88%、1.17%和0.87%。可见，“十一五”期间的增长率最高并高于整个考察期的平均值，该时期是推进社会主义新农村和农业现代化建设的重要窗口期，这一时期国家把“三农”问题作为政府工作的“重头戏”，并出台了一系列强农和惠农政策，采取了一系列促进农业和农村可持续发展的措施。“十一五”的开局之年，党和政府在全国范围内，取消了延续上千年的农业税，这在很大程度上减轻了农民的负担，提高了农业竞争力；2007年《中华人民共和国农民专业合作社法》开始实施，与之配套的相关政策也陆续出台，推动了农民专业合作社的快速发展；2007年，农业部出台了《全国农业和农村信息化建设总体框架（2007—2015）》，对农业信息化建设的发展思路进行了总体部署，截至2009年，80%以上的县级农业部门均设有信息服务和管理机构。这些相关政策和措施的有效实施，对于提高“两型农业”全要素生产率，转变农业发展方式，促进农业“又好又快”发展起到了积极的推动作用。

2. 考虑技术差距的“两型农业”全要素生产率分析：区域视角

表5.6描述了东中西部地区考虑技术差距的“两型农业”全要素生产率及其分解值。由表5.6可知，（1）从“两型农业”全要素生产率来看，东中西部地区的“两型农业”全要素生产率平均增长率依次递减，分别为1.38%、0.72%和0.66%，并且中西部地区均低于全国平均值。（2）对于“两型农业”技术效率变化指数来说，中部地区“两型农业”技术效率变化指数平均增长0.04%，而东部、西部地区平均降低0.34%和0.08%，说明只有中部地区的“两型农业”技术效率对其“两型农业”全要素生产率增长具有正的贡献，而东西部地区的“两型农业”技术效率则是这些地区“两型农业”全要素生产率增长的瓶颈。（3）东中西部地区的“两型农业”技术进步指数平均增长率分别为1.72%、0.57%和0.96%。说明，与“两型农业”

表 5.6　东中西部地区“两型农业”*MML* 生产率指数及其分解

年份	东部地区				中部地区				西部地区			
	MML	*EC*	*BPC*	*TGC*	*MML*	*EC*	*BPC*	*TGC*	*ML*	*EC*	*BPC*	*TGC*
1997—1998	1.0083	0.9960	1.0123	1.0000	1.0032	0.9992	0.9942	1.0099	1.0029	1.0036	0.9993	0.9999
1998—1999	1.0173	1.0077	1.0095	1.0000	1.0035	0.9965	1.0012	1.0058	1.0053	1.0044	0.9823	1.0190
1999—2000	1.0133	1.0065	1.0068	1.0000	1.0078	1.0069	0.9877	1.0134	1.0047	0.9909	1.0136	1.0003
“九五”平均值	1.0129	1.0034	1.0095	1.0000	1.0048	1.0009	0.9943	1.0097	1.0043	0.9996	0.9983	1.0064
2000—2001	1.0182	0.9977	1.0205	1.0000	1.0041	0.9961	1.0037	1.0042	1.0067	0.9979	1.0114	0.9975
2001—2002	1.0186	0.9873	1.0317	1.0000	1.0098	0.9998	1.0097	1.0003	1.0048	0.9875	1.0244	0.9933
2002—2003	1.0226	0.9925	1.0303	1.0000	1.0013	0.9918	1.0039	1.0056	1.0051	1.0020	1.0128	0.9903
2003—2004	1.0059	0.9875	1.0186	1.0000	1.0070	1.0139	0.9948	0.9984	1.0063	0.9996	1.0162	0.9907
2004—2005	1.0044	1.0121	0.9924	1.0000	1.0106	0.9809	1.0255	1.0047	1.0044	0.9981	1.0082	0.9981
“十五”平均值	1.0139	0.9954	1.0186	1.0000	1.0065	0.9964	1.0075	1.0026	1.0055	0.9970	1.0146	0.9940
2005—2006	1.0126	0.9940	1.0188	1.0000	1.0080	1.0022	1.0080	0.9978	1.0051	0.9943	1.0130	0.9980
2006—2007	1.0417	1.0058	1.0356	1.0000	1.0235	1.0183	1.0092	0.9959	1.0232	1.0006	1.0275	0.9952

续表

年份	东部地区				中部地区				西部地区			
	MML	*EC*	*BPC*	*TGC*	*MML*	*EC*	*BPC*	*TGC*	*ML*	*EC*	*BPC*	*TGC*
2007—2008	1.0041	0.9998	1.0043	1.0000	1.0114	0.9945	1.0217	0.9954	1.0056	1.0026	1.0031	0.9999
2008—2009	1.0081	0.9963	1.0118	1.0000	1.0043	1.0018	1.0011	1.0014	1.0050	0.9959	1.0112	0.9979
2009—2010	1.0080	1.0026	1.0054	1.0000	1.0064	1.0023	1.0011	1.0029	1.0084	1.0061	0.9994	1.0029
“十一五”平均值	1.0148	0.9997	1.0151	1.0000	1.0107	1.0038	1.0082	0.9987	1.0094	0.9999	1.0108	0.9988
2010—2011	1.0124	1.0013	1.0110	1.0000	1.0084	0.9992	1.0100	0.9992	1.0113	1.0031	1.0153	0.9930
2011—2012	1.0077	0.9935	1.0143	1.0000	1.0071	1.0001	1.0078	0.9992	1.0044	1.0008	1.0022	1.0015
2012—2013	1.0128	0.9870	1.0261	1.0000	1.0075	1.0015	1.0106	0.9955	1.0069	0.9995	1.0116	0.9959
2013—2014	1.0228	0.9937	1.0293	1.0000	1.0091	1.0016	1.0122	0.9954	1.0075	1.0001	1.0143	0.9932
2014—2015	1.0103	0.9790	1.0320	1.0000	0.9972	1.0003	1.0013	0.9956	1.0016	0.9982	1.0072	0.9963
“十二五”平均值	1.0132	0.9909	1.0225	1.0000	1.0059	1.0005	1.0084	0.9970	1.0063	1.0003	1.0101	0.9960
几何平均	1.0138	0.9966	1.0172	1.0000	1.0072	1.0004	1.0057	1.0011	1.0066	0.9992	1.0096	0.9979

技术效率相比，"两型农业"技术进步是推动各地区"两型农业"全要素生产率增长的主导因素。事实上，党和政府一直十分重视农业科技创新问题，连续多年在中央1号文件中强调和突出农业科技创新的基础性、公共性和社会性地位。经过不懈努力，我国在农作物新品种培育、病虫害综合治理、新型农业设施与装备研发、农业资源高效利用以及农业生态环境修复等方面均取得了突破性进展。然而，由于农业科技推广人才流失、农民知识水平和专业素质偏低等原因，导致农业技术的有效供给与农民的有效需求不能统一，农业科研成果转化利用率不高。从而形成"两型农业"技术效率与"两型农业"技术进步无法协调统一的局面。（4）东中西部地区的"两型农业"技术缺口比率变化指数分别为1、1.0011和0.9979。说明，东部地区各省份处于全局生产前沿，扮演"领先者"的角色，代表全国潜在最优生产技术。另外，中部地区的生产前沿与东部地区的生产前沿之间的差距逐步缩小，对东部地区的生产技术具有追赶效应，而西部地区的生产前沿与东部地区的生产前沿之间的差距逐步扩大，对东部地区的生产技术没有追赶效应。（5）从东部地区"两型农业"全要素生产率及其分解的时序特征来看，东部地区"两型农业"全要素生产率指数在"九五""十五""十一五"和"十二五"时期均有不同程度的增长，其平均增长率分别为1.29%、1.39%、1.48%和1.32%，可见"十一五"时期的增长率最高并高于整个考察期的平均值；东部地区"两型农业"技术效率变化指数在各个时期的平均增长率分别为0.34%、-0.46%、-0.03%和-0.91%，可见该指数仅在"九五"时期实现了正增长；东部地区"两型农业"技术进步指数在各个时期的平均增长率分别为0.95%、1.86%、1.51%和2.25%，可见该指数在"十二五"时期的增长率最高；东部地区"两型农业"技术缺口比率变化指数在各个时期均未发生变化。从中部地区"两型农业"全要素生产率及其分解的时序特征来看，中部地区"两型农业"全要素生产率指数在"九五""十五""十一五"和"十二五"时期的平均增长率分别为0.48%、0.65%、1.07%和0.59%，可见该指数在"十一五"时期的增长率最高并高于整个考察期的平均值；中部地区"两型农业”技术效率变化指数在各个时期的平均增长率分别为0.09%、-0.36%、0.38%和0.05%，可见该指数在“十一五”时期的增长率最高；中部地区“两型农业”技术进步指数在各个时期的平均增长率分别为-0.57%、0.75%、0.82%和0.84%，可见该指数在“十二五”时期的增长率最高；中部地区“两型农业”技术缺口比率变化指数在各个时期的平均增长率分别为0.97%、0.26%、-0.13%和-0.30%，可见该指数在“九五”时期的增长率最高。从西部地区“两型农业”全要素生产率及其分解的时序特征来看，西部地区“两型农业”全要素生产率指数在“九五”“十五”“十一五”和“十二五”时期的平均增长率分别为0.43%、0.55%、0.94%和0.63%，可见该指数在“十一五”时期的增长率最高；西部地区“两型农业”技术效率变化指数在各个时期的平均增长率分别为-0.04%、-0.30%、-0.01%和0.03%，可见该指数仅在“十二五”时期实现了正增长；西部地区“两型农业”技术进步指数在各个时期的平均增长率分别为-0.17%、1.46%、1.08%和1.01%，可见该指数在“十五”时期的增长率最高；西部地区“两型农业”技术缺口比率变化指数在各个时期的平均增长率分别为0.64%、-0.60%、-0.12%和-0.40%，可见该指数仅在“九五”时期实现了正增长。

3. 考虑技术差距的“两型农业”全要素生产率分析：省域视角

将中国各省份1997—2015年考虑技术差距的“两型农业”全要素生产率指数及其分解在时间维度求平均值，具体结果见表5.7。

表5.7　中国各省份“两型农业”*MML*生产率指数及其分解

省份	*MML*	*EC*	*BPC*	*TGC*	省份	*MML*	*EC*	*BPC*	*TGC*
北京	1.0187	1.0000	1.0187	1.0000	河南	1.0077	1.0003	1.0129	0.9945
天津	1.0070	0.9952	1.0118	1.0000	湖北	1.0087	1.0000	1.0002	1.0085
河北	1.0110	0.9965	1.0146	1.0000	湖南	1.0070	1.0000	1.0046	1.0024
山西	1.0078	1.0025	1.0096	0.9957	广东	1.0130	0.9944	1.0187	1.0000
内蒙古	1.0034	0.9934	1.0197	0.9905	广西	1.0083	1.0000	1.0053	1.0031
辽宁	1.0093	0.9904	1.0191	1.0000	海南	1.0242	1.0018	1.0224	1.0000
吉林	1.0068	1.0000	1.0025	1.0043	重庆	1.0063	1.0000	1.0010	1.0053

续表

省份	*MML*	*EC*	*BPC*	*TGC*	省份	*MML*	*EC*	*BPC*	*TGC*
黑龙江	1.0072	1.0000	1.0054	1.0018	四川	1.0069	1.0000	1.0000	1.0069
上海	1.0097	0.9952	1.0145	1.0000	贵州	1.0064	0.9960	1.0020	1.0085
江苏	1.0203	1.0085	1.0117	1.0000	云南	1.0086	1.0034	1.0094	0.9958
浙江	1.0139	0.9932	1.0209	1.0000	陕西	1.0106	1.0000	1.0130	0.9976
安徽	1.0073	1.0000	1.0108	0.9965	甘肃	1.0049	0.9978	1.0108	0.9963
福建	1.0136	0.9926	1.0212	1.0000	青海	1.0055	0.9994	1.0216	0.9848
江西	1.0053	1.0000	1.0000	1.0053	宁夏	1.0062	1.0008	1.0137	0.9918
山东	1.0111	0.9954	1.0157	1.0000	新疆	1.0058	1.0000	1.0090	0.9968

由表5.7可知，（1）从“两型农业”全要素生产率来看，考察期内所有省份的“两型农业”全要素生产率均实现了增长，但是超过60%的省份的“两型农业”全要素生产率平均增长率低于全国平均值，这些省份绝大部分都位于中西部地区；只有北京、河北、上海、江苏、浙江、福建、山东、广东、海南、陕西10个省份在全国平均水平之上，该10个省份除了陕西之外，其他均位于东部地区。（2）对于“两型农业”技术效率变化指数来说，除了河南、宁夏、海南、山西、云南、江苏6个省份的“两型农业”技术效率变化指数具有不同程度的涨幅之外，其他省份的“两型农业”技术效率变化指数或是保持不变，或是出现了降低，尤其是辽宁降幅最大。（3）对于“两型农业”技术进步指数来说，所有省份的“两型农业”技术进步指数均大于或等于1，没有出现技术退步的情况，并且超过50%的省份的“两型农业”技术进步指数高于全国平均值，这些省份分别是北京、天津、河北、内蒙古、辽宁、上海、江苏、浙江、福建、山东、河南、广东、海南、陕西、青海和宁夏。（4）对于“两型农业”技术缺口比率变化指数来说，东部地区11个省份的“两型农业”技术缺口比率变化指数均为1，再一次验证了东部地区各省份处于全局生产前沿，代表了全国潜在最优生产技术。山西、内蒙古、安徽、河南、云南、陕西、甘肃、青海、宁夏、新疆10个省份的“两型农业”技术缺口比率变化指数均小于1，说明这些省份与生产前沿之间的差

距逐步扩大，对东部地区各省份的生产技术没有追赶效应。

4. “两型农业”生产技术区域“创新者”识别

如果决策单元位于生产可能性边界上，则被称为生产技术的“最佳实践者”；如果决策单元推动着生产可能性边界向外扩展，则被称为生产技术的“创新者”，并且位于生产可能性边界上是成为生产技术“创新者”的必要而非充分条件。本书借鉴 Fare（2001）[①] 和程云鹤等（2013）[②] 的思路，认为“两型农业”生产技术区域“创新者”需满足以下三个条件：

$$\begin{cases} BPC > 1 \\ \vec{D}^{t}(x^{t+1},\ y^{t+1},\ b^{t+1}) < 0 \\ \vec{D}^{t}(x^{t},\ y^{t},\ b^{t}) = 0 \end{cases} \tag{5.12}$$

上述第一个条件表示决策单元第 $t+1$ 期的群组当期前沿与第 t 期相比，更加接近群组跨期前沿，反映了生产可能性边界的扩张；第二个条件表示 $t+1$ 的投入利用 t 的生产技术是不能生产出 $t+1$ 期的产出，即 $t+1$ 期发生了技术进步；第三个条件表示决策单元位于生产可能性边界上，即生产技术的“创新者”必然是生产技术的“最佳实践者”。

根据上述条件，本书计算出了 1997—2015 年中国“两型农业”生产技术的区域“创新者”，见表 5.8。

表 5.8　1997—2015 年中国“两型农业”生产技术的区域“创新者”

年份	东部	中部	西部
1997—1998	北京、天津、辽宁、福建	吉林、安徽、湖北、湖南	内蒙古、广西、陕西、青海、新疆
1998—1999	北京、辽宁、浙江、福建	黑龙江、安徽、江西、湖北、湖南	广西、新疆

① Fare, R., Grosskopf, Shawna, Pasurka, Carl, “Accounting for Air Pollution Emissions in Measuring State Manufacturing Productivity Growth”, *Journal of Regional Science*, Vol. 44, 2001.

② 程云鹤、齐晓安、汪克亮等：《区域技术差距视角下省际工业 CO_2 排放效率》，《系统工程》2013 年第 3 期。

续表

年份	东部	中部	西部
1999—2000	北京、天津、辽宁、上海、浙江、福建、广东	黑龙江、安徽、江西、湖北、湖南	广西、重庆、四川、陕西、新疆
2000—2001	北京、辽宁、上海、浙江、福建、海南	吉林、黑龙江、安徽、河南、湖北、湖南	广西、重庆、四川、陕西、青海、新疆
2001—2002	北京、辽宁、上海、浙江、福建、海南	吉林、黑龙江、安徽、湖南	广西、重庆、四川、陕西、青海、新疆
2002—2003	北京、辽宁、上海、浙江、福建	吉林、黑龙江、江西、湖北、湖南	广西、重庆、四川、陕西、青海、新疆
2003—2004	北京、辽宁、上海、福建	黑龙江、湖北、湖南	广西、四川、陕西、青海、新疆
2004—2005	北京、辽宁、福建	吉林、黑龙江、江西、湖南	广西、四川、陕西、青海、新疆
2005—2006	北京、辽宁、上海、福建、海南	吉林、黑龙江、江西、湖北、湖南	广西、陕西、青海、新疆
2006—2007	北京、辽宁、上海、福建、海南	江西、湖北、湖南	广西、四川、陕西、青海、新疆
2007—2008	辽宁、上海、福建	吉林、黑龙江、安徽、江西、湖北、湖南	广西、陕西、新疆
2008—2009	北京、上海、福建、海南	安徽、江西、湖北、湖南	广西、陕西、青海、新疆
2009—2010	上海、福建、海南	黑龙江、安徽、江西、湖南	广西、四川、陕西
2010—2011	北京、福建、海南	吉林、黑龙江、安徽、江西、湖北、湖南	广西、四川、陕西、青海、新疆
2011—2012	北京、福建、海南	吉林、黑龙江、安徽、江西、湖北、湖南	广西、四川、陕西、新疆
2012—2013	北京、福建、海南	吉林、黑龙江、安徽、江西、湖北、湖南	广西、四川、陕西、青海、新疆
2013—2014	北京、海南	吉林、黑龙江、安徽、江西、湖北、湖南	广西、重庆、四川、陕西、青海、新疆
2014—2015	海南	河南、湖北、湖南	陕西、新疆

如表5.8所示，东部地区共有8个省份至少推动过东部地区的生产可能性边界1次，其中福建（16次）、北京（15次）、海南（11次）、辽宁（11次）和上海（10次）表现较好；中部地区共有7个省份至少推动过中部地区的生产可能性边界1次，其中湖南（18次）、湖北（14次）、黑龙江（14次）和江西（13次）表现较好；西部地区共有7个省份至少推动过西部地区的生产可能性边界1次，其中广西（17次）、陕西（17次）和新疆（17次）表现最佳。

三 本章小结

由于中国东中西部地区之间的资源禀赋存在明显差异，因此位于不同地区的省份所处的生产前沿不同，所能达到的潜在最优生产技术也不可能相同。如果不考虑不同地区之间的技术差距，则最终的测度结果可能会出现偏误。鉴于此，本章充分考虑区域技术差距，基于GSBM模型和MSBM模型计算1997—2015年群组前沿和共同前沿下的中国各省份“两型农业”技术效率，在此基础上从管理和技术两个维度对中国各省份“两型农业”技术效率损失进行了深入分析。另外，本章利用*MML*生产率指数方法对中国各省份1997—2015年考虑技术差距的“两型农业”全要素生产率进行测度，并将其分解为技术效率变化指数、技术进步指数和技术缺口比率变化指数。进一步分别从全国视角、区域视角和省域视角对考虑技术差距的“两型农业”全要素生产率及其分解进行了深入探讨。

第六章 “两型农业”全要素生产率增长的区域差异及收敛分析

在对“两型农业”全要素生产率进行多维度评价以及对考虑技术差距的“两型农业”全要素生产率进行测量的基础上，本章进一步测度和分解“两型农业”全要素生产率增长的区域差异，并对“两型农业”全要素生产率增长的收敛性进行检验。

一 “两型农业”全要素生产率增长的区域差异

（一）研究方法

测度区域差异的方法主要有变异系数法、基尼系数法以及泰尔指数法等，与传统的基尼系数和泰尔指数相比，Dagum 基尼系数（Dagum，1997）不仅能够对总体差异进行分解，从而有效识别区域差异的来源，而且能够考虑子样本的分布状态，有效解决样本间数据交叉重叠问题。① 鉴于 Dagum 基尼系数的优良特性，本书采用 Dagum 基尼系数的方法对中国“两型农业”全要素生产率增长的区域差异进行测度和分解。Dagum 基尼系数的测度公式为：

$$G = \sum_{j=1}^{k}\sum_{h=1}^{k}\sum_{i=1}^{n_j}\sum_{r=1}^{n_h}\left|y_{ji} - y_{hr}\right| / 2n^2\bar{y} \tag{6.1}$$

---

① Dagum，C.，“A New Approach to the Decomposition of the Gini Income Inequality Ratio”，*Empirical Economics*，Vol. 22，No. 4，1997.

其中，G 是中国“两型农业”全要素生产率指数的总基尼系数，$\overline{y}$ 是中国各省份“两型农业”全要素生产率指数的平均值，n 是所有省份的个数，k 是区域划分的个数，y_{ji}（y_{hr}）是 $j(h)$ 区域内任意省份的“两型农业”全要素生产率指数，n_j（n_h）是 $j(h)$ 区域内省份的个数。

总体基尼系数可以分解为区域内差异的贡献 G_w、区域间净值差异的贡献 G_{nb} 和超变密度的贡献 G_t，即 $G = G_w + G_{nb} + G_t$。其中，G_w 表示某一区域内各省份之间“两型农业”全要素生产率指数的分布差异；G_{nb} 表示不同区域之间各省份“两型农业”全要素生产率指数的分布差异；G_t 表示不同区域之间“两型农业”全要素生产率指数交叉影响的基尼系数余数。① 下文中，式（6.2）和式（6.3）分别表示 j 区域的基尼系数 G_{jj} 和区域内差异的贡献 G_w；式(6.4)和式(6.5)分别表示 j 和 h 区域的区域间基尼系数 G_{jh} 和区域间净值差异的贡献 G_{nb}；式(6.6)表示超变密度的贡献 G_t。

$$G_{jj} = \frac{\frac{1}{2\overline{Y}_j}\sum_{i=1}^{n_j}\sum_{r=1}^{n_j}|y_{ji} - y_{jr}|}{n_j^2} \tag{6.2}$$

$$G_w = \sum_{j=1}^{k} G_{jj} p_j s_j \tag{6.3}$$

$$G_{jh} = \frac{\sum_{i=1}^{n_j}\sum_{r=1}^{n_h}|y_{ji} - y_{hr}|}{n_j n_h(\overline{Y_j} + \overline{Y_h})} \tag{6.4}$$

$$G_{nb} = \sum_{j=2}^{k}\sum_{h=1}^{j-1} G_{jh}(p_j s_h + p_h s_j) D_{jh} \tag{6.5}$$

$$G_t = \sum_{j=2}^{k}\sum_{h=1}^{j-1} G_{jh}(p_j s_h + p_h s_j)(1 - D_{jh}) \tag{6.6}$$

式(6.3)～式(6.6)中，$p_j = n_j/n$，$s_j = n_j\overline{Y_j}/n\overline{Y}$，$D_{jh}$ 表示 j 和 h 区域间“两型农业”全要素生产率指数的相对影响，其表达式为 D_{jh} =

① 钟水映、李强谊、肖攀：《我国保险业发展水平的地区差异及其分布动态演进》，《保险研究》2016年第3期。

$\frac{d_{jh}-p_{jh}}{d_{jh}+p_{jh}}$。其中，$d_{jh}$为$j$和$h$区域间“两型农业”全要素生产率指数的差值，其表达式为$d_{jh}=\int_0^{\infty}\mathrm{d}F_j(y)\int_0^{y}(y-x)\mathrm{d}F_h(x)$，可以理解为$j$和$h$区域中所有$y_{ji}-y_{hr}>0$的样本值加总的数学期望；$p_{jh}$为超变一阶矩，其表达式为$p_{jh}=\int_0^{\infty}\mathrm{d}F_h(y)\int_0^{y}(y-x)\mathrm{d}F_j(x)$，可以理解为$j$和$h$区域中所有$y_{hr}-y_{ji}>0$的样本值加总的数学期望。

（二）实证研究

由于中国东中西部地区之间的资源禀赋、气候条件、种植业结构和农业制度等方面均存在明显差异，不同地区所处的生产前沿不同，所能达到的潜在最优生产技术也会存在差异。因此，接下来将以能够考虑技术差距的“两型农业”*MML*生产率指数为例①，利用Dagum基尼系数的方法对中国“两型农业”全要素生产率增长的区域差异进行分解，具体结果见表6.1。

表6.1　中国“两型农业”全要素生产率基尼系数测度与分解结果

年份	总体	地区内基尼系数			地区间基尼系数			贡献率（%）		
		东部	中部	西部	东—中	东—西	中—西	区域内	区域间	超变密度
1998	0.0058	0.0078	0.0019	0.0051	0.0063	0.0070	0.0041	32.26	6.61	61.14
1999	0.0153	0.0276	0.0035	0.0079	0.0186	0.0198	0.0064	33.12	12.75	54.13
2000	0.0145	0.0227	0.0075	0.0068	0.0180	0.0184	0.0075	31.32	18.98	49.69
2001	0.0200	0.0327	0.0086	0.0072	0.0267	0.0263	0.0082	30.31	21.56	48.14
2002	0.0245	0.0419	0.0040	0.0069	0.0340	0.0353	0.0062	28.70	16.06	55.24
2003	0.0306	0.0519	0.0069	0.0075	0.0437	0.0437	0.0073	28.58	26.06	45.36
2004	0.0317	0.0548	0.0057	0.0078	0.0451	0.0456	0.0070	28.71	26.38	44.91
2005	0.0315	0.0528	0.0067	0.0088	0.0430	0.0454	0.0085	28.68	22.90	48.42
2006	0.0329	0.0512	0.0063	0.0110	0.0442	0.0482	0.0104	27.66	22.70	49.63
2007	0.0326	0.0449	0.0042	0.0120	0.0446	0.0494	0.0111	25.24	49.69	25.08
2008	0.0319	0.0402	0.0040	0.0141	0.0418	0.0487	0.0134	24.49	41.45	34.06

① 如无特殊说明，本章均取考虑技术差距的“两型农业”*MML*生产率指数的累积值。

续表

年份	总体	地区内基尼系数			地区间基尼系数			贡献率（%）		
		东部	中部	西部	东—中	东—西	中—西	区域内	区域间	超变密度
2009	0.0330	0.0414	0.0042	0.0142	0.0443	0.0508	0.0129	24.27	38.48	37.25
2010	0.0404	0.0404	0.0047	0.0132	0.0454	0.0510	0.0122	23.60	37.27	39.13
2011	0.0325	0.0388	0.0050	0.0121	0.0463	0.0508	0.0110	22.85	42.90	34.25
2012	0.0329	0.0370	0.0047	0.0116	0.0471	0.0526	0.0113	21.59	40.02	38.38
2013	0.0343	0.0371	0.0044	0.0131	0.0491	0.0549	0.0122	21.29	44.47	34.23
2014	0.0390	0.0422	0.0043	0.0146	0.0559	0.0625	0.0137	21.18	50.02	28.80
2015	0.0435	0.0495	0.0086	0.0184	0.0610	0.0667	0.0161	23.28	50.30	26.42

注："两型农业" *MML* 生产率指数累积值已不再是增长率形式而是绝对数形式，因此年份应该为具体的时间节点（下同）。

1. 中国"两型农业"全要素生产率增长的总体差异

由图 6.1 可知，考察期内中国"两型农业"全要素生产率总体基尼系数在 0.0058 ~ 0.0435 区间波动，并且整体呈现上升趋势，由 1998 年的 0.0058 上升到 2015 年的 0.0435，年均增长 12.61%。具体来说，总体基尼系数由 1998 年的 0.0058 上升到 1999 年的 0.0153，2000 年又出现微弱降幅。从 2000 年开始，总体基尼系数呈现上升态势，一直上升到 2010 年的 0.0404，2011 年又下降到 0.0325。此后，总体基尼系数又出现持续上升态势，并于 2015 年达到考察期内最高值 0.0435，相比 1998 年增长了 652.53%，说明该时期"两型农业"全要素生产率的总体差异最大。

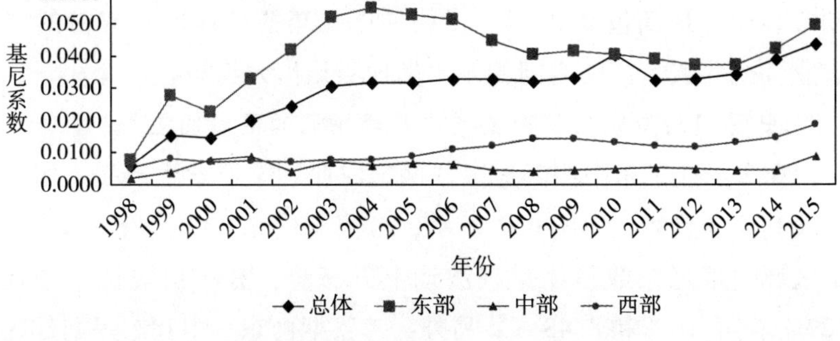

图 6.1 中国"两型农业"全要素生产率总体及区域内基尼系数的演变趋势

2. 中国“两型农业”全要素生产率增长的区域内差异

图6.1进一步揭示了东中西部地区“两型农业”全要素生产率增长的区域内差异及其演变趋势。由图6.1可知，考察期内东中西部地区的区域内基尼系数总体呈现波动上升态势，年均涨幅分别为11.48%、9.42%和7.89%。另外，东中西部地区的区域内基尼系数平均值分别为0.0397、0.0053和0.0107，综合来看，东部地区各省份的“两型农业”全要素生产率之间的差异最大，西部地区次之，而中部地区最小。从东中西部地区的区域内基尼系数演变过程来看，考察期内东部地区的基尼系数在0.0078～0.0548区间波动，并经历了“上升、下降、上升、下降、上升”的动态演变过程，具体而言，东部地区的基尼系数从1998年的0.0078快速上升到1999年的0.0276，2000年出现微弱降幅。从2000年开始，呈现持续上升态势，并于2004年达到考察期内最高值0.0548，2004—2012年呈波动下降态势，从2013年开始又出现连续3年的回升，并于2015年达到0.0495。考察期内中部地区的基尼系数在0.0019～0.0086区间波动，可见中部地区的基尼系数波动幅度不大，具体而言，1998—2001年中部地区的基尼系数呈上升态势，并于2001年达到考察期内最高值0.0086，2002年出现了明显的降幅，而在2002—2014年这一较长的时期内变化却较为平稳，2015年又呈现较为明显的上升趋势，相比于上一年涨幅为97.71%。考察期内西部地区的基尼系数在0.0051～0.0184区间波动，具体而言，1998—2011年西部地区的基尼系数呈现反复上升和下降的波动态势，从2012年开始，出现持续上升趋势，并于2015年达到考察期内最高值0.0184。说明，近几年西部地区各省份的“两型农业”全要素生产率之间的差异呈现明显扩大趋势。

3. 中国“两型农业”全要素生产率增长的区域间差异

图6.2描述了东中西部地区“两型农业”全要素生产率的区域间差异及其演变趋势。如图6.2所示，考察期内东—中、东—西和中—西部区域间基尼系数整体呈现波动上升态势，其年均增长率分别为14.29%、14.16%和8.43%。另外，考察期内东—中和东—西部区域间基尼系数变化趋势较为一致，而中—西部区域间基尼系数明显低于

东—中和东—西部，而且这种差距随着时间的推移呈现扩大趋势。可见，东部省份与中西部省份的“两型农业”全要素生产率之间的差异较大，而中部省份与西部省份之间的差异相对较小。

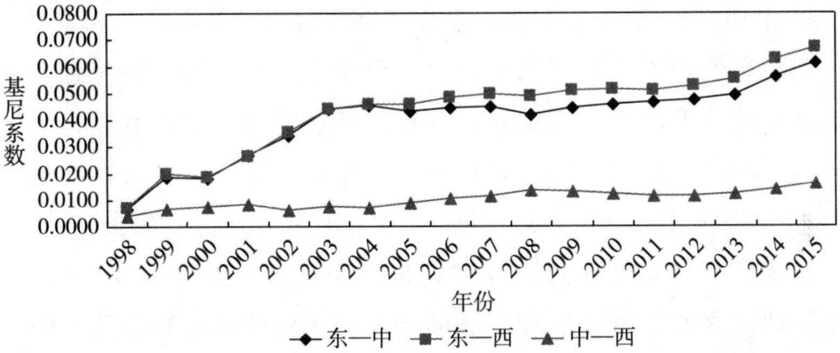

图 6.2 中国“两型农业”全要素生产率区域间基尼系数的演变趋势

从演变过程来看，东—中部区域间基尼系数演变过程可大致分为三个阶段：第一阶段为 1998—2004 年，1998 年的 0.0063 为考察期内最低值，此后波动上升至 2004 年的 0.0451，其中只有 2000 年出现降幅；第二阶段为 2004—2008 年，该阶段整体呈现波动下降趋势，但波动幅度较小，2008 年降至 0.0418，比 2004 年降低了 7.30%；第三阶段为 2008—2015 年，东—中部区域间基尼系数呈现持续上升趋势，2015 年上升至考察期内最高值 0.0610，比 2008 年提高了 45.88%。考察期内东—西部区域间基尼系数由 1998 年的 0.0070 上升到 1999 年的 0.0198，然而这种上升趋势并未持续，2000 年下降至 0.0184；2000—2015 年除了 2005 年、2008 年和 2011 年三个年份出现轻微降幅之外，东—西部区域间基尼系数呈现稳定上升态势，并于 2015 年达到考察期内最高值 0.0667。考察期内中—西部区域间基尼系数一直在低位波动，其演变趋势可分为四个阶段：第一阶段，从 1998 年的 0.0041 持续上升至 2001 年的 0.0082，上升幅度高达 100.87%；第二阶段为 2001—2008 年，在该阶段中—西部区域间基尼系数呈现波动上升态势，其间 2002 年和 2004 年出现了降幅；第三阶段为 2008—

2011年，中—西部区域间基尼系数呈现持续下降趋势，2011年下降至0.0110，比2008年降低18.00%；第四阶段为2011—2015年，中—西部区域间基尼系数呈现持续上升态势，2015年上升至考察期内最高值0.0161，比2011年提高了46.31%。

4. 中国“两型农业”全要素生产率增长的差异来源及其贡献率

图6.3刻画了中国“两型农业”全要素生产率增长的差异来源及其贡献率的演变趋势。由图6.3可知，考察期内区域内差异、区域间差异以及超变密度对中国“两型农业”全要素生产率区域差异的平均贡献率分别为26.51%、31.59%和41.90%。可见，中国“两型农业”全要素生产率的区域差异主要来源于区域间差异以及超变密度，即不同地区之间“两型农业”全要素生产率的整体差异以及不同地区之间的交叉重叠问题。

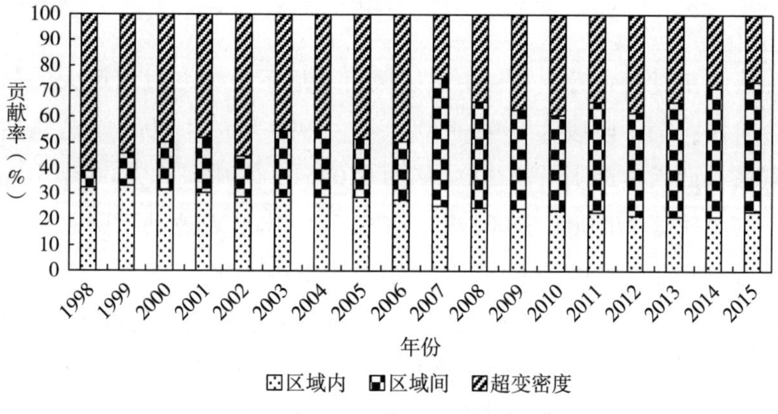

图6.3 中国“两型农业”全要素生产率差异贡献率的演变趋势

从演变过程来看，考察期内中国“两型农业”全要素生产率区域内差异贡献率的变化相对较为平稳，始终在21.18%~33.12%区间波动，并总体呈现下降趋势，年均下降1.90%。考察期内中国“两型农业”全要素生产率区域间差异贡献率经历了反复上升和下降的动态演变过程，具体来说，1998—2002年呈现波动上升态势，区域间差异贡献率由1998年的6.61%上升到2001年的21.56%，2002年又下降至16.06%，但该阶段总体呈现上升趋势，其年均增长率为24.87%；

2002—2007 年总体呈现上升趋势，2007 年上升至 49.69%，其间年均增长率为 25.34%；2007—2010 年呈现持续下降趋势，从 2008 年开始出现连续 3 年的下降，2010 年降至 37.27%；2010—2015 年总体呈现上升趋势，并于 2015 年达到考察期内最高值 50.30%，其间只有 2002 年出现降幅。考察期内中国“两型农业”全要素生产率超变密度贡献率整体呈现下降趋势，当分别以 1998 年和 2006 年为基期时，超变密度贡献率年均分别下降 4.82% 和 6.77%；另外，超变密度贡献率经历了与区域间差异贡献率大致相反的反复下降和上升的动态演进过程，并分别于 1998 年和 2007 年达到考察期内最高值 61.14% 和最低值 25.08%。

二 “两型农业”全要素生产率增长的收敛性检验

（一）研究方法

在实证研究中，根据考察收敛性的角度不同，“两型农业”全要素生产率收敛包括 σ 收敛、绝对 β 收敛和条件 β 收敛。

1. σ 收敛

“两型农业”全要素生产率 σ 收敛是指不同地区之间以 σ 指标衡量的“两型农业”全要素生产率之间的差异随着时间的推移不断减小。即对于“两型农业”全要素生产率 σ 指标来说，如果随着时间的推移存在 $\sigma_{t+1} < \sigma_t$，那么“两型农业”全要素生产率就存在 σ 收敛。在实证研究中，现有文献一般都用标准差或极差等差异分析的测量指标代替 σ 指标，本书借鉴曾先峰和李国平(2008)的思路，将 σ 指标定义为[①]：

$$\sigma_t = \left\{ N^{-1} \sum_{m=1}^{N} \left[MML_m(t) - \left[N^{-1} \sum_{k=1}^{N} MML_k(t) \right] \right]^2 \right\}^{1/2} \tag{6.7}$$

其中，m 和 t 分别表示省份和年份；σ_t 表示第 t 年的 σ 指标；

① 曾先峰、李国平：《我国各地区的农业生产率与收敛：1980—2005》，《数量经济技术经济研究》2008 年第 5 期。

*MML*表示“两型农业”全要素生产率水平①。

2. 绝对 β 收敛

“两型农业” 全要素生产率绝对 β 收敛是指如果不同地区之间具有相同的资源禀赋、气候条件和农业制度等农业生产的基础条件，则不同地区的“两型农业”全要素生产率最终将收敛于同一稳态均衡水平。即“两型农业”全要素生产率较低的省份存在向“两型农业”全要素生产率较高省份的“追赶效应”。在实证研究中，通常通过考察“两型农业”全要素生产率的增长率是否与其期初水平呈现负相关关系来检验是否存在绝对 β 收敛。

在 Barro 和 Sala - i - Martin（1992）的基础上，构建“两型农业”全要素生产率绝对 β 收敛检验模型②：

$$\frac{1}{T}\ln\left(\frac{MML_{i,t}}{MML_{i,0}}\right) = \alpha + \beta \ln MML_{i,0} + \varepsilon_i \tag{6.8}$$

其中，ln 表示取自然对数，$MML_{i,0}$和 $MML_{i,t}$分别表示 i 地区基期和末期“两型农业”全要素生产率，T 为时间跨度，ε_i 为随机误差项，α 和 β 为待估参数。如果 $\beta<0$，则表明存在绝对 β 收敛，反之则不存在绝对 β 收敛。

为了消除横截面数据对时间跨度选择的敏感性，本书把整个样本期划分为 1998—1999 年、2000—2001 年、2002—2003 年、2004—2005 年、2006—2007 年、2008—2009 年、2010—2011 年、2012—2013 年和 2014—2015 年九个时间段，取 1998—1999 年各省 “两型农业” 全要素生产率的平均值作为基期值，以 2014—2015 年各省 “两型农业” 全要素生产率的平均值作为末期值，可见两个时间段相差 16 年，因此 $T=16$。

3. 条件 β 收敛

在现实的农业生产实践中，不同地区之间的资源禀赋、气候条件和农业制度等农业生产的基础条件不可能完全相同，可见绝对 β 收敛的假设条件很难满足。“两型农业”全要素生产率条件 β 收敛则放松了这一假设条件，假定不同地区的“两型农业”全要素生产率具有不同的

---

① 以考虑技术差距的 “两型农业” *MML* 生产率指数累积值表示。

② Barro，R.，Sala - i - Martin，X.，“Convergence”，*The Journal of Political Economy*，Vol. 100，1992.

增长路径和稳态水平，因此不同地区的“两型农业”全要素生产率将收敛于其自身的稳态均衡水平而非同一稳态均衡水平。

条件β收敛检验模型通常是在绝对β收敛检验模型的基础上，加入一些反映不同个体特征的控制变量。然而，Miller 和 Upadhyay（2002）认为面板数据双向固定效应模型既考虑了不同个体具有不同的稳态均衡水平，同时也考虑了这些不同个体的稳态均衡水平受时期变化的影响，因此可以直接利用面板数据双向固定效应模型进行条件β收敛检验，而无须再加入反映不同个体特征的控制变量。① 鉴于此，本书采用面板数据双向固定效应模型对“两型农业”全要素生产率的条件β收敛进行检验，具体模型设定如下：

$$\ln\left(\frac{MML_{i,t}}{MML_{i,t-1}}\right)=\alpha+\beta\ln MML_{i,t-1}+u_i+\varphi_t+\varepsilon_{i,t} \tag{6.9}$$

其中，$\ln\left(\frac{MML_{i,t}}{MML_{i,t-1}}\right)$表示“两型农业”全要素生产率从$t-1$期到$t$期的增长率，$u_i$和$\varphi_t$分别表示个体固定效应和时期固定效应，其他变量含义同式(6.8)。当$\beta<0$时，表示存在条件β收敛，反之则不存在条件β收敛。

为降低农业生产周期波动带来的影响，按照前文的思路，仍然以2年为一个周期，将全部样本数据共划分为9个周期，并将每2年的平均值作为各周期的“两型农业”全要素生产率值。

（二）实证研究

前文对中国“两型农业”全要素生产率增长的区域差异进行了测度和分解，那么中国“两型农业”全要素生产率增长的区域差异随着时间的推移是否有缩小的趋势？为解答这个问题，本书进一步对中国“两型农业”全要素生产率进行收敛性检验，从而刻画中国“两型农业”全要素生产率增长区域差异的动态变化特征。

1. σ收敛检验

根据式（6.7），测度出了考察期内全国及东中西部地区的σ指标

---

① Miller, S. M., Upadhyay M. P., “Total Factor Productivity and the Convergence Hypothesis”, *Journal of Macroeconomics*, Vol. 24, No. 2, 2002.

值，结果见表6.2和图6.4。

表6.2　　“两型农业”全要素生产率增长σ指标值

年份	全国	东部	中部	西部
1998	0.0107	0.0143	0.0036	0.0090
1999	0.0414	0.0648	0.0065	0.0142
2000	0.0350	0.0509	0.0138	0.0122
2001	0.0498	0.0731	0.0157	0.0129
2002	0.0608	0.0892	0.0074	0.0125
2003	0.0795	0.1145	0.0126	0.0135
2004	0.0819	0.1191	0.0107	0.0141
2005	0.0779	0.1122	0.0128	0.0160
2006	0.0779	0.1084	0.0120	0.0204
2007	0.0799	0.1001	0.0080	0.0237
2008	0.0746	0.0901	0.0076	0.0275
2009	0.0767	0.0912	0.0084	0.0284
2010	0.0758	0.0890	0.0099	0.0262
2011	0.0755	0.0862	0.0109	0.0248
2012	0.0759	0.0849	0.0099	0.0236
2013	0.0803	0.0884	0.0089	0.0264
2014	0.0917	0.0986	0.0089	0.0303
2015	0.1054	0.1172	0.0184	0.0381

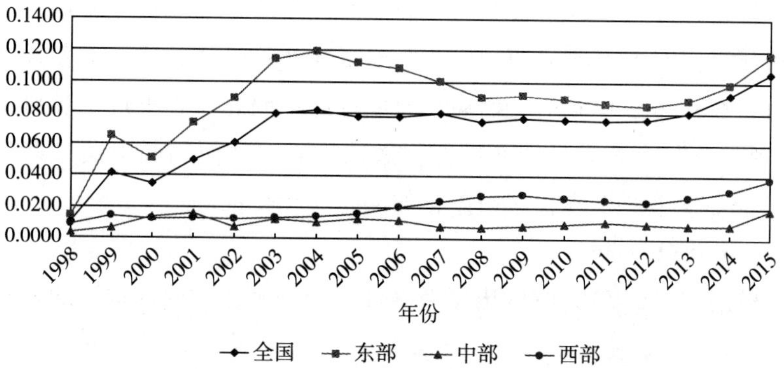

图6.4　“两型农业”全要素生产率增长σ指标趋势

根据表6.2和图6.4可知，考察期内无论是全国范围还是东中西部地区的“两型农业”全要素生产率的σ指标值均整体呈现波动上升态势，其年均增长率分别为14.40%、13.19%、10.10%和8.84%。因此，考察期内无论是全国范围还是东中西部地区的“两型农业”全要素生产率的区域差异整体都呈现扩大趋势，而未出现σ收敛。

从σ指标值演变过程来看，（1）考察期内全国范围“两型农业”全要素生产率的σ指标值的演变过程大致分为三个阶段：第一阶段为1998—2004年，从1998年的0.0107上升至2004年的0.0819，其间仅有2000年出现降幅；第二阶段为2004—2008年，该阶段整体呈现波动下降态势，但是波动幅度不大，2008年降至0.0746，比2004年降低了8.87%；第三阶段为2008—2015年，该阶段整体呈现波动上升态势，其间只有2010年和2011年出现微弱降幅，其他年份均有不同程度的涨幅，至2015年上升到考察期内最高值0.1054，比2008年提高了41.23%。（2）考察期内东部地区“两型农业”全要素生产率的σ指标值演变趋势同全国范围的基本一致，也可分为三个阶段：第一阶段为1998—2004年，从1998年的0.0143上升至2004年的0.1191，并达到考察期内最高值，其间仅有2000年出现降幅；第二阶段为2004—2008年，该阶段呈现显著的持续下降趋势，从2004年的0.1191持续下降到2008年的0.0901，与2004年相比，2008年出现了24.35%的降幅；第三阶段为2008—2015年，该阶段整体呈现波动上升态势，其间只有2010—2012年三个年份出现微弱降幅，其他年份均有不同程度的涨幅，2015年上升至0.1172，比2008年提高了30.14%。（3）考察期内中部地区“两型农业”全要素生产率的σ指标值一直在低位运行，由1998年的0.0036上升到2001年的0.0157，然而这种上升趋势并未持续，2002年出现明显的下降，与2001年相比降幅高达52.93%；2003—2015年，中部地区“两型农业”全要素生产率的σ指标值呈现波动上升态势，并于2015年达到考察期内最高值0.0184。（4）考察期内西部地区“两型农业”全要素生产率的σ指标值的演变过程大致分为三个阶段：第一阶段为1998—2009年，从1998年的0.0090波动上升至2009年的0.0284，其间仅有2000年和2002年出现微弱降幅；第二阶段为2009—2012年，该阶段呈现持续下降趋势，2012年降至0.0236，比2009年降低了17.06%；第三阶段为2012—2015年，该阶段呈现显著的持续上升态势，至2015年上升到考察期内最高值0.0381，比2012年提高了61.50%。

2. 绝对β收敛检验

本书利用OLS估计法对式（6.8）进行估计，估计结果见表6.3。如表6.3所示，全国范围和东部地区的初始条件变量（$\ln MML_{i,0}$）的系数均不显著为正，说明全国范围和东部地区的"两型农业"全要素生产率具有发散的趋势，但是该趋势不显著。另外，中部地区和西部地区的初始条件变量（$\ln MML_{i,0}$）的系数均不显著为负，说明中西部地区的"两型农业"全要素生产率具有收敛的趋势，但是该趋势亦不显著。总体来看，无论全国范围还是东中西部地区的"两型农业"全要素生产率均未发现显著的绝对β收敛的证据，该结论与前文σ收敛检验结果相吻合。

表6.3　"两型农业" 全要素生产率绝对β收敛检验结果

参数	全国	东部	中部	西部
β	0.0538 (1.6465)	0.0289 (0.7951)	-0.0819 (-0.7371)	-0.0541 (-0.9278)
常数项	0.0093*** (11.2736)	0.0135*** (9.3989)	0.0083*** (13.5118)	0.0073*** (10.3699)
R^2	0.0883	0.0656	0.0830	0.0873

注：***表示在1%水平显著；括号内为t统计量，下同。

3. 条件β收敛检验

本书利用面板数据双向固定效应估计法对式（6.9）进行估计，估计结果见表6.4。如表6.4所示，对于全国范围来说，初始条件变量（$\ln MML_{i,t-1}$）的系数为-0.1588，并且在1%的显著性水平上显著，说明全国范围内离自身稳态值越远的省份的"两型农业"全要素生产率增长速度越快，即全国范围的"两型农业"全要素生产率存在显著的条件β收敛。此外，东中西部地区的初始条件变量($\ln MML_{i,t-1}$)的系数均在1%的显著性水平上显著为负，说明东中西部地区的“两型农业”全要素生产率均存在显著的条件β收敛。总体来看，无论全国范围还是东中西部地区的“两型农业”全要素生产率随着时间的推移均朝各自的稳态均衡水平收敛。

表6.4　“两型农业”全要素生产率条件β收敛检验结果

参数	全国	东部	中部	西部
β	-0.1588*** (-6.6874)	-0.2030*** (-4.3300)	-0.2460*** (-3.6027)	-0.0835*** (-2.0976)
常数项	0.0332*** (8.6117)	0.0591*** (5.5860)	0.0351*** (4.2253)	0.0147*** (3.3612)
R^2	0.2169	0.2672	0.4292	0.2410

三　本章小结

本章测度和分解了“两型农业”全要素生产率增长的区域差异，实证检验了“两型农业”全要素生产率增长的收敛性质。首先，鉴于Dagum基尼系数的优良特性，本章采用Dagum基尼系数方法对中国“两型农业”全要素生产率增长的总体差异、区域内差异、区域间差异以及“两型农业”全要素生产率增长的差异来源及其贡献率进行了测度。此外，为进一步探究“两型农业”全要素生产率增长的区域差异随着时间推移的动态变化趋势，本章对“两型农业”全要素生产率增长的σ收敛、绝对β收敛和条件β收敛进行了实证检验。

第七章 “两型农业”全要素生产率增长的驱动机制分析

前文探讨了中国“两型农业”全要素生产率增长的区域差异特征与收敛机制，但是未对形成这种特征和机制的原因进行分析。为此，本章将通过动态面板回归模型以及面板门槛模型对“两型农业”全要素生产率增长的驱动因素进行多维度的实证检验，以期发现影响“两型农业”全要素生产率增长的内在机理。

一 理论分析框架

传统农业增长主要依靠农业生产要素的投入推动，土地、劳动力等要素投入的增加是传统农业增长的主要源泉。[①] 近年来，中国农业生产要素成本不断攀升，农业立体式污染加剧，传统农业比较优势逐渐削弱，迫切需要推进农业转型发展和农业生态文明建设，而提高农业全要素生产率则是转型发展的关键。[②] 在面临高效、清洁、低碳、绿色发展的现实需求下，需要寻找能够推动传统农业发展方式向现代“两型农业”转型升级的新引擎，即不断提高“两型农业”全要素生产率，并使其成为“两型农业”增长的主要贡献力量。“两型农业”全要素生产率衡量了剔除全部有形物质要素（劳动力、土地、资本

① 刘丽伟：《发达国家农业信息化促进农业经济增长作用研究》，《世界农业》2009 年第 11 期。

② 刘志彪：《提升生产率：新常态下经济转型升级的目标与关键措施》，《审计与经济研究》2015 年第 4 期。

等）对农业产出增加贡献后的“余值”，生产要素除了全部有形的物质要素外，还包括技术的创新、效率的提升、工艺的改善、生产要素的优化配置、劳动者生产积极性的提高以及来自制度和政策的“红利”等，甚至包括观念的差异等社会因素对生产活动的影响。可见，“两型农业”全要素生产率受多种因素的综合影响，然而鉴于本书的目的以及数据的可获得性，本书主要关注工业化、城镇化、农业经济增长、自然环境、农业种植结构、财政支农力度、农业信息化以及农村人力资本等因素对“两型农业”全要素生产率的影响。

（一）工业化

工业化是工业在国民生产总值中的比重上升所引致的产业结构和就业结构变化的过程，经济结构变动是工业化最直接的结果。工业化对“两型农业”全要素生产率的影响主要通过产业结构变化和就业结构变化这两个基本因素发生作用。产业结构和就业结构的变化影响农户生产决策的变化，从而导致农户对农业生产投入要素安排发生改变。工业化对“两型农业”全要素生产率的影响从理论上存在促进和抑制双重作用。

工业化对“两型农业”全要素生产率增长的促进作用。工业化为现代农业发展提供技术装备，为实现农业机械化、化学化、电气化、良种化等创造条件，提高现代农业投入要素的数量和质量，推动农业科技进步，促进“两型农业”全要素生产率的提高；工业化为农业发展提供市场机制方面的保障，工业化过程中的科学管理理念、市场机制变化与创新等，对农业生产管理、生产方式变革等产生影响，使农业产前、产中、产后环节联系更加紧密，提高现代农业的综合效益；工业化能够带动农产品数量和质量需求的变化，刺激现代农业生产结构优化和农业增长方式的变化，最终促进“两型农业”全要素生产率的提高；此外，工业化还能够加快农村剩余劳动力的转移，促进农业规模经营，提高现代农业生产率。

工业化对“两型农业”全要素生产率增长的抑制作用。在工业化进程中，工业的快速发展不可避免发生工业占用耕地，工业与农业争地的现象，严重影响了现代农业发展的规模经营；片面的工业化战略可能带来资源的损耗和环境的负外部性效应，同时由于制度和技术的变化一般滞后于资源禀赋的变化，这种状况的恶化，可能会威胁到现代农业生产，例如工业化产生的废气、废渣、废水等，没有经过无害化处理，对农地、农业灌溉用水等造成污染，导致农业生产环境的恶化，造成农业产量下降、农产品质量降低和食品安全等诸多负面影响；工业化引致产业结构的变化，如重化工业的加速发展，造成资源和能源的紧张，可能挤占农业发展所需资金，削弱农业进行技术革新和规模扩张的能力，增加农业生产成本，压缩农民增收空间，挫伤农民的生产积极性；按照经济规律，农村劳动力通过市场机制配置到能够产生较大效益的工业等其他产业就业，工业化引致农村劳动力的流出和转移，一方面使得农村劳动力数量减少，可能造成农村劳动力的短缺，导致农业用工成本上升，同时一般率先从农业转移到工业的劳动力，往往是能力和素质均较高的劳动力，优质农村劳动力的流失对“两型农业”全要素生产率的提高非常不利。综上，工业化对“两型农业”全要素生产率的影响方向不确定，最终的综合影响要视工业化发展阶段、发展水平等情况而定。

（二）城镇化

城镇化是工业化进程中随着科技进步、产业结构升级变迁，农业人口转化为非农业人口，农业活动转化为非农业活动的过程。城镇化对“两型农业”全要素生产率的影响是一把“双刃剑”，城镇化进程在促进“两型农业”全要素生产率增长的同时也会产生抑制“两型农业”全要素生产率增长的作用。城镇化对“两型农业”全要素生产率的积极作用主要通过以下三种途径实现。第一，根据刘易斯二元经济模型，在发展中国家的二元经济结构中，即使农业的边际生产率不为零，只要工业工资略高于生存工资，也会有大量劳动力从农村转移，直到出现“刘易斯拐点”。城镇化通过城乡人口的一增一减对“两型农业”全要素生产率产生影响。一方面，城镇化吸引大量农村剩余劳动力向城镇转移，城镇人口的增加将带来农产品需求的扩大，增加农民生产积极性，最终改善农业全要素生产率；同时农业人口减少将促进农村土地的相对集中，推进农业规模经营，从而产生规模效应，促进“两型农业”全要素生产率的提高。同时在一部分农村劳动力流出后，其余从事农业生产的劳动力“内卷化”状态得以突破，其边际生产率会提高。第二，随着城镇化的发展，居民收入水平将不断提高，居民食物消费结构也将持续升级，出现谷物类食品消费趋减，而畜类、水产品等消费趋增态势，从而促使农业产业布局更偏向优质、高效的经济作物和农副产品，农业生产效率得到提升。第三，城镇化发展伴随社会资本不断积累，社会资本开始不断进入农业领域，会产生越来越多的为农业生产与市场搭桥的农产品加工业，为农业产前、产中、产后提供专业化的服务组织也会大量出现，从而为进一步促进农业产业规模化和商品化发展，提高“两型农业”全要素生产率创造条件。然而城镇化对“两型农业”全要素生产率的影响并非都是积极的，如若城镇化进程中出现不科学或不合理的政策措施，将导致农户对生产要素配置的扭曲，最终降低“两型农业”全要素生产率。①

城镇化对“两型农业”全要素生产率增长的负面影响通常是间接的，城镇化导致农村耕地面积减少、农村资源流失、农村青壮年劳动力转移、农村生态环境恶化等问题，从而对“两型农业”全要素生产率的增长产生不利影响。具体来看，城镇化的快速发展对土地与人力资源的需求增加，大批的耕地被征用、大量的青壮年劳动力进城务工，导致部分耕地荒芜、无人耕种、农业生产条件不断恶化，加剧了农村耕地资源与人力资源的流失，对“两型农业”全要素生产率的增长不利；随着城镇化的推进，工业废弃物和城镇居民生活污染物也随之增加，农业资源环境压力加剧，例如，城镇生活垃圾焚烧残渣、汽车尾气沉降、生活污水、纸浆的漂白水任意排放等行为，造成有毒有害物质进入土壤，破坏自然动态平衡，使污染物的积累过程逐渐占据优势，从而导致土壤自然正常功能失调，土壤质量下降，并影响到作物的生长发育，导致产量和质量下降，甚至出现“有毒”农产品，这

---

① 程琳琳、张俊飚、何可：《多尺度城镇化对农业碳生产率的影响及其区域分异特征研究——基于 SFA、E 指数与 SDM 的实证》，《中南大学学报》（社会科学版）2018 年第 5 期。

些因素均制约了“两型农业”全要素生产率的提升。

（三）农业经济增长

农业经济增长为“两型农业”全要素生产率增长提供物质条件。农业经济增长可通过增加农业基础设施资本存量来促进“两型农业”全要素生产率提升。农业基础设施资本存量的增加能够使相同产出所需的私人要素投入减少，或等量要素投入能获得更多的产出，从而促进生产者降低投入、增加单产，最终提升“两型农业”全要素生产率。[①] 具体来说，一方面，农业经济增长通过改变农业中间品的配置状况，即通过优化生产要素的投入结构带动“两型农业”全要素生产率提升；另一方面，具有公共投入性质的农业基础设施投入对私人投入具有替代效应，能促进私人投入全要素生产率的提高。[②] 另外，农业经济增长通常还能够提高农民收入水平，从而最终促进“两型农业”全要素生产率的增长。一方面，区域农业经济增长水平的提高意味着农民收入水平及购买力的提高，收入水平和购买力的提高将会对农产品需求的数量和质量提出更高要求，从而刺激农业生产结构优化，促使农业提高技术创新能力，最终促进“两型农业”全要素生产率增长；另一方面，农民收入水平的提高可能促使农户家庭农业生产要素投入结构安排的变化，如使用更多的机械替代体力劳动，从而提升农业生产效率，甚至有可能促进部分农民的“非农化”转移，将土地流转给专业大户或规模经营主体，促进农业经营的规模化、专业化，从而提升“两型农业”全要素生产率。

农业经济增长水平除了对“两型农业”全要素生产率增长具有积极促进作用之外，还可能对“两型农业”全要素生产率增长产生负面影响。一方面，农业经济增长水平的提升可能导致农业碳排放和农业面源污染物等非期望产出的增加，从而制约“两型农业”全要素生产率增长。农业经济增长是以消耗较多自然资源和增加农业污染排放为

---

① Mamatzakis, E. C., “Public Infrastructure and Productivity Growth in Greek Agriculture”, *Agricultural Economics*, Vol. 29, 2003.

② 朱晶、晋乐：《农业基础设施、粮食生产成本与国际竞争力——基于全要素生产率的实证检验》，《农业技术经济》2017 年第 10 期。

代价，还是以保护生态环境为基础的农业经济增长，这两种不同的增长模式将对“两型农业”全要素生产率产生不同影响。总体上，农业经济增长水平与“两型农业”全要素生产率的关系是一个动态变化过程，将随着农业经济发展阶段不同而呈现出不同的耦合特征。同时，“两型农业”全要素生产率的提高对农业经济增长还具有反向作用，即不仅农业经济增长水平会对“两型农业”全要素生产率产生影响，而且“两型农业”全要素生产率的提高也可能会对农业经济增长产生促进作用。①

（四）自然环境

农业是对气候变化最敏感、最脆弱的产业。农业生产对自然环境有很强的依赖性，自然环境对农业生产经营活动有重要的影响和制约作用。一般而言，良好的自然环境一方面可减少人工灌溉，降低化肥和农药等化学品生产要素的投入，节约农业生产资源，另一方面还有助于农作物的正常生长，提高单产，提高“两型农业”全要素生产率。而农业自然环境的恶化则会对农业生产造成不利影响。农业自然灾害通过影响农业单产、农业有效利用面积等来影响农业产量，比如旱、涝等自然灾害的频发会导致农作物病虫害、牲畜疫病防控等难度的增加，继而导致化肥和农药等化学品投入的增加，最终制约“两型农业”全要素生产率的增长。研究证实农业自然灾害对粮食综合生产能力的稳定性、粮食产量的波动、粮食价格波动影响显著。② 我国地域辽阔，有着各种灾害发生的自然条件，农业灾害类型多样，涵盖了洪涝、干旱、风灾、沙尘暴、冻害、地震以及生物灾害等多种形式，自然灾害对“两型农业”全要素生产率的影响不容忽视。

（五）农业种植结构

一般而言，农业种植结构往往与土壤、气候等条件有关，在适宜

---

① 在后续的实证分析中，本书通过一阶差分广义矩估计法和系统广义矩估计法尝试解决“两型农业”全要素生产率与农业经济增长水平之间由于存在互为因果关系而导致的模型内生性问题。

② 马九杰、崔卫杰、朱信凯：《农业自然灾害风险对粮食综合生产能力的影响分析》，《农业经济问题》2005 年第 4 期。

的土壤与气候等条件下的农业种植结构调整是理性生产者根据比较收益原则做出的理性选择，但种植结构的调整又不完全由微观农业主体决定，往往受政策的影响。在土地有限的条件下，经济作物和其他作物与粮食作物存在“与粮争地”的可能，先天的自然禀赋决定了土地密集型的大宗农产品在我国并不具备比较优势，但我国为确保粮食安全，在农业种植结构调整中强调不能触及中央粮食安全政策的底线，将保障粮食自给率作为我国农业政策的重点。这种农业结构调整政策有可能使整个种植结构偏离比较优势，最终对“两型农业”全要素生产率产生负面影响。[①] 本书将使用粮食作物播种面积与农作物总播种面积比值表示农业种植结构，用来测量农业种植结构是否朝着比较优势的方向发展。

（六）财政支农力度

农业的弱质性及农业劣质生产要素改造的准公共产品性质，成为农业领域政府调控，弥补市场缺陷的重要原因。财政支农是世界各国农业政策中常用的支农手段。财政支农政策主要通过影响农业生产者的经营行为作用于农业生产。在财政支农政策对农民行为影响的作用渠道畅通的前提下，财政支农政策的出台和变化会影响到农民种植规模、种植结构、精细度安排等方面的生产经营决策，使得财政支农政策影响到农业生产，进而影响“两型农业”全要素生产率。具体来看，财政支农政策对农业生产率的影响主要有两方面：一方面，财政支农通过教育培训、土地改良等措施改善劳动、土地等单个要素的产出效率；另一方面，通过加大对农业科研、农业技术推广等途径，提高农业全要素生产率。理论上，较高的农业财政支出可能会加大对农业科研、农业技术推广的投入，有利于农业生产条件的改善，有助于农业技术进步，对“两型农业”全要素生产率的提升有积极作用。但财政支农政策对“两型农业”全要素生产率的最终影响还与财政支农规模、财政支农结构以及财政支农方式等息息相关，当财政支农规模

---

① 李谷成：《基于转型视角的中国农业生产率研究》，博士学位论文，华中农业大学，2008 年。

过小，财政支农支出结构、支出方式不合理，则有可能对“两型农业”全要素生产率的提升产生负面影响。具体来说：（1）在劳动力存在逆向淘汰前提下，政府提高农业财政补贴力度，势必导致农业发展陷入低效率均衡陷阱，不利于“两型农业”全要素生产率增长[①]；（2）如果财政支农支出结构不合理，财政支农资金使用不当，将制约“两型农业”全要素生产率提升。比如，财政支农资金如果偏向于农药、化肥的购置和补贴，将导致农业环境污染加剧，并且不利于农业产业结构调整；（3）如果财政支农采用粮食直补的形式，那么在劳动力流动存在逆向淘汰的情景下，单纯的财政补贴极有可能演变为阻碍部分农民采用新技术、新品种的因素，不利于“两型农业”全要素生产率的提升。鉴于财政支农政策对“两型农业”全要素生产率的影响受支出规模、支出结构和支出方式等因素的制约，因此财政支农政策最终能否促进“两型农业”全要素生产率的提升，还有待于实证检验。

（七）农业信息化

信息化是全球经济发展的主要动力，作为农业现代化的前提和基础，农业信息化从多个层面影响“两型农业”全要素生产率增长。[②]首先，农业信息化能够优化农业资源配置，提高农业资源利用效率。将3S空间技术、云计算技术和物联网技术等现代信息技术与农业生产经营活动相结合，将会实现对土地和劳动等各种农业生产要素的智能化控制、科学化管理以及数字化设计，有利于优化配置各种农业生产要素，提高农业生产效率。[③] 其次，有利于降低交易成本，提高农产品流通效率。农业信息化实现了农业信息资源共享，农户通过电子商务平台可以快捷方便地搜寻农产品的供应和销售等信息，大大降低

---

① 刘祚祥、孙良媛：《逆向淘汰、财政补贴与农业的低效率发展——基于湘北农村的调查研究》，《财贸研究》2006年第5期。

② 于淑敏、朱玉春：《农业信息化水平的测度及其与农业全要素生产率的关系》，《山东农业大学学报》（社会科学版）2011年第3期。

③ 王勇：《河南省农业信息化水平评价与提升对策研究》，博士学位论文，河南农业大学，2013年。

了农户的信息搜寻成本，有效缓解了农业生产与服务过程中的信息不完全和信息不对称问题，实现了农业生产与农业市场的有效对接[①]；此外，通过农业信息技术可以将农业生产过程中的产前、产中和产后各环节有效衔接，协调了农业生产和消费的动态关系，减少了农业流通环节，农户甚至可以通过电子商务平台直接与市场对接，大大提高了农产品的流通效率。最后，有利于农业技术的传播和推广。各种农业技术和农业科学知识通过信息网络平台，可以跨时间和跨空间传播，农户也能够低成本地接受和学习这些农业技术和农业科学知识。

（八）农村人力资本

新经济增长理论认为人力资本是提高全要素生产率增长的动力之一，并能带动经济的持续增长。一般而言，教育是人力资本形成的最重要途径之一，教育所扮演的角色并不仅局限于创造更好的技能和技术对全要素生产率增长产生直接贡献。一个更为基本的作用是它通过改善人们的知识，从自身立场提高到一个更广阔的国家和国际宏观视角，来转换文化或人们的价值体系，即教育的“外部性”效应。先进农业技术的推广和应用，需要具备一定知识储备和学习新知识、新技术的农民，所以教育对农业技术进步及农业发展尤为重要。研究表明，教育可通过增加接受新技术的能力、提高对新技术的接受意愿等方式促进农业全要素生产率的提高。Schultz（1964）认为，通过对农民进行人力资本投资可以显著促进农业全要素生产率的提升。[②] 李谷成（2008）实证检验了农村人力资本对农业全要素生产率的促进作用。[③] 传统农业发展中实物资本的积累与投入通常受到重视，而人力资本投资则相对重视不足。事实上，人力资本和实物资本之间具有互补性，除非有平行增长的人力资本提供支持，否则实物资本的积累必将面临回报率的大幅下降；人力资本除非与实物资本恰当结合，否则

---

① 赵罡：《吉林省农业信息化研究》，博士学位论文，吉林大学，2008 年。

② Schultz, T. W., *Transforming Traditional Agriculture*, New Haven CT: Yale University Press, 1964.

③ 李谷成：《基于转型视角的中国农业生产率研究》，博士学位论文，华中农业大学，2008 年。

通过教育获得的技能和知识对生产增长的贡献将十分有限。[1] 由此可见，提高"两型农业"全要素生产率，不仅要关注实物资本的"显性"配置效率，更要注重人力资本对"两型农业"全要素生产率的"隐性"作用，即要捕捉农村人力资本的"外部性"效应。本书认为农村人力资本并非直接对"两型农业"全要素生产率产生作用，而是通过其"正外部性"效应间接影响"两型农业"全要素生产率，具体来说，本书主要关注农业信息化在促进"两型农业"全要素生产率增长的过程中农村人力资本所起的作用，本书认为农业信息化对"两型农业"全要素生产率的影响要受到农村人力资本水平的制约，即当农户拥有较高水平的人力资本时，其能够更有效地学习、使用和传播先进的农业信息技术，从而促进"两型农业"全要素生产率增长；反之，当农户拥有的人力资本水平较低时，其使用农业信息资源以及农业信息技术的能力通常会较弱，从而影响了农业信息化功能的正常发挥，最终制约了"两型农业"全要素生产率增长。

二　"两型农业"全要素生产率增长的影响因素：基于动态效应分析

（一）动态面板回归模型

本书使用面板数据模型对"两型农业"全要素生产率增长的影响因素进行分析。初步构建的计量模型为：

$$\ln MML_{i,t}^{a} = \alpha + \beta_1 \ln agri_{i,t} + \beta_2 \ln nature_{i,t} + \beta_3 \ln struc_{i,t} + \beta_4 \ln city_{i,t} + \beta_5 \ln indus_{i,t} + \beta_6 \ln fina_{i,t} + u_i + \varepsilon_{i,t} \quad (7.1)$$

其中，ln 表示取自然对数；$i=1, 2, \cdots, 30$ 和 $t=1998, 1999, \cdots, 2015$ 分别表示全国样本中的省份和时间维度；u_i 表示 i 省份影响"两型农业"全要素生产率增长的固定效应；ε 为随机干扰项；β 为待估参

[1] Lucas, Robert E., "On the Mechanics of Economic Development", *Journal of Monetary Economics*, Vol. 22, No. 1, 1988.

数；MML 为“两型农业”全要素生产率指数，上标 a 表示对其取累积值；$agri$ 为农业经济增长水平，用人均农业 GDP 表示；$nature$ 为受灾率，用受灾面积与农作物总播种面积的比值表示；$struc$ 为种植业结构，用粮食播种面积与农作物总播种面积的比值表示；$city$ 为城镇化水平，用城镇人口占总人口的比重表示；$indus$ 为工业化水平，用工业总产值占国民生产总值的比重表示；$fina$ 为财政支农力度，用农业财政支出占总财政支出的比重表示。

需要说明的是，由于“两型农业”全要素生产率增长具有惯性，其前期增长情况可能会影响当期增长情况，因此为了防止出现计量模型的设定偏误，本书按照肖兴志和李少林（2013）的思路将被解释变量的滞后项作为解释变量纳入模型中①，从而将式（7.1）拓展为动态面板模型，其数学表达式为：

$$\ln MML^a_{i,t} = \alpha + \beta_0 \ln MML^a_{i,t-1} + \beta_1 \ln agri_{i,t} + \beta_2 \ln nature_{i,t} + \beta_3 \ln struc_{i,t} + \beta_4 \ln city_{i,t} + \beta_5 \ln indus_{i,t} + \beta_6 \ln fina_{i,t} + u_i + \varepsilon_{i,t} \quad (7.2)$$

其中，$\ln MML^a_{i,t-1}$ 为被解释变量的滞后一期，其他变量含义同式（7.1）。

由于动态面板模型（7.2）中含有被解释变量的滞后一期，因此可能存在内生性问题。另外，“两型农业”全要素生产率与农业经济增长水平之间可能存在互为因果关系，即不仅农业经济增长水平会对“两型农业”全要素生产率产生影响，而且“两型农业”全要素生产率的提高也会对农业经济增长产生促进作用，因此需要将农业经济增长水平的自然对数视为内生解释变量。为解决上述内生性问题，本书采用 Arellano 和 Bond（1991）② 以及 Arellano 和 Bover（1995）③ 先后提出的一阶差分广义矩估计法（DIF－GMM）和系统广义矩估计法

---

① 肖兴志、李少林：《环境规制对产业升级路径的动态影响研究》，《经济理论与经济管理》2013 年第 6 期。

② Arellano, M., Bond, S., "Some Tests of Specification for Panel Data: Monte Carlo Evidence and an Application to Employment Equations", *Review of Economic Studies*, Vol. 58, No. 2, 1991.

③ Arellano, M., Bover, O., "Another Look at the Instrumental Variable Estimation of Error－components Models", *Journal of Econometrics*, Vol. 68, No. 1, 1995.

(SYS - GMM) 分别对本书所构建的动态面板模型进行估计。

首先利用 DIF - GMM 方法对式(7.2)进行一阶差分处理从而去除个体效应 u_i 的影响,得到:

$$\Delta\ln MML_{i,t}^{a} = \beta_0 \Delta\ln MML_{i,t-1}^{a} + \beta_1 \Delta\ln agri_{i,t} + \beta_2 \Delta\ln nature_{i,t} + \beta_3 \Delta\ln struc_{i,t} + \beta_4 \Delta\ln city_{i,t} + \beta_5 \Delta\ln indus_{i,t} + \beta_6 \Delta\ln fina_{i,t} + \Delta\varepsilon_{i,t} \tag{7.3}$$

根据式(7.2)和式(7.3)可知,由于 $\ln MML_{i,t-1}^{a}$ 与 $\varepsilon_{i,t-1}$ 相关,因此被解释变量的滞后一期差分 $\Delta\ln MML_{i,t-1}^{a} = \ln MML_{i,t-1}^{a} - \ln MML_{i,t-2}^{a}$ 与随机干扰项差分 $\Delta\varepsilon_{i,t} = \varepsilon_{i,t} - \varepsilon_{i,t-1}$ 具有相关性。可见,被解释变量的滞后一期差分 $\Delta\ln MML_{i,t-1}^{a}$ 仍然为内生变量。一个可行的方法是将 $\ln MML_{i,t-2}^{a}$ 作为 $\Delta\ln MML_{i,t-1}^{a}$ 的工具变量,因为 $\ln MML_{i,t-2}^{a}$ 既满足与 $\Delta\ln MML_{i,t-1}^{a}$ 相关(因为 $\Delta\ln MML_{i,t-1}^{a}$ 中含有 $\ln MML_{i,t-2}^{a}$)又满足与 $\Delta\varepsilon_{i,t}$ 不相关($\ln MML_{i,t-2}^{a}$ 仅依赖于 $\varepsilon_{i,t-2}$,当随机干扰项不存在序列自相关时,$\varepsilon_{i,t-2}$ 与 $\varepsilon_{i,t}$、$\varepsilon_{i,t-1}$ 均不相关,故 $\ln MML_{i,t-2}^{a}$ 与依赖于 $\varepsilon_{i,t}$ 和 $\varepsilon_{i,t-1}$ 的随机干扰项差分 $\Delta\varepsilon_{i,t}$ 也不相关)的两个条件。[①] 需要说明的是,$\ln MML_{i,t-2}^{a}$ 和更高阶的滞后变量 $\ln MML_{i,t-s}^{a}(s \geqslant 2)$ 均可作为有效工具变量。即,当 $t=3$, 4, …, $T(T=2015)$ 时,可分别选取 $\ln MML_{i,1}^{a}$, $(\ln MML_{i,1}^{a}, \ln MML_{i,2}^{a})$, …, $(\ln MML_{i,1}^{a}, \ln MML_{i,2}^{a}, \cdots, \ln MML_{i,T-2}^{a})$ 作为工具变量,此时共有 $(T-1)(T-2)/2$ 个工具变量,其矩条件为[②]:

$$E(Z_{di}\Delta\varepsilon_{i,t}) = 0 \tag{7.4}$$

其中 Z_{di} 为:

$$Z_{di} = \begin{bmatrix} [\ln MML_{i,t-1}^{a}] & 0 & \cdots & 0 \\ 0 & [\ln MML_{i,1}^{a}, \ln MML_{i,2}^{a}] & \cdots & 0 \\ \vdots & \cdots & \ddots & 0 \\ 0 & 0 & \cdots & [\ln MML_{i,1}^{a}, \cdots, \ln MML_{i,T-2}^{a}] \end{bmatrix} \tag{7.5}$$

① 赵云鹏、叶娇:《对外直接投资对中国产业结构影响研究》,《数量经济技术经济研究》2018 年第 3 期。

② 王宗赐、韩伯棠、钟之阳:《技术寻求型 FDI 及其反向溢出效应研究》,《科学学与科学技术管理》2011 年第 2 期。

根据矩条件（7.4）即可得到系数 β_0 的 DIF－GMM 估计的一致估计量。

虽然 DIF－GMM 方法能够解决动态面板模型中的内生性问题，但是该方法通常存在严重的小样本偏误问题。为此，Arellano 和 Bover（1995）在 DIF－GMM 方法的基础上，提出了 SYS－GMM 方法，从而有效解决了小样本偏误问题。该方法的主要思路为：对于水平方程式（7.2）来说，当 $t=3, 4, \cdots, T(T=2015)$ 时，分别以 $\Delta\ln MML_{i,2}^{a}$，$\Delta\ln MML_{i,3}^{a}$，…，$\Delta\ln MML_{i,T-1}^{a}$ 作为工具变量，其对应的矩条件为：

$$E(\Delta\ln MML_{i,t-1}^{a}\Delta\varepsilon_{i,t})=0 \tag{7.6}$$

对于差分方程式（7.3）来说，当 $t=3, 4, \cdots, T(T=2015)$ 时，分别以 $\ln MML_{i,1}^{a}$，$(\ln MML_{i,1}^{a}, \ln MML_{i,2}^{a})$，…，$(\ln MML_{i,1}^{a}, \ln MML_{i,2}^{a}, \cdots, \ln MML_{i,T-2}^{a})$ 作为工具变量，其对应的矩条件为式（7.4）。

根据矩条件（7.4）和（7.6），可得新的矩条件：

$$E(Z_{si}u_i^{+})=0 \tag{7.7}$$

其中，

$$Z_{si}=\begin{bmatrix} Z_{di} & 0 & \cdots & 0 \\ 0 & \ln MML_{i,2}^{a} & \cdots & 0 \\ \vdots & \cdots & \ddots & 0 \\ 0 & 0 & \cdots & \ln MML_{i,T}^{a} \end{bmatrix},$$

$$u_i^{+}=(\Delta\varepsilon_{i,3}, \cdots, \Delta\varepsilon_{i,T}, \varepsilon_{i,3}, \cdots, \varepsilon_{i,T}) \tag{7.8}$$

根据矩条件（7.7）即可得到系数 β_0 的 SYS－GMM 估计的一致估计量。

（二）数据来源

被解释变量采用考虑技术差距的“两型农业”*MML* 生产率指数，其值由前文计算所得。① 对于其他解释变量来说，农业经济增长水平数据来源于 1999—2016 年的《中国统计年鉴》②，并去除了价格因素的影响；用于计算受灾率的受灾面积与农作物总播种面积两个变量的

① 如无特殊说明，本章均取考虑技术差距的“两型农业”*MML* 生产率指数的累积值。

② 相关统计年鉴中的数据统计的均是上一年的数据。

数据来源于1999—2016年的《中国农村统计年鉴》，其中上海部分年份的受灾面积数据缺失，用缺失年份的相邻两年数据的平均值代替；用于计算种植业结构的粮食播种面积与农作物总播种面积两个变量的数据来源于1999—2016年的《中国农村统计年鉴》；用于计算城镇化水平的城镇人口和总人口两个变量的数据来源于《新中国60年统计资料汇编》和部分年份的《中国统计年鉴》，其中缺失值比较严重的陕西和四川两个省份的数据分别来源于《陕西统计年鉴2016》和《四川统计年鉴2016》；用于计算工业化水平的工业总产值和国民生产总值两个变量的数据来源于1999—2016年的《中国统计年鉴》；用于计算财政支农力度的农业财政支出和总财政支出两个变量的数据来源于《新中国60年统计资料汇编》和部分年份的《中国统计年鉴》。

（三）结果与分析

本书采用DIF－GMM方法和SYS－GMM方法处理模型（7.2）存在的内生性问题。另外，作为比较，本书同时也报告了混合OLS方法和固定效应方法的估计结果（见表7.1）。

表7.1中的DIF－GMM方法和SYS－GMM方法的AR（2）检验结果和Sargan检验结果表明，模型的误差项不存在二阶序列相关；模型所用工具变量均合理，不存在过度识别问题，可见DIF－GMM方法和SYS－GMM方法均可用于模型的估计。表7.1中列（1）和列（2）分别采用混合OLS方法和固定效应方法进行估计，列（3）和列（4）分别采用DIF－GMM方法和SYS－GMM方法进行估计。在动态面板回归模型中，被解释变量滞后一期的混合OLS估计量和固定效应估计量均是有偏的，并且分别上偏和下偏其真实值①，因此$\ln MML_{i,t-1}^{a}$的估计系数应位于（0.8515，0.9653）区间内。由表7.1可知，DIF－GMM方法估计的被解释变量滞后一期的系数值为0.8485，略微偏离了合理区间，可见DIF－GMM方法估计结果的稳定性较差。SYS－GMM方法估计的被解释变量滞后一期的系数值为0.9134，该值在合

① Bond, S. R., “Dynamic Panel Data Models: A Guide to Micro Data Methods and Practice”, *Portuguese Economic Journal*, Vol. 1, No. 2, 2002.

理区间内，可见 SYS - GMM 方法的估计结果是可靠的。另外，虽然 DIF - GMM 方法和 SYS - GMM 方法均能在一定程度上解决计量模型中存在的内生性问题，但是与 DIF - GMM 方法相比，SYS - GMM 方法能够克服小样本偏误问题，因此后续讨论中主要关注 SYS - GMM 方法的估计结果。

表 7.1　“两型农业”全要素生产率影响因素的动态面板回归模型估计结果

变量	混合 OLS	固定效应	DIF - GMM	SYS - GMM
	(1)	(2)	(3)	(4)
$\ln MML^{a}_{i,t-1}$	0.9653 *** (67.4098)	0.8515 *** (40.7328)	0.8485 *** (34.3437)	0.9134 *** (45.1147)
$\ln agri_{i,t}$	0.0061 *** (2.6386)	0.0214 *** (3.8079)	0.0359 *** (4.8069)	0.0247 *** (5.0955)
$\ln nature_{i,t}$	-0.0037 *** (-3.1976)	-0.0055 *** (-4.1473)	-0.0043 *** (-3.4551)	-0.0041 *** (-3.5456)
$\ln struc_{i,t}$	-0.0027 (-0.6333)	-0.0135 (-1.1683)	-0.0166 (-1.3223)	-0.0100 (-1.0768)
$\ln city_{i,t}$	-0.0044 (-1.2509)	-0.0168 ** (-2.2865)	-0.0335 *** (-3.4100)	-0.0149 ** (-2.1343)
$\ln indus_{i,t}$	-0.0100 ** (-2.3501)	-0.0046 (-0.5753)	0.0080 (0.8430)	-0.0001 (-0.0211)
$\ln fina_{i,t}$	-0.0015 (-0.8087)	0.0023 (0.7713)	-0.0015 (-0.5248)	-0.0080 *** (-3.5084)
Const.	-0.0198 ** (-2.3628)	-0.0404 ** (-2.1572)	-0.0781 *** (-3.1971)	-0.0688 *** (-4.2550)
Wald P 值	—	—	0.0000	0.0000
AR（2）P 值	—	—	0.8954	0.9258
Sargan P 值	—	—	1.0000	1.0000
观测值	510	510	480	510

注：***、** 分别表示在 1%、5% 水平显著；括号内为 t（或 z）的统计量。

根据表 7.1 中列（4）报告的估计结果，能够得出以下基本结论：（1）被解释变量滞后一期在 1% 的显著水平上显著为正，并且估计系数高达0.9134，说明“两型农业”全要素生产率增长具有较强的惯性，当期的增长情况依赖于前期的增长水平。(2) 农业经济增长水平自然对数的系数在1%的显著水平上显著为正，农业经济增长水平提高1%将导致“两型农业”全要素生产率提高2.47%。(3) 受灾率自然对数的系数在1%的显著水平上显著为负，受灾率提高1%将导致“两型农业”全要素生产率下降0.41%。农业属于天然弱质性产业，对自然环境的依赖性较大，抵御自然灾害的能力较弱，自然灾害一旦发生，将严重影响农业的正常生产。(4) 种植业结构自然对数的系数为-0.0100，但是未通过显著性检验。说明，种植业结构对“两型农业”全要素生产率具有一定的负向影响，但影响效应不显著。(5) 城镇化水平自然对数的系数在5%的显著水平上显著为负，城镇化水平提高1%将导致“两型农业”全要素生产率降低1.49%。城镇人口比重的增加，一方面，会扩大农产品需求，提升农产品价格，促进农民生产积极性，最终改善“两型农业”全要素生产率；另一方面，也会增加城市生活垃圾的排放，扩大生活垃圾向农村地区转移的风险，从而破坏农村地区生态环境，影响农业生产。另外，随着城镇化进程的推进，优质农村劳动力的转移也是阻碍“两型农业”全要素生产率提升的不容忽视的因素。可见，这正反两种力量此消彼长，并综合作用于“两型农业”全要素生产率。(6) 工业化水平自然对数的系数为-0.0001，但是未通过显著性检验。说明，工业化水平对“两型农业”全要素生产率具有一定的负向影响，但影响效应不显著。(7) 财政支农力度自然对数的系数在1%的显著水平上显著为负，财政支农力度提高1%将导致“两型农业”全要素生产率降低0.80%。沈能等 (2013)[①]、潘丹 (2014)[②]、洪开荣等 (2016)[③] 的研究均支

① 沈能、周晶晶、王群伟：《考虑技术差距的中国农业环境技术效率库兹涅茨曲线再估计：地理空间的视角》，《中国农村经济》2013年第12期。

② 潘丹：《基于资源环境约束视角的中国农业绿色生产率测算及其影响因素解析》，《统计与信息论坛》2014年第8期。

③ 洪开荣、陈诚、丰超等：《农业生态效率的时空差异及影响因素》，《华南农业大学学报》(社会科学版) 2016年第2期。

持了该结论。理论上，财政支农力度的加大能够促进农业发展，实证结果与理论预期不符的主要原因在于，长期以来我国财政支农效率低下，支出结构不合理。为了促进农业的短期快速发展，支农财政资金主要用于化肥、农药以及农业机械设备的购置和补贴，而忽视了从根本上制约“两型农业”全要素生产率提升的农业基础设施的建设和农业制度条件的完善。

三 “两型农业”全要素生产率增长的影响因素：基于门槛效应分析

由前文分析可知，理论上农业信息化对“两型农业”全要素生产率有重要影响。但是现有研究大多忽略了不同地区之间的农业资源禀赋差异，尤其是没有重视不同地区之间农业信息传播和农业技术应用主体，即农村人力资本的差异。因此，本书进一步探讨当农村人力资本水平大于或小于某门槛值时，农业信息化对“两型农业”全要素生产率增长的门槛效应。

（一）面板门槛模型

对于平衡面板数据集$\{y_{it},\ q_{it},\ x_{it}:\ 1\leqslant i\leqslant n,\ 1\leqslant t\leqslant T\}$①，其中$i$和$t$分别表示省份和时间，基于Hansen（1999）的研究，构造如下单一面板门槛模型②：

$$\begin{cases} y_{it}=u_i+\beta_1 x_{it}+\varepsilon_{it},\ q_{it}\leqslant\gamma \\ y_{it}=u_i+\beta_2 x_{it}+\varepsilon_{it},\ q_{it}>\gamma \end{cases} \tag{7.9}$$

其中，y_{it}表示被解释变量，x_{it}表示解释变量，β_1和β_2表示待估参数，q_{it}表示门槛变量，γ表示待估计的门槛值，u_i为个体固定效应，ε_{it}为随机扰动项。为便于分析，对式（7.9）进行变换：

① 面板门槛模型要求面板数据为平衡面板形式。

② Hansen, B. E., “Threshold Effects in Non - dynamic Panels: Estimation, Testing and Inference”, *Journal of Econometrics*, Vol. 93, No. 2, 1999.

$$y_{it}=u_i+\beta_1 x_{it}*I(q_{it}\leqslant\gamma)+\beta_2 x_{it}*I(q_{it}>\gamma)+\varepsilon_{it} \tag{7.10}$$

其中，$I(\cdot)$表示指示性函数，如果括号中的值为真则取值为1，否则取值为0，其余变量含义同式（7.9）。

与传统的分组检验中外生给定分组标准不同，面板门槛模型中的分组标准，即门槛变量γ是未知的，完全由样本数据内生决定。式（7.10）的矩阵形式为：

$$Y^*=X^*(\gamma)\beta+\varepsilon^* \tag{7.11}$$

对于某特定的门槛值γ，β的估计值为：

$$\hat{\beta}(\gamma)=\frac{X^*(\gamma)'Y^*}{[X^*(\gamma)'X^*(\gamma)]} \tag{7.12}$$

相应的残差向量为：

$$\hat{e}^*(\gamma)=Y^*-X^*(\gamma)\beta^*(\gamma) \tag{7.13}$$

残差平方和为：

$$S_1(\gamma)=\hat{e}^*(\gamma)'\hat{e}^*(\gamma) \tag{7.14}$$

当残差平方和$S_1(\gamma)$最小时，门槛变量为最优门槛值$\hat{\gamma}$，即$\hat{\gamma}=argminS_1(\gamma)$。当最优门槛值$\hat{\gamma}$确定之后，即可得到$\hat{\beta}=\hat{\beta}(\hat{\gamma})$，$\hat{e}^*=\hat{e}^*(\hat{\gamma})$以及残差的方差：

$$\hat{\sigma}^2(\hat{\gamma})=\frac{1}{n(T-1)}\hat{e}^{*\prime}\hat{e}^*=\frac{1}{n(T-1)}S_1(\hat{\gamma}) \tag{7.15}$$

最优门槛值以及相关参数均确定之后，还要进行两个检验，即检验门槛效应是否显著以及检验门槛估计值是否等于其真实值。对于第一个检验，需要构造LM统计量：

$$F_1=\frac{S_0-S_1(\hat{\gamma})}{\hat{\sigma}^2}=\frac{S_0-S_1(\hat{\gamma})}{S_1(\hat{\gamma})/n(T-1)} \tag{7.16}$$

其中，S_0为不存在门槛效应时的残差平方和，$S_1(\hat{\gamma})$为存在门槛效应时的残差平方和。

对于上述第二个检验，需要构造LR统计量：

$$LR_1(\gamma)=\frac{S_1(\gamma)-S_1(\hat{\gamma})}{\hat{\sigma}^2} \tag{7.17}$$

上述的模型构建和相关检验均是针对单一面板门槛模型，但是在研究现实问题时，可能会遇到多个门槛的情况，以两个门槛为例，双重面板门槛模型可定义为：

$$y_{it}=u_i+\beta_1 x_{it}*I(q_{it}\leq\gamma_1)+\beta_2 x_{it}*I(\gamma_1<q_{it}\leq\gamma_2)+\beta_3 x_{it}*I(q_{it}>\gamma_2)+\varepsilon_{it} \quad (7.18)$$

其中，γ_1 和 γ_2 为两个门槛值，并且有 $\gamma_1<\gamma_2$，其他变量含义同式(7.10)。

本书在双重面板门槛模型（7.18）的基础之上，构建以“两型农业”全要素生产率和农业信息化分别为被解释变量和解释变量，以农村人力资本为门槛变量的双重面板门槛模型，以探讨农业信息化对“两型农业”全要素生产率增长的门槛效应，具体的模型为：

$$\begin{aligned}\ln MML_{i,t}^{a}=u_i&+\beta_1\ln info_{it}*I(\ln huma_{it}\leq\gamma_1)+\beta_2\ln info_{it}*I\\&(\gamma_1<\ln huma_{it}\leq\gamma_2)+\beta_3\ln info_{it}*I(\ln huma_{it}>\gamma_2)+\\&\beta_4\ln agri_{i,t}+\beta_5\ln nature_{i,t}+\beta_6\ln struc_{i,t}+\\&\beta_7\ln city_{i,t}+\beta_8\ln indus_{i,t}+\beta_9\ln fina_{i,t}+\varepsilon_{it}\end{aligned} \quad (7.19)$$

其中，ln 表示取自然对数；$MML_{i,t}^{a}$表示“两型农业”全要素生产率的累积值；$info_{it}$表示农业信息化水平，作为核心解释变量，也称为门槛依赖变量；$huma_{it}$表示农村人力资本水平，作为门槛变量；γ_1 和 γ_2 表示两个门槛值；*agri* 为农业经济增长水平，用人均农业 GDP 表示；*nature* 为受灾率，用受灾面积与农作物总播种面积的比值表示；*struc* 为种植业结构，用粮食播种面积与农作物总播种面积的比值表示；*city* 为城镇化水平，用城镇人口占总人口的比重表示；*indus* 为工业化水平，用工业总产值占国民生产总值的比重表示；*fina* 为财政支农力度，用农业财政支出占总财政支出的比重表示。

（二）变量和数据说明

模型（7.19）中的作为门槛依赖变量的农业信息化水平以及作为门槛变量的农村人力资本均无法从政府公开的统计数据中直接获取，因此这两个变量均需要测度。

1. 农业信息化水平

对农业信息化水平进行测度的一个基本前提就是选择合适的指标，构建综合评价指标体系，然后再利用合适的综合评价方法对其进行综合评价。

根据农业信息化评价指标体系构建原则，并且考虑数据的可获得性因素，本书构建的农业信息化评价指标体系包括以下指标：农村居民家庭每百户移动电话拥有量（部）、农村居民家庭每百户彩色电视机拥有量（部）、农村居民家庭每百户家用计算机拥有量（台）以及人均农村投递路线总长度（公里/人）。

鉴于“纵横向”拉开档次法能够同时将被评价对象在“纵向”和“横向”两个维度进行动态综合评价，从而使基于面板数据集的被评价对象具有“纵向”和“横向”的可比性。① 因此，本书在构建农业信息化评价指标体系的基础上，利用“纵横向”拉开档次法对考察期内各省份的农业信息化水平进行综合评价。

设被评价对象为 $o_i(i=1,2,\cdots,n)$，其在时刻 $t_k(k=1,2,\cdots,p)$ 的第 $j(j=1,2,\cdots,m)$ 项指标值为 $x_{ij}(t_k)$。此时，指标数据集 $\{x_{ij}(t_k)\}$ 为同时包含截面维度和时间维度的面板数据。首先对该指标数据集进行标准化处理，本书采用 $Z-score$ 标准化方法进行标准化处理：

$$x'_{ij}(t_k)=\frac{x_{ij}(t_k)-u_j(t_k)}{\delta_j(t_k)} \tag{7.20}$$

其中，$u_j(t_k)$ 为第 j 指标的均值，$\delta_j(t_k)$ 为第 j 指标的标准差。

设被评价对象 o_i 在时刻 t_k 的综合评价值 $y_i(t_k)$ 可表示为：

$$y_i(t_k)=\sum_{j=1}^{m}\omega_j x'_{ij}(t_k),k=1,2,\cdots,p;i=1,2,\cdots,n \tag{7.21}$$

其中，$x'_{ij}(t_k)$ 为经过标准化处理的指标数据集；ω_j 为第 j 项指标的权重系数。利用“纵横向”拉开档次法确定 ω_j 的主要思路，是要最大可能的体现被评价对象之间的整体差异。被评价对象 o_i 的整体差异可用 $y_i(t_k)$ 的总离差平方和 e^2 表示②：

---

① 刘娜娜、王效俐、韩海彬：《高校科技创新与高技术产业创新耦合协调发展的时空特征及驱动机制研究》，《科学学与科学技术管理》2015 年第 10 期。

② 郭亚军：《一种新的动态综合评价方法》，《管理科学学报》2002 年第 2 期。

$$e^2 = \sum_{k=1}^{p}\sum_{i=1}^{n}[y_i(t_k) - \bar{y}]^2 \tag{7.22}$$

由于指标数据集已经经过标准化处理，因此 $\bar{y} = \frac{1}{p}\sum_{k=1}^{p}\left(\frac{1}{n}\sum_{i=1}^{n}\sum_{j=1}^{m}\omega_j x_{ij}(t_k)\right) = 0$，则式(7.22)可转换为①：

$$\begin{aligned} e^2 &= \sum_{k=1}^{p}\sum_{i=1}^{n}[y_i(t_k) - \bar{y}]^2 = \sum_{k=1}^{p}\sum_{i=1}^{n}[y_i(t_k)]^2 \\ &= \sum_{k=1}^{p}[\omega^T H_k \omega] = \omega^T\sum_{k=1}^{p}H_k\omega = \omega^T H\omega \end{aligned} \tag{7.23}$$

其中，$\omega = (\omega_1, \omega_2, \cdots, \omega_m)^T$，$H = \sum_{k=1}^{p}H_k$，$H_k = A_k^T A_k$，并且

$$A_k = \begin{bmatrix} x'_{11}(t_k)\cdots x'_{1m}(t_k) \\ \vdots \\ x'_{n1}(t_k)\cdots x'_{nm}(t_k) \end{bmatrix},\ k = 1, 2, \cdots, p \tag{7.24}$$

限定 $\omega^T\omega = 1$，当 ω 为矩阵 H 的最大特征值所对应的特征向量时，$y_i(t_k)$ 的总离差平方和 e^2 取最大值。则有 $\max\limits_{\|w\|=1}\omega^T H\omega = \lambda_{\max}(H)$。当 ω 计算出之后，带入式（7.21）可得利用“纵横向”拉开档次法评价的农业信息化水平。

为进一步刻画农业信息化水平在 t_1 到 t_p 时间阶段内的总体情况，并反映各指标原始数据随时间的增长性特征，本书按照李美娟、徐林明（2012）②以及欧忠辉、朱祖平（2014）③的思路，对基于“纵横向”拉开档次法得到的农业信息化水平进行二次加权。

设 w'_k 为 t_k 时刻的时间权重系数，则被评价对象 o_i 的二次加权综合评价值为：

$$y'_i(t_k) = \sum_{k=1}^{p}w'_k y_i(t_k), i = 1, 2, \cdots, n \tag{7.25}$$

---

① 郭亚军：《综合评价理论、方法及应用》，科学出版社 2007 年版。

② 李美娟、徐林明：《区域自主创新效率动态评价与分析》，《福州大学学报》（哲学社会科学版）2012 年第 6 期。

③ 欧忠辉、朱祖平：《区域自主创新效率动态研究——基于总体离差平方和最大的动态评价方法》，《中国管理科学》2014 年第 11 期。

其中，$\sum_{k}^{p} w'_k = 1$，$w'_k > 0$，确定 w'_k 主要遵循“厚今薄古”的思想，具体的数学表达式为①：

$$w'_k = \frac{k}{\sum_{k=1}^{p} k}, \quad k = 1, 2, \cdots, p \tag{7.26}$$

2. 农村人力资本水平

农村人力资本是指凝结在农村劳动力身上的知识、技能、经验、健康、体力以及其他精神存量等，主要通过教育、培训和医疗保健等方式获得。鉴于数据的可获得性，国内外学者倾向于单纯使用教育方面的指标衡量农村人力资本，本书遵循这种思路，并采用平均受教育年限法测度农村人力资本。平均受教育年限法依据农村劳动力的受教育程度将农村劳动力分为若干组，并以各组农村劳动力占总全部农村劳动力的比重作为权重系数，具体可表示为②：

$$H = \sum_{i=1}^{n} p_i h_i \tag{7.27}$$

其中，H 表示平均受教育年限；p_i 表示第 i 组农村劳动力占总劳动力的比例；h_i 表示第 i 组农村劳动力的受教育年限；n 表示依据农村劳动力的受教育程度将农村劳动力划分的组数。根据相关统计年鉴中对农村劳动力受教育程度的抽样调查数据，可将农村劳动力的受教育程度划分为六个组别，即 $n = 6$。并且，不同组别所对应的受教育程度分别为：文盲半文盲、小学、初中、高中、中专和大专及以上。不同组别所对应的受教育年限分别为：0 年、6 年、9 年、12 年、12 年和 15.5 年。③

用于评价农业信息化水平的各指标原始数据主要来源于历年的《中国统计年鉴》，数据缺失部分由相应省份的统计年鉴补齐。用于评

① 李旭辉、朱启贵：《生态主体功能区经济社会发展绩效动态综合评价》，《中央财经大学学报》2017 年第 7 期。

② 韩海彬、李全生：《中国农村教育收敛分析——基于省级面板数据的实证研究》，《教育与经济》2013 年第 2 期。

③ 大专及以上层次主要指获得大学专科、本科、硕士和博士学历，由于农村劳动力中高学历人口较少，所以本书假设这一阶段的农村劳动力的受教育年限为 15.5 年。

价农村人力资本水平的各原始数据主要来源于历年的《中国农村统计年鉴》，但是从2014年开始①，相关部门不再统计分省份的农村居民家庭劳动力文化状况数据，因此，2013—2015年各省份的农村人力资本水平数据由二次指数平滑法预测所得。

需要说明的是，构成农业信息化评价指标体系的一个重要指标（即农村居民家庭每百户家用计算机拥有量）的完整的分省份数据从2006年才开始统计②，又鉴于面板门槛模型要求平衡面板数据集，因此本章的时序期间范围为2005—2015年，研究的样本范围依然是30个省份。

（三）结果与分析

1. 门槛效应检验

按照面板门槛模型研究的思路，首先需要检验门槛效应是否显著，因此本书对模型（7.19）进行门槛效应检验，以便确定是否真实存在门槛效应以及存在门槛的数量，检验结果如表7.2所示。根据表7.2中的F统计量以及采用Bootstrap方法得到的P值可以判断模型的门槛效应是否显著以及具体的门槛个数。具体来说，单一门槛效应通过了5%水平上的显著性检验；双重门槛效应通过了1%水平上的显著性检验；三重门槛效应通过了10%水平上的显著性检验。由此可见，模型（7.19）存在显著的门槛效应，但是三重门槛效应非常弱，而双重门槛效应最为显著，因此本书选择双重面板门槛模型进行实证分析。

表7.2　　门槛效应检验

模型	F值	P值	Bootstrap次数（次）	临界值		
				1%	5%	10%
单一门槛	78.351**	0.030	500	116.731	64.088	49.365
双重门槛	28.561***	0.008	500	27.684	20.456	15.597
三重门槛	-13.669*	0.094	500	3.152	3.403	15.640

注：***、**和*分别表示在1%、5%、10%水平显著，下同。

① 2014年统计的是2013年的数据。

② 2006年统计的是2005年的数据。

2. 门槛值估计及区域划分

由前文检验可知，本书所构建的模型存在门槛效应，并且显著存在两个门槛值。然而，还需要进一步检验两个门槛估计值是否等于其真实值。表7.3报告了这两个门槛的点估计值及其对应的95%置信区间。

表7.3　　门槛估计值及其置信区间

	估计值	95%置信区间
第一个门槛值	2.110	[2.092, 2.174]
第二个门槛值	2.239	[2.235, 2.249]

由表7.3可知，两个门槛值分别对应的95%置信区间范围都较窄，门槛值的识别效果较好。另外，如图7.1和图7.2所示，当两个门槛值处于相应的置信区间内时，似然比LR值都小于5%显著性水平的临界值（即7.35）。因此，这两个门槛值的估计值和其真实值一致。

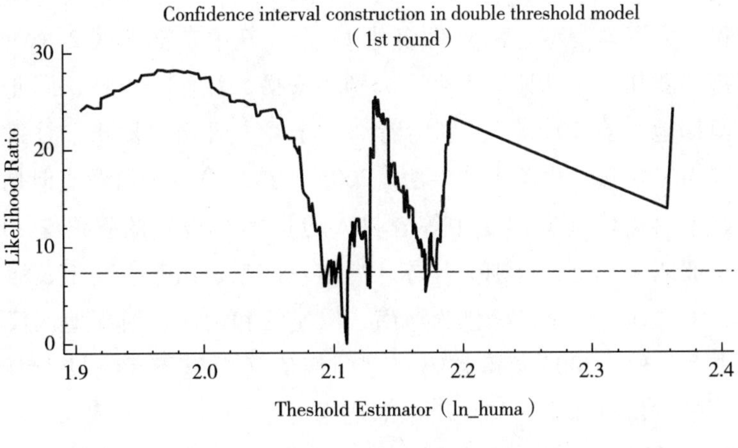

图7.1　第一个门槛值的LR图

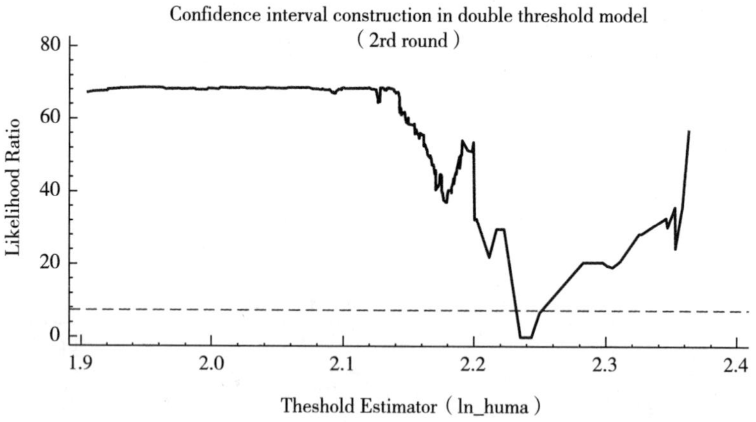

图 7.2　第二个门槛值的 LR 图

根据识别出的两个门槛值，可将各省份的农村人力资本划分为三种类型：即低农村人力资本类型（$huma \leq 8.248$）、中等农村人力资本类型（$8.248 < huma \leq 9.384$）和高农村人力资本类型（$huma > 9.384$）。①

表 7.4 描述了 2005 年和 2015 年中国各省份的农村人力资本的分布类型。由表 7.4 可知，2005 年，尚未跨越第一个门槛值（即属于低农村人力资本类型）的省份多达 17 个。其中东部地区 2 个，分别为福建和浙江；中部地区 5 个，分别为安徽、江西、吉林、湖北和湖南；西部地区有 10 个，分别为青海、宁夏、云南、贵州、甘肃、重庆、四川、新疆、内蒙古和陕西。2005 年跨越第一个门槛值但是未跨越第二个门槛值（即属于中等农村人力资本类型）的省份有 11 个，其中东部地区 7 个，分别为江苏、海南、广东、山东、辽宁、河北和天津；中部地区 3 个，分别为河南、黑龙江和山西；西部地区仅包括广西 1 个省份。2005 年跨越第二个门槛值（即属于高农村人力资本类型）的省份有 2 个，均位于东部地区。

随着时间的推移，属于低农村人力资本类型的省份数量不断减

① 为便于表述，将人力资本的对数取反函数，即将两个人力资本的对数形式的门槛值 2.110 和 2.239 转化为两个人力资本形式的门槛值 8.248 和 9.384。

少，而越来越多的省份，跨越了第一个门槛值演变成了中等农村人力资本类型。具体来说，2015 年，尚未跨越第一个门槛值（即属于低农村人力资本类型）的省份减少为 9 个，其中中部地区 3 个，分别为黑龙江、安徽和吉林；西部地区 6 个，分别为青海、贵州、宁夏、四川、云南和甘肃。2015 年跨越第一个门槛值但是未跨越第二个门槛值（即属于中等农村人力资本类型）的省份增加为 20 个，其中东部地区 10 个，分别为浙江、辽宁、江苏、福建、海南、河北、广东、山东、天津和上海；中部地区 5 个，分别为江西、湖北、河南、湖南和山西；西部地区 5 个，分别为广西、重庆、内蒙古、陕西和新疆。2015 年跨越第二个门槛值（即属于高农村人力资本类型）的省份只有北京。

表 7.4　　2005 年和 2015 年中国各省份农村人力资本分布类型

分组依据	2005 年	2015 年
低农村人力资本类型（$huma \leqslant 8.248$）	青海、宁夏、云南、贵州、甘肃、安徽、重庆、四川、新疆、福建、江西、内蒙古、吉林、浙江、湖北、陕西、湖南	青海、贵州、宁夏、四川、云南、黑龙江、安徽、吉林、甘肃
中等农村人力资本类型（$8.248 < huma \leqslant 9.384$）	江苏、河南、海南、黑龙江、广东、山西、广西、山东、辽宁、河北、天津	浙江、辽宁、江西、广西、江苏、重庆、内蒙古、福建、陕西、新疆、湖北、海南、河南、湖南、山西、河北、广东、山东、天津、上海
高农村人力资本类型（$huma > 9.384$）	上海、北京	北京

3. 面板门槛模型回归结果及分析

两个门槛值确定之后，便可根据双重面板门槛模型（7.19）进行参数估计。估计结果见表 7.5。

表 7.5　双重面板门槛模型估计结果（被解释变量为“两型农业”全要素生产率）

变量	系数	T 统计量	P 值	回归标准误差
$\ln agri_{i,t}$	0.0310***	4.51	0.000	0.0069
$\ln nature_{i,t}$	-0.0045*	-1.97	0.050	0.0023
$\ln struc_{i,t}$	-0.0193*	-1.67	0.095	0.0116
$\ln city_{i,t}$	0.0866***	6.19	0.000	0.0140
$\ln indus_{i,t}$	-0.0044	-0.30	0.761	0.0145
$\ln fina_{i,t}$	-0.0173***	-2.77	0.006	0.0062
$\ln info_{it} * I\ (huma_{it} \leq 8.248)$	0.0199***	5.01	0.000	0.0040
$\ln info_{it} * I\ (8.248 < huma_{it} \leq 9.384)$	0.0337***	8.25	0.000	0.0041
$\ln info_{it} * I\ (huma_{it} > 9.384)$	0.0883***	11.86	0.000	0.0074
常数项	0.0282	0.98	0.326	0.0286
F 值	128.79			
R^2	0.7922			

首先关注控制变量，如表 7.5 所示，农业经济增长水平、受灾率、种植业结构、城镇化水平、工业化水平以及财政支农力度等控制变量的估计结果与前文所用动态面板回归模型以及空间杜宾模型的估计结果相差不多，验证了模型的稳定性。

接下来，将重点分析农业信息化对“两型农业”全要素生产率增长的门槛效应。由表 7.5 可知，双重面板门槛模型根据两个门槛值的大小将整个样本划分为三个门槛区间，当农村人力资本水平处于不同的门槛区间时，农业信息化对“两型农业”全要素生产率增长的估计系数出现了分异。农业信息化对“两型农业”全要素生产率增长的贡献随着农村人力资本水平的提高而显著增加。具体来说，当农村人力资本水平尚未跨越第一门槛值时，即农村人力资本水平低于 8.248 年时，农业信息化对“两型农业”全要素生产率增长的估计系数为 0.0199，并通过了 1% 水平上的显著性检验；当农村人力资本水平大于第一门槛值但是小于第二门槛值时，即农村人力资本水平大于 8.248 年而小于 9.384 年时，农业信息化对“两型农业”全要素生产率增长的估计系数提高到了0.0337，并通过了1%水平上的显著性检验，说明当农村人力资本水平跨越第一个门槛值后，农业信息化对“两型农业”全要素生产率增长的影响程度显著增强；当农村人力资本水平大于第二门槛值时，即农村人力资本水平大于9.384年时，农业信息化对“两型农业”全要素生产率增长的估计系数提高到了0.0883，同时也通过了1%水平上的显著性检验，说明当农村人力资本水平跨越第二个门槛值后，农业信息化对“两型农业”全要素生产率增长的影响强度进一步加大。

可见，农业信息化对“两型农业”全要素生产率增长的影响程度受到农村人力资本水平的制约，农村人力资本水平越高，农业信息化对“两型农业”全要素生产率增长的影响越大。究其原因，主要在于农村劳动力是农业信息的传播者，是农业信息技术的使用者。在农业生产中，只有具备一定知识，达到较高人力资本水平的农村劳动力才能够有效整合和充分利用农业信息资源，才能够更好地引进和吸收先进的农业信息技术并实现对农业信息技术的原始创新和再创新；反之，如果农村劳动力的受教育程度偏低、知识储备不足，他们利用农业信息资源和农业信息技术的能力偏低，从而在不同程度上抑制农业信息化对“两型农业”全要素生产率增长的促进作用。

四 本章小结

为探讨“两型农业”全要素生产率增长的驱动机制，本章通过动态面板回归模型和面板门槛模型对“两型农业”全要素生产率的驱动因素进行多维度的实证检验，以期发现影响“两型农业”全要素生产率增长的内在机理，主要结论为：（1）虽然DIF－GMM方法和SYS－GMM方法均能在一定程度上解决计量模型中存在的内生性问题，但是与DIF－GMM方法相比，SYS－GMM方法能够克服小样本偏误问题，因此本章主要采用SYS－GMM方法对动态面板回归模型进行估计，估计结果显示，“两型农业”全要素生产率增长具有较强的惯性，当期的增长情况依赖于前期的增长水平；农业经济增长水平对“两型农业”全要素生产率增长具有显著的促进作用；受灾率、城镇化水平和财政支农力度在不同显著性水平上对“两型农业”全要素生产率增长具有抑制作用；种植业结构和工业化水平对“两型农业”全要素生产率增长均具有一定的负向影响，但影响效应均不显著。（2）本章在测度农业信息化水平和农村人力资本水平的基础上，进一步探讨了当农村人力资本水平大于或小于某门槛值时，农业信息化对“两型农业”全要素生产率增长的门槛效应。双重面板门槛模型估计结果发现，农业信息化对“两型农业”全要素生产率增长的影响程度受到农村人力资本水平的制约，农村人力资本水平越高，农业信息化对“两型农业”全要素生产率增长的影响越大。

第八章　研究结论与对策建议

本章是本书的终结，首先对前文各章节的主要观点进行系统梳理和总结，在此基础上，本章提出了如何改善“两型农业”全要素生产率、转变农业发展方式、构建“两型农业”生产体系的对策建议。最后，本章指出了本书的局限性以及下一步的研究展望。

一　研究结论

本书以全要素生产率理论为基础，以中国30个省份为样本，首先对农业面源污染和农业碳排放进行测度，并同时将其作为农业生产过程中的非期望产出纳入“两型农业”全要素生产率评价模型，然后综合利用DDF + ML和SBM + ML等复合DEA模型从多个维度对“两型农业”全要素生产率进行评价。在此基础上，基于共同前沿理论框架，对考虑技术差距的“两型农业”技术效率及全要素生产率进行评价。进一步，本书测度和分解了“两型农业”全要素生产率增长的区域差异，实证检验了“两型农业”全要素生产率增长的收敛性质。最后，本书通过动态面板回归模型以及面板门槛模型对“两型农业”全要素生产率的驱动因素进行多维度的实证检验，以期发现影响“两型农业”全要素生产率增长的内在机理。综上，本书得出的主要结论如下：

（一）“两型农业”生产中资源与环境双重约束的定量评估

1. 中国农业面源污染排放总量整体呈现稳步上升态势，而中国农业面源污染排放强度则整体呈现下降态势

考察期内中国农业面源污染排放总量整体呈现稳步上升态势（其

间只有2007年出现下降），由1997年的7946.52上升到2015年的12436.60，年均增长2.52%。从农业面源污染的产污单元来看，农田化肥面源污染排放总量总体呈现波动上升态势，由1997年的5531.98上升到2015年的7121.20，年均增长1.41%；畜禽养殖面源污染排放总量整体呈现波动上升态势，当以1997年为基期时，考察期内整体实现了年均0.60%的微弱增长；农田固体废弃物在1997—2014年除2007年出现微弱降幅外，整体呈现稳步上升态势，年均增长3.58%。另外，考察期内中国农业面源污染排放强度整体呈现下降态势，由1997年的0.3237下降到2015年的0.2198，年均降幅2.10%。说明，考察期内虽然中国农业面源污染排放总量持续增加，但是单位农林牧渔业总产值的排放量却出现了下降，可见中国农业生产的防污治污能力有了明显提升。

2. 中国农业面源污染排放总量在区域层面呈现“中高西低”的格局，而中国农业面源污染排放强度在区域层面则呈现“西高东低”的格局

为全面了解各地区农业面源污染的实际情况，以2015年的截面数据为例，对农业面源污染的区域特征进行了分析。首先，2015年中国农业面源污染排放总量在区域层面呈现“中高西低”的格局，即中部地区农业面源污染排放量的平均值最高，东部地区次之，西部地区最低。另外，各省份农业面源污染排放总量之间的差异巨大，各省份农业面源污染排放总量的变异系数为0.8014，其中处于第一位的山东2015年的农业面源污染排放总量是处于最后一位的上海的39.17倍。其次，2015年中国农业面源污染排放强度在区域层面呈现“西高东低”的格局，即西部地区农业面源污染排放强度的平均值最高，中部地区次之，东部地区最低。说明东部地区的农业增长模式相对最优，其各产污单元的单位农林牧渔业总产值的排放量均最低。

3. 考察期内中国农业碳排放总量呈现波动上升态势，而中国农业碳排放强度则呈现稳定下降态势

考察期内中国农业碳排放总量呈现波动上升态势，由1997年的30337.89万吨上升到2015年的35245.76万吨，年均增长0.84%。

从农业碳排放的产生来源看，考察期内农地利用碳排放总量呈现稳步上升态势；稻田碳排放总量呈现波动下降态势，但是波动幅度不大；畜禽养殖碳排放总量的变动趋势与全国农业碳排放总量的变动趋势非常接近，整体呈现波动上升态势。另外，考察期内中国农业碳排放强度呈现稳定下降态势，由 1997 年的 1.2359 持续下降到 2015 年的 0.6229，年均降幅 3.73%。说明，虽然中国农业碳排放总量有增加趋势，但是单位农林牧渔业总产值的农业碳排放量却出现了明显下降，可见中国农业生产的节能减排效果显著。

4. 中国农业碳排放总量在区域层面呈现“中高东低”的格局，而中国农业碳排放强度在区域层面则呈现“西高东低”的格局

为全面了解各地区农业碳排放的实际情况，以 2015 年的截面数据为例，对农业碳排放的区域特征进行分析。首先，2015 年中国农业碳排放总量在区域层面呈现“中高东低”的格局，即中部地区农业碳排放量的平均值最高，西部地区次之，东部地区最低。另外，各省份农业碳排放总量之间的差异较大，各省份农业碳排放总量的变异系数为 0.6321，其中处于第一位的河南 2015 年的农业碳排放总量是处于最后一位的北京的 36.20 倍。其次，2015 年中国农业碳排放强度在区域层面呈现“西高东低”的格局，即西部地区农业碳排放强度的平均值最高，中部地区次之，东部地区最低。而且，当前不同省份之间农业碳排放强度的差异较为明显，北京的单位农林牧渔业总产值的农业碳排放量最低，青海的最高，各省份的低碳农业发展步伐并不协调。

（二）“两型农业”全要素生产率评价

1. 不考虑环境约束时可能会高估农业全要素生产率

当考虑环境约束时，1997—2015 年“两型农业”全要素生产率指数平均值为 1.0147，当不考虑环境约束时，1997—2015 年传统农业全要素生产率指数平均值为 1.0287。可见，不考虑环境约束时的传统农业全要素生产率指数要高于考虑环境约束时的“两型农业”全要素生产率指数。从具体年份来看，也基本能得出类似的结论。从农业全要素生产率的分解来看，不考虑环境约束时的传统农业技术效率变化指数和技术进步指数要高于考虑环境约束时的“两型农业”技术效

率变化指数和技术进步指数。说明，考虑环境约束时可能会造成农业效率损失，而不考虑环境约束时可能会高估农业全要素生产率。

2. 农业技术进步是推动农业全要素生产率增长的主要动力

从农业全要素生产率的增长来源看，在平均意义上，无论是否考虑环境约束，农业技术进步都是推动农业全要素生产率增长的主要动力。从具体年份看，考虑环境约束时，考察期内每一个年份“两型农业”全要素生产率的增长均是由技术进步推动；不考虑环境约束时，在1997—1998年、1998—1999年、1999—2000年、2003—2004年、2004—2005年和2014—2015年，传统农业全要素生产率的增长主要由技术效率推动，而在其他年份则主要由技术进步推动。可见，如果不考虑环境约束可能会高估农业技术效率对农业全要素生产率的推动作用。

3. “两型农业”技术效率整体呈现波动下降趋势

对全国范围来说，考察期内全国“两型农业”技术效率经历了反复上升和下降的动态波动过程，但整体呈现下降趋势，由1997年的0.4780下降到2015年的0.2988，年均降幅2.58%。东中西部地区的“两型农业”技术效率也均呈现波动下降趋势，分别由1997年的0.6613、0.3971和0.3954下降到2015年的0.5212、0.2306和0.2067，年均下降率分别为1.31%、2.97%和3.54%。具体来说，东中西部地区的“两型农业”技术效率的演进过程又呈现阶段性特征。东部地区的“两型农业”技术效率在1997—1999年呈现稳定上升趋势，并于1999年达到考察期内最高值0.8161，1999—2004年呈现持续下降态势，2005年大幅回升之后又出现反复下降和上升的波动过程，并于2014年达到考察期内最低值0.5096，2015年又上升至0.5212；中西部地区的“两型农业”技术效率的波动幅度相对较小，中部地区在［0.2123，0.4302］区间波动，西部地区在［0.2067，0.4264］区间波动，并且两个地区的动态演进过程比较接近。

4. “两型农业”技术效率在空间分布上呈现四种状态

各省份的“两型农业”技术效率在空间分布上呈现四种状态，即低效率水平状态，中低效率水平状态，中高效率水平状态和高效率水平状态。具体来说，高效率水平状态包括广东、浙江、辽宁、海南、广西、福建、上海、北京8个省份，这些省份的“两型农业”技术效率平均值为0.8666，明显高于其他状态的平均水平；中高效率水平状态包括江西、江苏、新疆、四川、重庆、黑龙江、天津7个省份，这些省份的“两型农业”技术效率平均值为0.4737；中低效率水平状态包括安徽、河北、湖南、湖北、甘肃、山东、吉林7个省份，这些省份的“两型农业”技术效率平均值为0.3181；低效率水平状态包括宁夏、山西、青海、贵州、陕西、河南、云南、内蒙古8个省份，这些省份的“两型农业”技术效率平均值为0.2055，明显低于其他状态的平均水平。

5. 整体来看，东中西部地区“两型农业”全要素生产率和“两型农业”技术进步呈现增长态势，而“两型农业”技术效率呈现恶化态势

首先，东中西部地区“两型农业”全要素生产率整体呈现增长态势，并表现为“东高中低”的增长格局。具体来说，考察期内东中西部地区“两型农业”全要素生产率的平均增长率分别为7.01%、5.11%和6.34%，可见东部地区“两型农业”全要素生产率的平均增长率最高，西部地区次之，中部地区最低并低于全国平均水平。其次，考察期内东中西部地区“两型农业”技术进步整体呈现增长态势，并表现为“西高中低”的增长格局，三大地区“两型农业”技术进步的平均增长率分别为8.43%、8.33%和10.24%。最后，考察期内东中西部地区“两型农业”技术效率整体呈现恶化态势，三大地区“两型农业”技术效率的平均增长率分别为-1.31%、-2.97%和-3.54%。

6. 东中西部地区“两型农业”*SBM_ ML*指数的动态变化特征明显

考察期内，东中西部地区“两型农业”*SBM_ ML*指数的动态变化特征明显。具体来说，东部地区的“两型农业”*SBM_ ML*指数的变化较为稳定，在1997—2015年，每个考察年份的*SBM_ ML*指数均大于1，并且整体呈现波动下降趋势，由1997—1998年的1.1382下降到2014—2015年的1.0054，并于1997—1998年达到考察期内最高

值1.1382。中部地区的“两型农业”*SBM_ ML*指数也较为稳定，在1997—2015年，每个考察年份的*SBM_ ML*指数均大于1，并且整体呈现波动上升趋势，由1997—1998年的1.0015波动上升到2014—2015年的1.0144，并于2003—2004年达到考察期内最大值1.1711。西部地区的“两型农业”*SBM_ ML*指数仅在2014—2015年小于1，其他年份均大于1，并且整体呈现波动下降趋势，由1997—1998年的1.0917下降到2014—2015年的0.9535，并于2000—2001年达到考察期内最高值1.1268。

7. 省域“两型农业”全要素生产率具有四种增长模式

首先，浙江属于“双高型”增长模式，该省具有较高的技术创新能力，且善于追赶生产前沿，使得其“两型农业”全要素生产率增长实现了技术进步和技术效率改善的双轮驱动，是最理想的“两型农业”全要素生产率增长模式。其次，重庆、黑龙江、甘肃、四川、广西、新疆、辽宁、江西、安徽9个省份属于“创新驱动型”增长模式，这些省份善于技术创新，虽然追赶生产前沿的能力不及全国平均水平，但其技术创新所带来的技术进步效应有效弥补了这一劣势，使得其“两型农业”全要素生产率增长仍保持在全国前列。再次，天津、内蒙古、贵州、上海4个省份属于“双低型”增长模式，这些省份的技术创新能力低于全国平均水平，且追赶生产前沿能力不足，出现了技术效率恶化的趋势。最后，北京、河北、山西、吉林、江苏、福建、山东、河南、湖北、湖南、广东、海南、云南、陕西、青海、宁夏16个省份属于“效率驱动型”增长模式，这些省份追赶生产前沿的能力优于全国平均水平，技术效率均有不同程度的改善，但技术创新能力相对不足。

（三）考虑技术差距的“两型农业”技术效率及全要素生产率评价

1. 东中西部地区具有显著的技术异质性

东中西部地区具有显著的技术异质性，主要表现在：

（1）东部地区与中西部地区的“两型农业”技术效率差距显著。具体来说，当以共同前沿为参照集时，东中西部地区的“两型农业”技术效率均值分别为0.6584、0.3109和0.3171，可见东部地区与中西部地区的“两型农业”技术效率均值差距显著，东部地区明显高于中西部地区，说明各区域之间可能存在明显的技术异质性。(2) 就各省份而言，考察期内北京的“两型农业”技术效率在所有年份均达到最高值1，上海和福建的“两型农业”技术效率在绝大多数年份也均达到最高值1，而西部地区的宁夏和青海以及中部地区的山西则相对较低，可见“两型农业”技术效率较高的省份大多位于东部地区，而“两型农业”技术效率较低的省份大多位于中西部地区。(3) 东中西部地区“两型农业”技术效率的箱线图表明东部地区四分位间距框明显比中西部地区的宽，而且东部地区的中位数与标准差也要大于中西部地区，说明东部地区“两型农业”技术效率与中西部地区相比分布的更为分散。(4) 将基于群组前沿与共同前沿的“两型农业”技术效率进行对比，可以发现各年份东部地区在两种前沿下的“两型农业”技术效率值均完全相同，然而中西部地区在群组前沿下的“两型农业”技术效率值显著大于在共同前沿下的“两型农业”技术效率值。(5) 东中西部地区“两型农业”技术效率的技术落差比进一步验证了各区域之间的技术异质性。具体来说，东部地区的技术落差比在考察期内始终为1，说明东部地区各省份代表了全国潜在最优生产技术。另外，中、西部地区技术落差比的均值分别为0.3548和0.4230，表明中部和西部地区仅实现了全国潜在最优生产技术的35.48%和42.30%，这两个地区的农业生产技术与节能减排技术与东部地区相比尚有较大的差距。

2. 考虑技术差距的“两型农业”技术效率损失的来源

(1) 对于全国范围来说，“两型农业”技术效率损失同时来源于管理无效率和技术差距无效率，但是技术差距无效率所占比例略高于管理无效率。(2) 从区域层面来看，东部地区的技术差距无效率均值为0，因此东部地区各省份代表了全国潜在最优生产技术，东部地区的“两型农业”技术无效率完全由管理无效率导致。而中西部地区的“两型农业”技术无效率则同时来源于管理无效率与技术差距无效率，中部地区的管理无效率与技术差距无效率的贡献份额分别为15%和85%，西部地区分别为34%和66%。(3) 从省级层面来看，北京未发生效率损失，无论是农业绿色生产技术水平还是管理水平均已达到相对最优；吉林、黑龙江、江西、湖北、湖南、广西、四川、陕西、新疆9个省份的管理无效率为0，技术差距无效率的贡献均为100%，可见这些省份的效率损失仅来源于技术差距无效率；安徽、重庆、青海3个省份的技术差距无效率的贡献均达到80%以上，可见这些省份的效率损失主要来源于技术差距无效率；天津、河北、辽宁、上海、江苏、浙江、福建、山东、广东、海南10个省份的技术差距无效率为0，其效率损失仅来源于管理无效率；山西、内蒙古、河南、贵州、云南、甘肃、宁夏7个省份的管理无效率和技术差距无效率各占有一定比例，因此这些省份的效率损失主要来源于管理无效率和技术差距无效率。

3. 考虑技术差距的全国“两型农业”全要素生产率在“十一五”期间增长最快，而东中西部地区的“两型农业”全要素生产率在各时期的增长则发生分异

全国“两型农业”全要素生产率在“九五”“十五”“十一五”和“十二五”时期均有不同程度的增长，然而在“十一五”期间的平均增长率最高并高于整个考察期的平均值，该时期是推进社会主义新农村和农业现代化建设的重要窗口期，这一时期国家把“三农”问题作为政府工作的“重头戏”，并出台了一系列强农和惠农政策，采取了一系列促进农业和农村持续发展的措施。分地区来看，(1) 东部地区“两型农业”全要素生产率指数在“十一五”时期的平均增长率最高并高于整个考察期的平均值；东部地区“两型农业”技术效率仅在“九五”时期实现了正增长，而在其他时期均是负增长；东部地区“两型农业”技术进步指数在各个时期均实现了正增长，并且在“十二五”时期的平均增长率最高；东部地区“两型农业”技术缺口比率变化指数在各个时期均未发生变化。(2) 中部地区“两型农业”全要素生产率指数在各个时期均有不同程度的增长，并且在“十一五”时期的平均增长率最高；中部地区“两型农业”技术效率变化指数在“十五”时期出现了负增长，而在其他时期均是正增长，并且在“十一五”时期的平均增长率最高；中部地区“两型农业”技术

效率变化指数在“九五”时期出现了负增长，而在其他时期均是正增长，并且在“十二五”时期的平均增长率最高；中部地区“两型农业”技术缺口比率变化指数在“九五”时期的平均增长率最高。（3）西部地区“两型农业”全要素生产率指数在各个时期均有不同程度的增长，并且在“十一五”时期的平均增长率最高；西部地区“两型农业”技术效率变化指数仅在“十二五”时期实现了正增长，而在其他时期均是负增长；西部地区“两型农业”技术进步指数仅在“九五”时期出现了负增长，而在其他时期均是正增长，并且在“十五”时期的增长率最高；西部地区“两型农业”技术缺口比率变化指数仅在“九五”时期实现了正增长。

（四）“两型农业”全要素生产率增长的区域差异与收敛分析

1. 考察期内中国“两型农业”全要素生产率总体基尼系数以及东中西部地区的区域内基尼系数均总体呈现波动上升态势

考察期内中国“两型农业”全要素生产率总体基尼系数整体呈现波动上升趋势，由1998年的0.0058上升到2015年的0.0435，年均增长12.61%。具体来说，总体基尼系数由1998年的0.0058上升到1999年的0.0153，2000年又出现微弱降幅。从2000年开始，总体基尼系数呈现上升态势，一直上升到2010年的0.0404，2011年又下降到0.0325。此后，总体基尼系数又出现持续上升态势，并于2015年达到考察期内最高值0.0435。

考察期内东中西部地区的区域内基尼系数总体呈现波动上升态势，年均涨幅分别为11.48%、9.42%和7.89%。具体来说，东部地区的基尼系数在0.0078—0.0548区间波动，并经历了“上升、下降、上升、下降、上升”的动态演变过程，从1998年的0.0078快速上升到1999年的0.0276，2000年出现微弱降幅，从2000年开始，呈现持续上升态势，并于2004年达到考察期内最高值0.0548，2004—2012年呈波动下降态势，从2013年开始又出现连续3年的回升，并于2015年达到0.0495；中部地区的基尼系数在0.0019—0.0086区间波动，1998—2001年中部地区的基尼系数呈上升态势，并于2001年达到考察期内最高值0.0086，2002年出现了明显的降幅，而在

2002—2014 年这一较长的时期内变化却较为平稳，2015 年又呈现较为明显的上升趋势；西部地区的基尼系数在 0.0051—0.0184 区间波动，1998—2011 年西部地区的基尼系数呈现反复上升和下降的波动态势，从 2012 年开始，出现持续上升趋势，并于 2015 年达到考察期内最高值 0.0184。

2. 东中西部地区“两型农业”全要素生产率的区域间基尼系数整体呈现波动上升态势

考察期内东—中、东—西和中—西部区域间基尼系数整体呈现波动上升态势，其年均增长率分别为 14.29%、14.16% 和 8.43%。另外，考察期内东—中和东—西部区域间基尼系数变化趋势较为一致，而中—西部区域间基尼系数明显低于东—中和东—西部，而且这种差距随着时间的推移呈现扩大趋势。从演变过程来看，首先，东—中部区域间基尼系数演变过程可大致分为三个阶段，第一阶段从 1998 年的 0.0063 波动上升至 2004 年的 0.0451；第二阶段为 2004—2008 年，该阶段整体呈现波动下降趋势，但波动幅度较小，2008 年降至 0.0418，比 2004 年降低了 7.30%；第三阶段为 2008—2015 年，该阶段呈现持续上升趋势，2015 年上升至考察期内最高值 0.0610。其次，东—西部区域间基尼系数由 1998 年的 0.0070 上升到 1999 年的 0.0198，然而这种上升趋势并未持续，2000 年下降至 0.0184；2000—2015 年除了 2005 年、2008 年和 2011 年三个年份出现轻微降幅之外，东—西部区域间基尼系数呈现稳定上升态势，并于 2015 年达到考察期内最高值 0.0667。最后，中—西部区域间基尼系数一直在低位波动，其演变过程大致可分为 1998—2001 年、2001—2008 年、2008—2011 年以及 2011—2015 年四个阶段。

3. 中国“两型农业”全要素生产率的区域差异主要来源于区域间差异以及超变密度

考察期内区域内差异、区域间差异以及超变密度对中国“两型农业”全要素生产率区域差异的平均贡献率分别为 26.51%、31.59% 和 41.90%，可见，综合而言中国“两型农业”全要素生产率的区域差异主要来源于区域间差异以及超变密度。从演变过程来看，考察期内中国“两型农业”全要素生产率区域内差异贡献率的变化相对较为平稳，始终在21.18%～33.12%区间波动，并总体呈现下降趋势；中国“两型农业”全要素生产率区域间差异贡献率经历了反复上升和下降的动态演变过程；考察期内中国“两型农业”全要素生产率超变密度贡献率整体呈现下降趋势，并经历了与区域间差异贡献率大致相反的反复下降和上升的动态演进过程。

4. 考察期内无论是全国范围还是东中西部地区的“两型农业”全要素生产率都不存在σ收敛和绝对β收敛，却存在显著的条件β收敛

首先，考察期内无论是全国范围还是东中西部地区的“两型农业”全要素生产率的σ指标值均整体呈现波动上升态势，其年均增长率分别为14.40%、13.19%、10.10%和8.84%。因此，考察期内无论是全国范围还是东中西部地区的“两型农业”全要素生产率的区域差异整体都呈现扩大趋势，而未出现σ收敛。其次，无论全国范围还是东中西部地区的“两型农业”全要素生产率均未发现显著的绝对β收敛的证据。最后，无论全国范围还是东中西部地区的初始条件变量的系数均在1%的显著性水平上显著为负，说明无论全国范围还是东中西部地区的“两型农业”全要素生产率均存在显著的条件β收敛。

（五）“两型农业”全要素生产率增长的驱动机制

1. “两型农业”全要素生产率影响因素的动态效应

基于动态面板回归模型的估计结果表明：“两型农业”全要素生产率增长具有较强的惯性，当期的增长情况依赖于前期的增长水平；种植业结构和工业化水平对“两型农业”全要素生产率增长未产生显著影响；农业经济增长对“两型农业”全要素生产率增长具有显著的正向促进作用；受灾率、城镇化水平和财政支农力度对“两型农业”全要素生产率增长具有显著的负向影响。需要说明的是，城镇化水平对“两型农业”全要素生产率增长具有正反两种作用，一方面，随着城镇人口比重的增加，会扩大农产品需求，提升农产品价格，促进农民生产积极性，最终改善“两型农业”全要素生产率；另一方面，城镇化水平的提升也会增加城市生活垃圾的排放，扩大生活垃圾向农村

地区转移的风险，从而破坏农村地区生态环境，影响农业生产。可见，这正反两种力量此消彼长，并综合作用于“两型农业”全要素生产率。

2. “两型农业”全要素生产率影响因素的门槛效应

基于双重面板门槛模型的估计结果表明：农业信息化对“两型农业”全要素生产率增长的贡献随着农村人力资本水平的提高而显著增加。具体来说，当农村人力资本水平尚未跨越第一门槛值时，农业信息化对“两型农业”全要素生产率增长的估计系数为0.0199，并通过了1%水平上的显著性检验；当农村人力资本水平大于第一门槛值但是小于第二门槛值时，农业信息化对“两型农业”全要素生产率增长的估计系数提高到了0.0337，并通过了1%水平上的显著性检验，说明当农村人力资本水平跨越第一个门槛值后，农业信息化对“两型农业”全要素生产率增长的影响程度显著增强；当农村人力资本水平大于第二门槛值时，农业信息化对“两型农业”全要素生产率增长的估计系数提高到了0.0883，同时也通过了1%水平上的显著性检验，说明当农村人力资本水平跨越第二个门槛值后，农业信息化对“两型农业”全要素生产率增长的影响强度进一步加大。可见，农业信息化对“两型农业”全要素生产率增长的影响程度受到农村人力资本水平的制约，农村人力资本水平越高，农业信息化对“两型农业”全要素生产率增长的影响越大。

二　对策建议

（一）完善农业环境污染的监测体系，加强农业环境污染防治

前文实证结果表明，考察期内中国农业面源污染排放总量以及农业碳排放总量均整体呈现波动上升态势，因此完善农业环境污染的监测体系，加强农业环境污染防治已刻不容缓。

1. 研发适用于我国农业环境污染的监测技术和监测方法

完善的农业环境污染监测体系的监测范围应该涵盖农业生产的各

个环节，需要进行产地环境（土壤、水、大气等），投入品（种子、肥料、农药、生长调节剂等）以及最终农产品三个方面的监测。[①] 然而，农业生产各个环节的环境污染监测技术和方法的研发及有效应用，却仍是亟待解决的难题。目前，科学实验中所采用的农业环境污染监测方法存在程序繁杂、耗费时间长等弊端，难以被农业行政部门采纳并广泛应用于污染监测实践中。比如，针对稻田氨的挥发，科学实验中通常采用密闭室间歇通气法来进行监测。然而，该方法的有效实施不仅需要具备现场的电力条件，而且还需要具备一定专业操作技能的人员进行现场操作，这样的监测方法完全不适合农业环境污染的现场监测。[②] 因此，政府应该增加对农业环境污染监测技术、方法研发的投入，科研人员要以实践应用为导向，进行重点监测环节技术方法的攻克，设计便携式监测工具，选取易于现场获取的简易监测指标，在保证精度的基础上，适当简化监测流程，以实现对农业环境污染的精准监测。

2. 采集农业污染数据，完善农业污染监测信息系统

农业环境污染的监测需在摸清家底的基础上进行。首先，应开展农业生产产地环境质量的普查，例如摸清土壤中重金属含量、地下水污染状况等，建立产地环境的质量档案。其次，开展本地区大宗及优势农产品质量监测工作，评估其质量安全状况，依托农产品的监测结果，反推产前、产中存在的加剧污染的环节，以便重点监测。再次，在典型区域建立监测点，进行长期监测，以便及时掌握农业环境污染的动态变化状况，并做到前期防控、中期调整、后期问责的全程监测。最后，在对监测数据收集、整合、分析的基础之上，建立农业污染数据共享平台，针对传统农业信息监测系统面临的操作复杂、供电不便以及成本高等问题，可考虑应用无线环境下采集数据的新型农业环境污染监测系统。

---

① 窦营、邓远建、陈胜：《中国农业环境污染现状及治理的科技创新路径》，《科学管理研究》2016 年第 4 期。

② 谢文明、闵炬、施卫明：《长江三角洲河网平原地区集约化种植面源污染监测指标筛选研究》，《生态与农村环境学报》2018 年第 9 期。

3. 深化监测结果的应用，制定有效的农业环境污染防治政策

农业行政管理部门的高度重视，监测技术方法适用性的显著提高，监测系统的正常运行都为有效获取可靠的农业环境污染监测数据提供了有力保障。而进一步对农业环境污染监测结果的有效利用，能够更好地保证整个监测体系的合理有效运行。因此，要加强对农业环境污染监测数据的分析处理，针对监测数据所反映出的农业环境污染防治各环节中存在的问题，进行有针对性的问责处理，以彰显农业行政管理部门对农业环境污染问题进行治理的决心。另外，还要对农业环境污染监测的历史数据进行系统分析，总结农业环境污染规律，以便采取更有针对性的防治措施。最后，通过农业环境污染监测结果的深化应用，还要制定并实施有效的农业环境污染防治政策，从而实现农业环境污染防治工作的制度化和长效化。

（二）提高农业科技成果转化率，改善“两型农业”技术效率

前文实证结果表明，考察期内东中西部地区“两型农业”技术效率整体呈现恶化态势，说明“两型农业”技术效率是“两型农业”全要素生产率增长的瓶颈。因此，提高“两型农业”技术效率，将会补足“两型农业”全要素生产率增长的短板。

改善“两型农业”技术效率，应该着眼于如何提高农业科技成果转化率。第一，加大对农业科技成果初期鉴定与后期验收工作的管控力度。围绕农业科技成果的科学性、创造性、可行性及应用价值等指标对初期成果进行鉴定，指出存在的问题，并依据农业科技成果的成熟度，给出进行试用、继续改进或及时叫停等鉴定结论；对较成熟的农业科技成果进行后期的试用验收工作，检验成果是否能够达到预期要求，明确成果的可推广范围；落实农业科技成果鉴定与验收责任追究制，强化工作人员的岗位责任意识，严格把控农业科技成果质量关。① 第二，推进院企和高校在农业科技成果转化方面的协作，整合各方优势资源，实现农业科技成果转化的有效对接。院企研发的部分农业科技成果通常由于中试场地及配套技术的限制而被搁置，通过三

① 王佳宁：《中央“一号文件”背景的国家粮食安全》，《改革》2015 年第 2 期。

方对接协作机制，院企可将部分农业科技成果转移给高等农业院校，充分利用涉农高校的科研技术和试验基地，实现科技成果的进一步转化。另外，涉农高校通过组织专家服务队伍与县村开展农业技术合作等方式，对先进农业技术的推广亦具有独特优势。第三，完善农业科技推广体系。依据实际需要对不同层级、不同地域的农技推广机构工作人员进行合理编制，并设置基层农技推广人员准入门槛，注重人才的引进与培养，不断提高农技推广人员的素质与能力，进而提升农业科技推广人员的整体质量。

（三）各地区应因地制宜，实施差异化的农业绿色发展路径

前文实证结果表明，东中西部地区具有显著的技术异质性。因此在制定区域农业绿色发展政策时不能搞“一刀切”，各地区应该结合本地特点，实施差异化的发展路径。东部地区作为农业环境技术的“领先者”，在持续引进国外先进的农业生产技术和节能减排技术的同时，也应该注重相关技术的自主研发与创新；而中西部地区则应该加强与东部地区的技术交流与合作，努力促进区域间农业生产要素的合理流动。在省级层面，各省份也应该结合本省特点，实施差异化的农业绿色发展路径。比如，①吉林、黑龙江、江西、湖北、湖南、广西、四川、陕西、新疆9个省份的管理无效率为0，技术差距无效率的贡献均为100%，可见这9个省份的效率损失仅来源于技术差距无效率；另外，安徽、重庆、青海3个省份的技术差距无效率的贡献均达到80%以上，可见这3个省份的效率损失主要来源于技术差距无效率。因此，这12个省份应该加强农业科技创新能力建设，重点要缩小农业生产技术差距。②天津、河北、辽宁、上海、江苏、浙江、福建、山东、广东、海南10个省份的技术差距无效率为0，其效率损失仅来源于管理无效率，因此这些省份应该将如何提升农业生产管理水平作为未来农业绿色发展的重点。③山西、内蒙古、河南、贵州、云南、甘肃、宁夏7个省份的管理无效率和技术差距无效率各占有一定比例，因此这些省份应该“双管齐下”，既要注重缩小农业生产技术差距，又要着重提升农业生产管理水平。④北京未发生效率损失，无论是农业绿色生产技术水平还是管理水平均已达到相对最优，因此北

京应该继续保持这种发展优势，不断推动生产前沿面的外移，与此同时也应该发挥向欠发达省份的技术外溢的作用。

（四）加强区域交流与合作，缩小"两型农业"全要素生产率的区域差异

前文实证结果表明，"两型农业"全要素生产率的区域内差异和区域间差异均呈现不同程度的上升趋势，而且"两型农业"全要素生产率不存在σ收敛和绝对β收敛，即"两型农业"全要素生产率的区域差异不会自动消除。因此，各地区应该充分发挥自身优势，实现优势互补，加强交流与合作，促进人才、信息和科技等要素通过市场机制自由流动，形成区域农业发展的协同效应，从而缩小"两型农业"全要素生产率的区域差异，实现各地区"两型农业"的协调发展。具体来说，①建立区域农业交流与合作的组织协调机制。由政府部门牵头，建立以各地农业部门为主体，农业大专院校以及农业科研院所广泛参与的农业交流与合作的联席会议制度，主要为消除区域农业交流与合作过程中的制度障碍问题，解决区域农业协调发展过程中遇到的重大体制机制问题；建立区域农业交流与合作的日常工作制度，主要解决区域农业交流与合作过程中遇到的具体问题。②加强区域农业科技的交流与合作。通过共享农业科技人才、农业实验基地和农业实验设备，建立农业研发联合体等途径实现各地区农业大专院校以及农业科研院所的横向交流合作机制；通过农业科技人才培训以及农业科技成果转化等途径，建立农业大专院校、农业科研院所、农业企业以及农民之间的纵向交流合作机制。③加强区域农产品信息的交流与共享。推进省级农产品信息平台的对接工作，构建跨区域的农产品一体化交易平台，充分利用农村电子商务系统，实现区域农产品信息的共享，从而促进不同地区农产品的交易和流通。

（五）完善农业补贴制度，优化财政支农结构

前文实证结果表明，财政支农力度对"两型农业"全要素生产率产生了显著的负向影响。可见现行的财政支农政策未取得理想的效果，为充分发挥财政支农的政策效应，本书建议如下：

1. 完善农业补贴制度

现行的农业补贴制度虽然在调动农民生产积极性，促进粮食增产等方面发挥了积极作用，但同时也暴露出不少弊端。一个较为突出的问题是，现行的农业补贴制度主要以农产品增收为导向，这就导致大量的农业补贴资金主要用于化肥、农药等化学物质的购置，从而对农业生态环境造成极大的破坏。因此，为了农业的可持续发展，应该建立以绿色生态为导向的新型农业补贴制度。首先，要确定新型农业补贴制度的最终目标是在确保农产品产量增加和农民增收的同时也能够大力促进农业的可持续发展，而不能以牺牲农业生态环境为代价。因此，各项农业补贴政策应该处处体现绿色生态理念，从而能够有效引导农业增长方式的转变，即由主要依靠物质要素投入的粗放型增长方式转移到主要依靠农业技术进步的集约型增长方式。其次，建立绿色生态农业补贴制度。鼓励农户从事环境友好型、资源节约型农业生产行为。要加大对测土配方施肥、高效节水灌溉、低残留农药使用、畜禽养殖废弃物无害化处理等节肥、节水和节药的绿色农业生产行为的补贴力度。① 同时也要从税收和信贷等方面对从事有机农业生产资料生产的涉农企业进行倾向性补贴。最后，探索建立对新型农业生产经营主体的补贴政策。在家庭联产承包责任制下，农户的分散经营方式加大了农业面源污染排放的随机性和不确定性，从而难以界定导致农业环境污染的责任主体。因此，应该加快培育新型农业经营主体，探索建立面向专业大户、家庭农场以及农民合作社等新型农业经营主体的农业补贴政策，从而提升新型农业经营主体的生产积极性，并且在有效促进农业适度规模经营发展的同时也便于监控农业污染行为。②

2. 优化财政支农结构

近年来，虽然财政支农资金的投入不断增加，然而财政支农力度未能有效促进“两型农业”全要素生产率增长，其中一个主要原因就

---

① 侯石安、赵和楠：《中国粮食安全与农业补贴政策的调整》，《贵州社会科学》2016年第1期。

② 李冬艳：《农业补贴政策应适时调整与完善》，《经济纵横》2014年第3期。

是当前财政支农资金存在用于农林水事业费支出比例过高等结构性问题。因此，在稳步提升财政支农力度的同时更应该注重优化财政支农结构。具体来说，首先要加强农业基础设施建设。农业基础设施是农业发展的基本保障，对农业发展有较大的正外部性，然而作为我国粮食主产区的中西部地区的农业基础设施比较薄弱，防灾抗灾能力不强，已经严重制约了农业的持续发展。[①] 农业基础设施建设需要投入大量资金，农业生产经营者个体难以承担，因此必须加大财政对农业基础设施建设的投入力度。比如，重点支持农田水利、现代化农业基地等农业生产性基础设施建设；农村电力、农村道路等农业生活性基础设施建设以及防护林体系、湿地保护等生态环境建设。其次要加大农业科技投入力度。农业属于弱质性产业，受气候、土壤和水源等自然条件的影响较大，农业科技创新不仅可以在一定程度上突破自然条件对农业生产的制约，而且还能够降低农业生产成本，提高农业产量。虽然，我国近年来对农业科技创新的投入不断增加，但是与发达国家相比还有很大差距，尤其是农业科技三项费用支出占财政支农资金的比重过低，导致农业科技创新效果不佳，严重影响了农业科技对农业发展的促进作用。因此，应该进一步加大政府财政对农业科技的投入力度，并建立多元化的投融资机制，与此同时也要注重农业科技人员队伍的建设，提高农业科技人员的业务素质和技术水平。

（六）促进农业适度规模经营，推进城乡一体化发展

长期以来，我国农业一直支持工业发展，工业从农业获得过多的正外部性而向农业输出较多的负外部性。[②] 目前，我国已经进入工业化中后期阶段，应该坚持工业反哺农业，促进农业适度规模经营，推进城乡一体化发展的方针。

1. 促进农业适度规模经营

我国农村地区实行的家庭联产承包责任制极大地调动了农民的生

---

① 姚林香、张维刚：《农业供给侧结构性改革与财政支农政策选择》，《改革》2017 年第 8 期。

② 胡志全、朱殿霄、侯丽薇等：《实现我国工业化与农业现代化协调发展的探讨——基于生产三要素的比较》，《农业经济问题》2016 年第 7 期。

产积极性，但同时也导致土地细碎化和土地条块分割等问题，形成了大型农业机械设备无用武之地的尴尬局面，严重阻碍了农业机械化和农业现代化的进程。通过农业适度规模经营，可以将各种农业生产要素进行优化组合，从而实现农业生产的规模化和专业化，最终产生规模效益，提高农民收入。此外，在农业适度规模经营方式下，农业生产经营主体由单个独立的家庭转变为以专业大户、农民合作社和农业产业化龙头企业等为代表的新型农业生产经营主体。与单个家庭相比，这些新型农业生产经营主体有更强烈的意愿和能力采用清洁环保的农业生产技术，可见农业适度规模经营还有利于发展绿色农业。因此，为了适应“两型农业”发展的需要，同时也为了让农业享受工业发展带来的“红利”，应当积极推动土地流转，大力促进农业适度规模经营。土地流转是将土地承包经营权进一步分离为承包权和经营权，农户拥有土地的承包权，而将土地的经营权转让给其他农业生产经营主体，从而实现土地的规模利用。政府应当继续推进土地确权工作，明确土地所有权、承包权和经营权的三权分置的产权结构，完善农村土地的产权交易市场，鼓励农户通过出租、转包、入股等方式有序地推进土地流转。①

2. 推进城乡一体化发展

城镇化是社会经济发展到一定阶段的必然产物，是工业化和农业现代化的必经之路。但是城镇化的发展不能以牺牲“三农”为代价，当城镇化水平达到一定程度后，应当采取城市支持农村的方针，应当推进城乡一体化发展。首先，实现城乡要素市场一体化。当前农村市场化程度偏低，从而形成农村各类生产要素向市场化程度较高的城市单向流动的局面，最终导致城乡差距不断扩大。要打破城乡市场分割的局面，实现生产要素在城乡之间的自由流动，应该培育农村市场主体，提高农村市场化程度，实现城乡要素市场一体化。其次，实现城乡基本公共服务一体化。在城乡二元结构下，农村居民在教育、医疗

① 曹俊杰：《实现由工业反哺农业向工农业协调发展战略转变》，《中州学刊》2016 年第 11 期。

和社会保障等方面享受的公共服务与城市居民比相对较少，政府在农村基本公共服务建设方面的欠账太多，因此实现城乡基本公共服务一体化的重点主要是完善农村公共服务体系。① 具体措施有：消除城乡之间的“户籍壁垒”，深化户籍制度改革，促进农村剩余劳动力向城市有序转移；加大对农村医疗卫生事业的投资力度，大力支持城市医院对口帮扶农村医疗卫生机构；加强对农村基础教育和职业教育的投入，大力发展农村教育事业，实现城市优质教育资源共享；提高农村地区社会保障水平，构建城乡一体化的社会保障体系，等等。最后，实现城乡生态环境一体化。在城镇化进程中，一个不容忽视的问题是大量的城市生活垃圾排放到了农村，从而破坏了农村地区生态环境，影响了农业生产。造成这种局面的主要原因在于目前我国城乡环境政策不统一，环境保护投入不均衡。因此，应该打破这种城乡生态环境二元结构，构建一个城乡统一的复合系统。这个复合系统既包括经济系统、社会系统也包括生态环境系统，并且将城市和农村的生态环境一并纳入到这个复合系统。在这个城乡统一的复合系统框架体系内，不能单纯为了追求经济系统的发展而破坏社会系统和生态环境系统，也不能为了城市的发展而牺牲农村的利益，应该追求经济、社会和生态环境以及城市和农村的协调发展。

（七）提升农村人力资本水平

前文实证结果表明，农业信息化对“两型农业”全要素生产率增长的影响程度受到农村人力资本水平的制约，农村人力资本水平越高，农业信息化对“两型农业”全要素生产率增长的影响越大。因此，欲提高农业信息化的生产率溢出效应，不能仅靠加大农业信息化的投入，还应该为农业信息化的发展提供良好的技术吸收和推广的环境，即提高各地区的农村人力资本水平。农村劳动力是农业信息技术应用和传播的主体，如果农村劳动力的科学文化素质不高，信息能力低下，那么无论多先进的农业信息技术也将无用武之地。因此，提升农村人力资本水平是农业信息化建设取得成功的重要保证。第一，加

① 陆道平：《我国城乡公共服务均等化：问题与对策》，《江汉论坛》2013 年第 12 期。

大农村教育投入力度。教育投资是农村人力资本投资的最主要形式，因此提升农村人力资本水平主要靠提高农村劳动力的受教育水平。然而与城市教育相比，农村教育投资严重不足，因此应该加大农村教育投入力度，改善农村教育软硬件设置，引导优质教育资源流向农村地区，从而提升农村教育人力资本，缩小城乡教育差距。第二，优化农村教育结构。当前，在农村不同教育层次中，农村普通中学过多，职业中学和中等专业技术学校所占比重过小。然而，与农村职业技术教育相比，普通中等教育在农村的投资回报率偏低。① 农村职业技术教育是培养有知识、懂技能的农村劳动力的重要途径，只有大力发展农村职业技术教育，才能培养出留得住、用得着的满足农业农村发展需要的专门人才，才能把农村人力资本转化为有效的农业生产力。因此，应该优化农村教育结构，大力发展农村职业技术教育，认真落实国家关于农村职业技术教育的各项优惠政策，切实提高农村职业技术教育的教学水平。第三，提升农村劳动力的信息素养。已有研究表明，当前我国农村劳动力的信息意识淡薄，信息能力较弱，虽然大部分农民认识到信息的重要性，但是不知如何获取重要信息，仅有少数农民能够通过网络检索方式获取所需的农业信息。② 信息素养是农村人力资本的重要组成部分，如果农村劳动力的信息素养偏低会严重制约农村人力资本的提升。为强化农村劳动力的信息素养，政府部门首先应该做好宣传工作，提高农村劳动力对农业信息技术和信息资源的重视程度，增强农村劳动力的信息意识。另外，应该建立形式多样、针对性强的培训体系。农村劳动力具有分散性、时间不固定以及个体差异较大等特点，将农村劳动力集中起来进行统一的正规教育或者长期培训难度较大，而应该根据农村劳动力的自身特点并且结合当地的生产条件和区域特点等因素选择针对性强的培训手段和培训内容。

---

① 刘宁：《农村人力资本流失的区域农业增长效应研究——基于 13 个粮食主产省区的面板数据》，《人口与经济》2014 年第 4 期。

② 张娟：《农村信息化建设下的农民信息素养教育研究》，硕士学位论文，中南林业科技大学，2016 年。

三　不足与展望

本书在测度农业面源污染和农业碳排放的基础上，同时将两类农业环境污染排放物作为非期望产出纳入农业全要素生产率评价体系，然后综合利用多种复合 DEA 模型对“两型农业”全要素生产率进行多维度评价，并对评价结果进行了比较分析。进一步，本书采用 GSBM 模型和 MSBM 模型对考虑技术差距的“两型农业”技术效率进行了综合评价，同时也采用 MML 生产率指数方法对考虑技术差距的“两型农业”全要素生产率进行了综合评价。在此基础上，分别对“两型农业”全要素生产率增长的区域差异和收敛性进行了分解和检验。最后，通过动态面板回归模型以及面板门槛模型对“两型农业”全要素生产率的驱动因素进行了多维度的实证检验。总体而言，虽然本书得出了一系列有参考价值的结论，但是由于研究问题的复杂性、数据的可获得性以及研究能力的限制等主客观原因，本书仍然存在一些不足，有待后续研究中进行完善和提高。

（1）本书的研究周期较长，数据处理量较大，涉及的相关统计年鉴也较多，而部分统计年鉴的数据更新较慢，导致本书的数据未更新到最新。本书在测度农业面源污染和农业碳排放时，部分原始数据来源于《中国畜牧兽医年鉴》以及《中国农业统计资料》，然而农业部办公厅于 2017 年 3 月才开始组织编撰《中国畜牧兽医年鉴 2017》，2017 年 12 月正式出版；此外，《中国农业统计资料 2016》（该统计资料统计的是当年数据）于 2017 年 11 月才正式出版。而此时本书的基础数据处理工作已经完成，实证研究部分也已经完成大部分内容，故本书未进一步将原始数据更新到 2016 年。如果研究能够补充 2016 年乃至更新的数据，会使研究的时效性更强，在后续研究中将对数据进行补充和更新。

（2）本书采用广义农业宏观口径，对省域空间尺度的“两型农业”全要素生产率进行研究，而缺乏对细分农业行业的关注以及微观地区的调查研究。现有的相关统计年鉴对农业劳动力和农业机械等指标均采用广义农业口径进行统计，部分文献利用狭义农业总产值占广义农业总产值的比例作为权重对该类指标进行处理，从而确定相应的狭义农业口径投入指标，然而李谷成（2008）以及田云（2015）等认为这种处理方式会导致较大的工作量以及其他衍生问题。鉴于此，本书按照李谷成（2008）、田云（2015）、Wu（2001）以及Coelli（2003）的思路，主要采用广义农业口径确定农业投入产出指标。虽然这种处理方式不是最优方案，但是目前来看，却是相对满意的解决办法。在后续研究中，将寻找更合适的方法对相关广义农业口径指标进行分离，以便于对农业的细分行业，即种植业、林业、牧业以及渔业进行分类研究。另外，农业面源污染以及农业碳排放具有潜在性、复杂性和隐蔽性等特征，对农业环境污染排放量的准确核算难度非常大，而且目前仅能获取到省域的各类农业环境污染排放物的排放系数，市县级的排放系数无法获得，因此本书主要核算了省域空间尺度的农业环境污染排放量，进而对省域空间尺度的“两型农业”全要素生产率进行研究。在后续工作中，将吸纳环境科学领域的专家和学者加入团队，对典型地区的市县级的农业环境污染排放规律和特征进行实验研究，并确定相关参数，以便从微观视角对“两型农业”全要素生产率进行更为细致的研究。

（3）本书的理论分析部分需要进一步加强，尤其是“两型农业”全要素生产率增长的驱动机制分析中尚未形成一套系统的理论分析框架。本书根据“两型农业”全要素生产率增长的特征和规律，并结合现有相关文献的思路，同时也考虑了数据的可获得性，选取了影响“两型农业”全要素生产率增长的各种因素，但是这样的研究过程不可避免地具有一定的主观性。在后续研究中，应该进一步完善“两型农业”全要素生产率增长的理论框架，尤其要重点分析各因素对“两型农业”全要素生产率增长的影响机理，不仅对实证结果进行描述分析，更要挖掘出实证结果背后的理论机理，并且提炼出一些更具理论性和规律性的研究结论。

参考文献

中文著作

［英］A. P. Thirlwall：《发展经济学》（第九版），郭熙保译，中国人民大学出版社 2015 年版。

［美］Charles D. Kolstad：《环境经济学》（第二版），彭超等译，中国人民大学出版社 2016 年版。

陈阜：《农业生态学》，中国农业出版社 2002 年版。

成刚：《数据包络分析方法与 MaxDEA 软件》，知识产权出版社 2014 年版。

国家环境保护局自然生态保护司：《全国规模化畜禽养殖业污染情况调查及防治对策》，中国环境科学出版社 2002 年版。

郭亚军：《综合评价理论、方法及应用》，科学出版社 2007 年版。

孔祥智等：《农业经济学》，中国人民大学出版社 2013 年版。

梁流涛、秦明周：《中国农业面源污染问题研究》，中国社会科学出版社 2013 年版。

宋洪远：《“十一五”时期农业和农村政策回顾与评价》，中国农业出版社 2010 年版。

中文期刊

毕于运、王亚静、高春雨：《中国秸秆资源综合利用的系统构成及总体趋势》，《中国农业资源与区化》2010 年第 4 期。

陈文胜：《“两型”农业：中国农业发展转型的战略方向》，《求索》2014 年第 9 期。

陈文胜、邝奕轩：《“两型社会”农业发展方式转变研究——基于长株潭的实证分析》，《江西社会科学》2016 年第 3 期。

陈敏鹏、陈吉宁、赖斯芸：《中国农业和农村污染的清单分析与空间特征识别》，《中国环境科学》2006 年第 6 期。

陈明华、刘华军、孙亚男：《中国五大城市群金融发展的空间差异及分布动态：2003—2013 年》，《数量经济技术经济研究》2016 年第 7 期。

陈婷婷：《环境约束下湖北省农业全要素生产率增长分析》，《湖北农业科学》2015 年第 7 期。

程云鹤、齐晓安、汪克亮等：《区域技术差距视角下省际工业 CO_2 排放效率》，《系统工程》2013 年第 3 期。

程琳琳、张俊飚、何可：《多尺度城镇化对农业碳生产率的影响及其区域分异特征研究——基于 SFA、E 指数与 SDM 的实证》，《中南大学学报》（社会科学版）2018 年第 5 期。

陈海波、陈赤平：《FDI、交通运输能力与制造业发展：基于 224 个城市的面板门槛模型的实证分析》，《世界经济研究》2018 年第 6 期。

陈仲常、马红旗：《人力资本的离散度、追赶效应与经济增长的关系——基于人力资本分布结构的异质性》，《数量经济技术经济研究》2011 年第 6 期。

陈明、陈泽萍：《加快农地流转与发展农业适度规模经营的政策选择》，《求索》2012 年第 6 期。

曹俊杰：《实现由工业反哺农业向工农业协调发展战略转变》，《中州学刊》2016 年第 11 期。

曹俊杰：《我国农业信息化建设存在的问题及对策》，《湖南农业科学》2010 年第 18 期。

杜江、王锐、王新华：《环境全要素生产率与农业增长：基于 DEA - GML 指数与面板 Tobit 模型的两阶段分析》，《中国农村经济》2016 年第 3 期。

邓若冰、夏庆利、罗芳：《农业技术效率研究进展》，《贵州农业科学》2013 年第 5 期。

窦营、邓远建、陈胜：《中国农业环境污染现状及治理的科技创新路径》，《科学管理研究》2016 年第 4 期。

方和平、朱家沅：《基于 ZigBee 网络农业环境信息监测系统设计》，《物联网技术》2018 年第 9 期。

葛鹏飞、王颂吉、黄秀路：《中国农业绿色全要素生产率测算》，《中国人口·资源与环境》2018 年第 5 期。

高杨、牛子恒：《农业信息化、空间溢出效应与农业绿色全要素生产率——基于 SBM - ML 指数法和空间杜宾模型》，《统计与信息论坛》2018 年第 10 期。

高祥照、马文奇等：《中国作物秸秆资源利用现状分析》，《华中农业大学学报》2002 年第 3 期。

高帆：《我国区域农业全要素生产率的演变趋势与影响因素》，《数量经济技术经济研究》2015 年第 5 期。

郭秀文：《生态文明型的农业可持续发展路径选择探讨》，《经贸实践》2018 年第 11 期。

郭亚军：《一种新的动态综合评价方法》，《管理科学学报》2002 年第 2 期。

关雪凌、周敏：《城镇化进程中经济增长与能源消费的脱钩分析》，《经济问题探索》2015 年第 4 期。

韩海彬、赵丽芬：《环境约束下中国农业全要素生产率增长及收敛分析》，《中国人口·资源与环境》2013 年第 3 期。

韩海彬：《中国农业环境技术效率及其影响因素分析》，《经济与管理研究》2013 年第 9 期。

韩海彬、张莉：《农业信息化对农业全要素生产率增长的门槛效应分析》，《中国农村经济》2015 年第 8 期。

韩海彬、赵丽芬、张莉：《异质型人力资本对农业环境全要素生产率的影响：基于中国农村面板数据的实证研究》，《中央财经大学学报》2014 年第 5 期。

韩海彬、李增田：《基于二象对偶论的城镇化系统协调发展》，《北京理工大学学报》（社会科学版）2018 年第 3 期。

韩海彬、李全生：《中国农村教育收敛分析——基于省级面板数据的实证研究》，《教育与经济》2013 年第 2 期。
韩鲁佳、闫巧娟等：《中国农作物秸秆资源及其利用现状》，《农业工程学报》2002 年第 3 期。
赫国胜、张微微：《中国农业全要素生产率影响因素、影响效应分解及区域化差异——基于省级动态面板数据的 GMM 估计》，《辽宁大学学报》（哲学社会科学版）2016 年第 3 期。
何婷婷：《我国农业全要素生产率增长的动态变化与影响因素——基于 DEA 和 SFA 方法的比较研究》，《重庆文理学院学报》（社会科学版）2017 年第 3 期。
胡向东、王济民：《中国畜禽温室气体排放量估算》，《农业工程学报》2010 年第 10 期。
何平、杨早立等：《不良贷款约束下我国上市商业银行全要素生产率时序演变及其驱动因素研究——基于非期望产出的 Malmquist - luenberger 和 Tobit 模型》，《运筹与管理》2018 年第 4 期。
洪开荣、陈诚、丰超、黄健柏：《农业生态效率的时空差异及影响因素》，《华南农业大学学报》（社会科学版）2016 年第 2 期。
侯石安、赵和楠：《中国粮食安全与农业补贴政策的调整》，《贵州社会科学》2016 年第 1 期。
胡志全、朱殿霄、侯丽薇等：《实现我国工业化与农业现代化协调发展的探讨——基于生产三要素的比较》，《农业经济问题》2016 年第 7 期。
金怀玉、菅利荣：《中国农业全要素生产率测算及影响因素分析》，《西北农林科技大学学报》（社会科学版）2013 年第 2 期。
匡远配：《两型农业的概念与功能：基于联合生产理论的解释》，《求索》2010 年第 5 期。
匡远配、曾锐：《长株潭建设“两型农业”的障碍因素分析》，《兰州学刊》2009 年第 11 期。
匡远配、曾小溪：《“两型农业”功能演变及其定位研究》，《社科纵横》2010 年第 4 期。
罗必良：《推进我国农业绿色转型发展的战略选择》，《农业经济与管理》2017年第6期。
罗敏、曾以禹：《两型农业背景下的粮食生产》，《农业技术经济》2010年第10期。
连玉君、苏治：《上市公司现金持有：静态权衡还是动态权衡》，《世界经济》2008年第10期。
陆道平：《我国城乡公共服务均等化：问题与对策》，《江汉论坛》2013年第12期。
梁俊、龙少波：《农业绿色全要素生产率增长及其影响因素》，《华南农业大学学报》（社会科学版）2015年第3期。
梁流涛、曲福田、冯淑怡：《基于环境污染约束视角的农业技术效率测度》，《自然资源学报》2012年第9期。
刘红峰、刘惠良：《基于灰色关联的两型农业科技创新测度研究》，《湖南科技大学学报》（社会科学版）2014年第1期。
刘智勇：《论发展“两型农业”的阻碍及其克服》，《学术交流》2013年第5期。
刘德娟、周琼：《碳排放约束下农业全要素生产率测算与收敛性检验》，《福建农业学报》2017年第1期。
刘天宇、徐辉：《长江经济带农业环境全要素生产率研究》，《学习与实践》2018年第5期。
刘芳、雍会：《丝绸之路经济带农业绿色全要素生产率及其收敛性研究》，《生态经济》2018年第6期。
刘红峰：《两型农业创新经济学研究》，《求索》2011年第11期。
刘建国、李国平、张军涛：《经济效率与全要素生产率研究进展》，《地理科学进展》2011年第10期。
刘战伟：《技术进步、技术效率与农业全要素生产率增长——基于农业供给侧改革视角》，《会计与经济研究》2017年第5期。
刘晗、王钊：《农业要素配置效率研究的文献综述》，《经济体制改革》2015年第2期。
刘书楷：《论资源经济和农业资源经济学产生的历史基础及其发展趋向》，《生态经济》1992年第12期。

刘玉海、武鹏：《能源消耗、二氧化碳排放与 APEC 地区经济增长——基于 SBM - Undesirable 和 Meta - frontier 模型的实证研究》，《经济评论》2011 年第 6 期。

刘丽伟：《发达国家农业信息化促进农业经济增长作用研究》，《世界农业》2009 年第 11 期。

刘志彪：《提升生产率：新常态下经济转型升级的目标与关键措施》，《审计与经济研究》2015 年第 4 期。

刘祚祥、孙良媛：《逆向淘汰、财政补贴与农业的低效率发展——基于湘北农村的调查研究》，《财贸研究》2006 年第 5 期。

刘娜娜、王效俐、韩海彬：《高校科技创新与高技术产业创新耦合协调发展的时空特征及驱动机制研究》，《科学学与科学技术管理》2015 年第 10 期。

刘宁：《农村人力资本流失的区域农业增长效应研究——基于 13 个粮食主产省区的面板数据》，《人口与经济》2014 年第 4 期。

李德新：《加快推进江苏“两型农业”建设》，《江苏农村经济》2017 年第 10 期。

李谷成、陈宁陆、闵锐：《环境规制条件下中国农业全要素生产率增长与分解》，《中国人口资源与环境》2011 年第 11 期。

李谷成：《中国农业的绿色生产率革命：1978—2008 年》，《经济学》（季刊）2014 年第 2 期。

李小平、李小克：《中国工业环境规制强度的行业差异及收敛性研究》，《中国人口·资源与环境》2017 年第 10 期。

李文华：《基于 DEA - Malmquist 指数的中国农业全要素生产率时空差异及影响因素分析》，《山东农业大学学报》（社会科学版）2018 年第 2 期。

李华旭、孔凡斌：《农业全要素生产率评价研究：文献分析与研究展望》，《农业考古》2018 年第 3 期。

李波、张俊飚、李海鹏：《中国农业碳排放时空特征及影响因素分解》，《中国人口·资源与环境》2011 年第 8 期。

李平：《环境技术效率、绿色生产率与可持续发展：长三角与珠三角城市群的比较》，《数量经济技术经济研究》2017 年第 11 期。
李静、马潇璨：《资源与环境双重约束下的工业用水效率——基于 SBM - Undesirable 和 Meta - frontier 模型的实证研究》，《自然资源学报》2014 年第 6 期。
李美娟、徐林明：《区域自主创新效率动态评价与分析》，《福州大学学报》（哲学社会科学版）2012 年第 6 期。
李旭辉、朱启贵：《生态主体功能区经济社会发展绩效动态综合评价》，《中央财经大学学报》2017 年第 7 期。
李冬艳：《农业补贴政策应适时调整与完善》，《经济纵横》2014 年第 3 期。
李建国、李智慧：《区域经济协调发展与城乡一体化的中国探索》，《当代经济研究》2017 年第 4 期。
李文：《土地流转与城乡一体化》，《当代中国史研究》2014 年第 1 期。
栾江、仇焕广、井月等：《我国化肥施用量持续增长的原因分解及趋势预测》，《自然资源学报》2013 年第 11 期。
龙方、杨重玉、彭澧丽：《自然灾害对中国粮食产量影响的实证分析——以稻谷为例》，《中国农村经济》2011 年第 5 期。
马德富、刘秀清：《论农业与“两型社会”及“两型农业”》，《湖北社会科学》2010 年第 12 期。
马林静、王雅鹏、田云：《中国粮食全要素生产率及影响因素的区域分异研究》，《农业现代化研究》2014 年第 4 期。
马九杰、崔卫杰、朱信凯：《农业自然灾害风险对粮食综合生产能力的影响分析》，《农业经济问题》2005 年第 4 期。
闵继胜、胡浩：《中国农业生产温室气体排放量的测算》，《中国人口·资源与环境》2012 年第 7 期。
欧忠辉、朱祖平：《区域自主创新效率动态研究——基于总体离差平方和最大的动态评价方法》，《中国管理科学》2014 年第 11 期。
彭艺、翟欢欢：《两型农业生产体系的评价方法及评价指标》，《求索》2010 年第 6 期。

潘丹、应瑞瑶：《中国“两型农业”发展评价及其影响因素分析》，《中国人口·资源与环境》2013 年第 6 期。

潘丹、应瑞瑶：《资源环境约束下的中国农业全要素生产率增长研究》，《资源科学》2013 年第 7 期。

潘丹：《基于资源环境约束视角的中国农业绿色生产率测算及其影响因素解析》，《统计与信息论坛》2014 年第 8 期。

彭科、安玉发：《中国农业生产能源消费影响因素的实证分析——基于固定效应模型》，《技术经济》2012 年第 6 期。

钱丽、肖仁桥、陈忠卫：《我国工业企业绿色技术创新效率及其区域差异研究——基于共同前沿理论和 DEA 模型》，《经济理论与经济管理》2015 年第 1 期。

钱津：《农业供给侧结构性改革战略要点探究》，《经济纵横》2017 年第 5 期。

曲军、胡胜德：《工业化对现代农业发展的影响》，《学术交流》2009 年第 10 期。

时悦、赵铁丰：《中国农业全要素生产率影响因素分析》，《华中农业大学学报》（社会科学版）2009 年第 2 期。

石慧、吴方卫：《中国农业生产率地区差异的影响因素研究——基于空间计量的分析》，《世界经济文汇》2011 年第 3 期。

史常亮、朱俊峰、揭昌亮：《中国农业全要素生产率增长地区差异及收敛性分析》，《经济问题探索》2016 年第 4 期。

邵立民：《绿色农业与资源环境的经济学分析》，《黑龙江社会科学》2011 年第 6 期。

邵小快、胡怀国：《经济增长实证研究中的内生性》，《经济学动态》2013 年第 3 期。

孙良媛、刘涛、张乐：《中国规模化畜禽养殖的现状及其对生态环境的影响》，《华南农业大学学报》（社会科学版）2016 年第 2 期。

沈能、张斌：《农业增长能改善环境生产率吗？——有条件“环境库兹涅茨曲线”的实证检验》，《中国农村经济》2015 年第 7 期。

沈能、周晶晶、王群伟：《考虑技术差距的中国农业环境技术效率库兹涅茨曲线再估计：地理空间的视角》，《中国农村经济》2013年第12期。

申强、徐莉莉、王军强等：《北京市农业科技成果转化影响因素——基于科研人员和转化企业角度》，《中国高校科技》2017年第3期。

田云、张俊飚：《中国农业生产净碳效应分异研究》，《自然资源学报》2013年第8期。

田云、张俊飚、李波：《中国农业碳排放研究：测算、时空比较及脱钩效应》，《资源科学》2012年第11期。

田云、张俊飚、吴贤等：《碳排放约束下的中国农业生产率增长与分解研究》，《干旱区资源与环境》2015年第11期。

吴传清、宋子逸：《长江经济带农业绿色全要素生产率测度及影响因素研究》，《科技进步与对策》2018年第17期。

王奇、王会、陈海丹：《中国农业绿色全要素生产率变化研究：1992—2010年》，《经济评论》2012年第5期。

王珏、宋文飞、韩先锋：《中国地区农业全要素生产率及其影响因素的空间计量分析——基于1992—2007年省域空间面板数据》，《中国农村经济》2010年第8期。

王飞、石祖梁、王久臣等：《生态文明建设视角下推进农业绿色发展的思考》，《中国农业资源与区划》2018年第8期。

王克：《农资市场期待“大户”时代》，《中国经济周刊》2017年第34期。

王祖力、肖海峰：《化肥施用对粮食产量增长的作用分析》，《农业经济问题》2008年第8期。

王欢芳、胡振华：《中国制造行业发展与碳排放脱钩测度研究》，《科学学研究》2012年第11期。

王宝义、张卫国：《中国农业生态效率测定及时空差异研究》，《中国人口·资源与环境》2016年第6期。

王明星、李晶、郑循华：《稻田甲烷排放及产生、转化、输送机理》，《大气科学》1998年第4期。

王群伟、周德群、周鹏：《中国全要素二氧化碳排放绩效的区域差异——考虑非期望产出共同前沿函数的研究》，《财贸经济》2010年第9期。

王雪娇、肖海峰：《中国生猪养殖业生产效率和全要素生产率增长——基于SBM方向性距离函数的实证分析》，《北京航空航天大学学报》（社会科学版）2017年第4期。

王宗赐、韩伯棠、钟之阳：《技术寻求型FDI及其反向溢出效应研究》，《科学学与科学技术管理》2011年第2期。

王宝义、张卫国：《中国农业生态效率的省际差异和影响因素——基于1996—2015年31个省份的面板数据分析》，《中国农村经济》2018年第1期。

王佳宁：《中央"一号文件"背景的国家粮食安全》，《改革》2015年第2期。

王敬尧、承禹：《农业规模经营：乡村振兴战略的着力点》，《中国行政管理》2018年第4期。

王强：《农业信息化标准规范体系建设研究》，《新疆农业科技》2015年第2期。

汪克亮、杨宝臣、杨力：《考虑环境效应的中国省际全要素能源效率研究》，《管理科学》2010年第6期。

汪克亮、杨力、杨宝臣等：《能源经济效率、能源环境绩效与区域经济增长》，《管理科学》2013年第3期。

汪克亮、孟祥瑞、杨力等：《生产技术异质性与区域绿色全要素生产率增长——基于共同前沿与2000—2012年中国省际面板数据的分析》，《北京理工大学学报》（社会科学版）2015年第1期。

温涛、王煜宇：《政府主导的农业信贷、财政支农模式的经济效应——基于中国1952—2002年的经验验证》，《中国农村经济》2005年第10期。

温涛、张梓榆、王定祥：《农村金融发展的人力资本门槛效应研究》，《中国软科学》2018年第3期。

吴丽丽、李谷成、周晓时：《要素禀赋变化与中国农业增长路径选择》，《中国人口·资源与环境》2015年第8期。
吴巧生、李慧：《长江中游城市群能源效率评价研究》，《中国人口·资源与环境》2016年第12期。
伍芬琳、李琳、张海林等：《保护性耕作对农田生态系统净碳释放量的影响》，《生态学杂志》2007年第12期。
谢永刚、陈新国、董晓辉：《重大水旱灾害对粮食价格的影响研究》，《吉林水利》2003年第6期。
谢文明、闵炬、施卫明：《长江三角洲河网平原地区集约化种植面源污染监测指标筛选研究》，《生态与农村环境学报》2018年第9期。
解春艳、丰景春、张可：《互联网技术普及对区域农业环境效率的影响》，《华东经济管理》2017年第11期。
肖兴志、李少林：《环境规制对产业升级路径的动态影响研究》，《经济理论与经济管理》2013年第6期。
余新华、乌东峰：《期待与发展：基于两型农业的革新》，《学术论坛》2011年第8期。
杨安娜：《支持“两型农业”发展的财政金融政策选择》，《湖南社会科学》2009年第3期。
杨俊、陈怡：《基于环境因素的中国农业生产率增长研究》，《中国人口·资源与环境》2011年第6期。
杨璐嘉：《低碳视角下粮食主产区农业全要素生产率比较——基于中国13省2002—2011年数据的分析》，《湖南农业大学学报》（社会科学版）2013年第6期。
杨勇、李雪竹：《省区财政支农投入对农业生产率及其构成的影响》，《西北农林科技大学学报》（社会科学版）2013年第9期。
杨卫安、邬志辉：《我国农村教育促进农村经济发展的机制及局限性分析——基于人力资本的视角》，《教育与经济》2010年第4期。
喻军：《以农业保险立法保障两型农业的发展》，《经济纵横》2011年第6期。
叶初升、惠利：《农业生产污染对经济增长绩效的影响程度研究——

基于环境全要素生产率的分析》，《中国人口·资源与环境》2016年第4期。
严奉宪、高思新：《农业可持续发展研究的一个理论框架：资源环境经济学分析》，《科技进步与对策》2004年第6期。
袁富华、张平、楠玉等：《全要素生产率提升与供给侧结构性改革》，中国社会科学出版社2017年版。
严素定：《黄石市农业面源污染的解析及其空间异质性研究》，《农业工程学报》2008年第9期。
于伟咏、漆雁斌、李阳明：《碳排放约束下中国农业能源效率及其全要素生产率研究》，《农村经济》2015年第8期。
于淑敏、朱玉春：《农业信息化水平的测度及其与农业全要素生产率的关系》，《山东农业大学学报》（社会科学版）2011年第3期。
姚林香、张维刚：《农业供给侧结构性改革与财政支农政策选择》，《改革》2017年第8期。
张云华：《农业"高成本"时代更需提升竞争力》，《财经界》2017年第6期。
张可、丰景春：《强可处置性视角下中国农业环境效率测度及其动态演进》，《中国人口·资源与环境》2016年第1期。
周栋良：《湖南两型农业建设及纵深推进战略思考》，《湖南社会科学》2011年第3期。
周栋良：《两型农业生产体系实证研究——以湖南省为例》，《地域研究与开发》2010年第4期。
周栋梁：《"两型"农业生产体系建设若干问题思考》，《江西农业大学学报》（社会科学版）2009年第4期。
张永强、周宁等：《我国农业全要素生产率及其影响因素研究——基于资源环境约束视角》，《资源开发与市场》2017年第6期。
张林、冉光和、蓝震森：《碳排放约束与农业全要素生产率增长及分解》，《华南农业大学学报》（社会科学版）2015年第3期。
张乃丽、欧家瑜：《日本工业反哺农业的经济学分析》，《现代日本经济》2018年第1期。

张桃林:《以农业机械化支撑和引领农业现代化》,《求是》2012 年第 14 期。

张海鹏:《我国生态环境城乡一体化进展与评价》,《生态经济》2014 年第 12 期。

臧良震、张彩虹等:《我国农业生产技术效率问题研究进展》,《西安财经学院学报》2013 年第 6 期。

朱喜、史清华、盖庆恩:《要素配置扭曲与农业全要素生产率》,《经济研究》2011 年第 5 期。

章力建、蔡典雄、王小彬等:《农业立体污染及其防治研究的探讨》,《中国农业科学》2005 年第 2 期。

朱晶、晋乐:《农业基础设施、粮食生产成本与国际竞争力——基于全要素生产率的实证检验》,《农业技术经济》2017 年第 10 期。

钟水映、李强谊、肖攀:《我国保险业发展水平的地区差异及其分布动态演进》,《保险研究》2016 年第 3 期。

曾先峰、李国平:《我国各地区的农业生产率与收敛:1980—2005》,《数量经济技术经济研究》2008 年第 5 期。

赵磊:《中国旅游全要素生产率差异与收敛实证研究》,《旅游学刊》2013 年第 11 期。

赵云鹏、叶娇:《对外直接投资对中国产业结构影响研究》,《数量经济技术经济研究》2018 年第 3 期。

赵执、吴克宁、王海:《我国农田整治中典型土壤障碍因素的机械改土技术》,《广东农业科学》2012 年第 21 期。

钟成林、巢文:《人力资本视角下的农业现代化与农民增收》,《重庆工商大学学报》(社会科学版)2013 年第 12 期。

中文学位论文

钟鑫:《不同规模农户粮食生产行为及效率的实证研究》,博士学位论文,中国农业科学院,2016 年。

安森东:《区域性农业信息化建设模式研究》,博士学位论文,中国海洋大学,2011 年。

段华平:《农业非点源污染控制区划方法及其应用研究》,博士学位论文，南京农业大学，2010 年。
范丹：《低碳视角下的中国能源效率研究》，博士学位论文，东北财经大学，2013 年。
葛继红：《江苏省农业面源污染及治理的经济学研究》，博士学位论文，南京农业大学，2011 年。
胡建：《资源与环境约束下的湖南两型农业发展研究》，博士学位论文，湖南农业大学，2012 年。
韩海彬：《中国区域高等教育发展的收敛性研究》，博士学位论文，天津大学，2010 年。
郝珍珍：《基于非参数前沿分析的工业环境绩效测度与评价》，博士学位论文，天津大学，2014 年。
罗平：《“两型社会”背景下的都市农业发展研究——以武汉市为例》，博士学位论文，华中农业大学，2011 年。
梁流涛：《农村生态环境时空特征及其演变规律研究》，博士学位论文，南京农业大学，2009 年。
李谷成：《基于转型视角的中国农业生产率研究》，博士学位论文，华中农业大学，2008 年。
李征：《中国区域全要素生产率演变研究》，博士学位论文，吉林大学，2016 年。
赖斯芸：《非点源调查评估方法及其应用研究》，硕士学位论文，清华大学，2003 年。
连莲：《基于系统动力学视角的产业经济增长研究》，博士学位论文，北京交通大学，2017 年。
潘丹：《考虑资源环境因素的中国农业生产率研究》，博士学位论文，南京农业大学，2012 年。
孙健：《金融支持、新型农村金融机构创新与三农发展》，博士学位论文，山东大学，2012 年。
田云：《中国低碳农业发展：生产效率、空间差异与影响因素研究》，博士学位论文，华中农业大学，2015 年。
吴昊：《“两型农业”视角下我国农业生产效率研究——基于

Malmquist - DEA 模型》，硕士学位论文，西北农林科技大学，2016 年。
王玲玲：《环境约束下海洋经济全要素生产率研究》，博士学位论文，中国海洋大学，2014 年。
王晓玉：《以华东、中南、西南地区为重点的大田作物秸秆资源量及时空分布的研究》，博士学位论文，中国农业大学，2014 年。
王勇：《河南省农业信息化水平评价与提升对策研究》，博士学位论文，河南农业大学，2013 年。
魏金义：《要素禀赋变化、技术进步偏向与农业经济增长研究》，博士学位论文，华中农业大学，2016 年。
谢荣辉：《环境全要素生产率对中国产业绿色升级的影响机理研究》，博士学位论文，大连理工大学，2017 年。
张晖：《中国畜牧业面源污染研究》，博士学位论文，南京农业大学，2010 年。
张娟：《农村信息化建设下的农民信息素养教育研究》，硕士学位论文，中南林业科技大学，2016 年。
朱梅：《海河流域农业非点源污染负荷估算与评价研究》，博士学位论文，中国农业科学院，2011 年。
赵罡：《吉林省农业信息化研究》，博士学位论文，吉林大学，2008 年。
赵琨：《农业机械化发展对中国农业经济发展方式转变的影响研究》，博士学位论文，黑龙江八一农垦大学，2014 年。

中文其他文献

陈秧分、但文红：《地方财政支农与农业生产效率改进：基于省级面板数据的经验分析》，中国土地资源可持续利用与新农村建设学术研讨会，重庆，2008 年 7 月。
高润宝：《“两型”社会建设与“两型”农业发展浅析》，2009 年促进中部崛起专家论坛暨第五届湖北科技论坛，武汉，2009 年 11 月。
《大力健全农业科技推广体系建设，主动应对农业供给侧结构性改革》，《人民政协报》2016 年 12 月 10 日第 3 版。

中国共产党十八大报告《坚定不移走中国特色社会主义道路，夺取中国特色社会主义新胜利》，2012 年。

中国共产党十九大报告《决胜全面建成小康社会，夺取新时代中国特色社会主义伟大胜利》，2017 年。

英文著作

Davis, H. S., *Productivity Accounting*, Pennsylvania: Industrial Research Unit, Wharton School, University of Pennsylvania, 1978.

IPCC., *Climate Change: Mitigation of Climate Change: Contribution of Working Group III to the Fourth Assessment Report of the Intergovernmental Panel on Climate Change*, Cambridge: Cambridge University Press, 2007.

Schultz, T. W., *Transforming Traditional Agriculture*, New Haven CT: Yale University Press, 1964.

英文期刊

Adrian, A. M., Norwood, S. H., Mask, P. L., "Producers' perceptions and Attitudes Toward Precision Agriculture Technologies", *Computers and Electronics in Agriculture*, Vol. 48, 2005.

Amarea, M., Jensen, N. D., Shiferaw, B., et al., "Rainfall Shocks and Agricultural Productivity: Implication for Rural Household Consumption", *Agricultural Systems*, Vol. 166, 2018.

Arellano, M., Bond, S., "Some Tests of Specification for Panel Data: Monte Carlo Evidence and an Application to Employment Equations", *Review of Economic Studies*, Vol. 58, No. 2, 1991.

Arellano, M., Bover, O., "Another Look at the Instrumental Variable Estimation of Error - components Models", *Journal of Econometrics*, Vol. 68, No. 1, 1995.

Balafoutis, A., Beck, B., Fountas, S., et al., "Precision Agriculture Technologies Positively Contributing to GHG Emissions Mitigation, Farm Productivity and Economics", *Sustainability*, Vol. 9, No. 8, 2017.

Baldoni, E. , Coderoni, S. , Esposti, R. , "The Complex Farm - level Relationship between Environmental Performance and Productivity: The Case of Carbon Footprint of Lombardy Farms", *Environmental Science & Policy*, Vol. 89, 2018.

Battese, E. , Coelli, T. , "A Model of Technical Inefficiency Effects in Stochastic Frontier Production for Panel Data", *Empirical Economics*, Vol. 20, 1995.

Battese, G. E. , O' Donnell, C. J. , Rao, D. S. P. , "A Meta - frontier Frameworks Production Function for Estimation of Technical Efficiency and Technology Gap for Firms Operating under Different Technology", *Journal of Productivity Analysis*, Vol. 21, No. 1, 2004.

Barro, R. , Sala - i - Martin, X. , "Convergence", *The Journal of Political Economy*, Vol. 100, 1992.

Bond, S. R. , "Dynamic Panel Data Models: A Guide to Micro Data Methods and Practice", *Portuguese Economic Journal*, Vol. 1, No. 2, 2002.

Chung, Y. H. , Fare, R. , Grosskopf, S. , "Productivity and Undesirable Outputs: A Directional Distance Function Approach", *Journal of Environmental Management*, Vol. 51, 1997.

Cecchini, L. , Venanzi. S. , Pierri, A. , et al. "Environmental Efficiency Analysis and Estimation of CO_2, Abatement Costs in Dairy Cattle Farms in Umbria (Italy): a SBM - DEA Model with Undesirable Output", *Journal of Cleaner Production*, Vol. 197, 2018.

Chen, P. C. , Yu, M. M. , Chang, C. C. , et al. , "Total Factor Productivity Growth in China' s Agricultural Sector", *China Economic Review*, Vol. 19, No. 4, 2008.

Charnes, A. , Cooper W. W. , Rhodes, E. , "Measuring the Efficiency of Decision Making Units", *European Journal of Operational Research*, Vol. 2, No. 6, 1978.

Chiu, C. R. , Liou, J. L. , Wu, P. I. , et al. , "Decomposition of the Environment Inefficiency of the Metafrontier with Undesirable Output",

Energy Economics, Vol. 34, No. 5.

Coelli, T. J., Prasada, R. D. S., "Total Factor Productivity Growth in Agriculture: A Malmquist Index Analysis of 93 Countries, 1980 - 2000", *Agricultural Economics*, Vol. 32, 2005.

Dagum, C., "A New Approach to the Decomposition of the Gini Income Inequality Ratio", *Empirical Economics*, Vol. 22, No. 4, 1997.

Evert, F. V., Gaitán - Cremaschi, D., Fountas S., et al., "Can Precision Agriculture Increase the Profitability and Sustainability of the Production of Potatoes and Olives?", *Sustainability*, Vol. 9, No. 10, 2017.

Falavigna, G., Manello, A., Pavone, S., "Environmental Efficiency, Productivity and Public Funds: The Case of the Italian Agricultural Industry", *Agricultural Systems*, Vol. 121, No. 4, 2013.

Farrell, M. J., "The Measurement of Production Efficiency", *Journal of Royal Statistical Society*, Vol. 120, No. 3, 1957.

Färe, R., Grosskopf, S., et al., "Productivity Changes in Swedish Pharmacies 1980 - 1989: A Non - parametric Malmquist Approach", *Journal of Productivity Analysis*, Vol. 3, 1992.

Fan, S., Pardy, P. G., "Research Productivity and Output Growth in Chinese Agriculture", *Journal of Development Economics*, Vol. 53, No. 1, 1997.

Fare, R., Grosskopf, S., Norris, M., Zhang, Z., "Productivity Growth, Technical Progress and Efficiency Change in Industrialized Countries", *American Economic Review*, Vol. 87, 1994.

Fare, R., Grosskopf, Shawna, Pasurka, Carl, "Accounting for Air Pollution Emissions in Measuring State Manufacturing Productivity Growth", *Journal of Regional Science*, Vol. 44, 2001.

Granlund, K., Rankinen, K., Etheridge R., et al., "Ecological Recycling Agriculture Can Reduce Inorganic Nitrogen Losses - model Results from Three Finnish Catchments", *Agricultural Systems*,

Vol. 133, 2015.

Grilliches, Z., “Hybrid Corn: An Exploration in the Economics of Technological Change”, *Econometrica*, Vol. 25, No. 4, 1957.

Hoang, V. N., Coelli, T., “Measurement of Agricultural Total Factor Productivity Growth Incorporating Environmental Factors: A Nutrients Balance Approach”, *Journal of Environmental Economics & Management*, Vol. 62, No. 3, 2011.

Han, H. B., Zhong Z. Q., Wen, C. C., Sun, H. G., “Agricultural Environmental Total Factor Productivity in China under Technological Heterogeneity: Characteristics and Determinants”, *Environmental Science and Pollution Research*, Vol. 25, No. 32, 2018.

Han, H., Zhong, Z., Guo, Y., et al., “Coupling and Decoupling Effects of Agricultural Carbon Emissions in China and Their Driving Factors”, *Environmental Science and Pollution Research*, Vol. 25, No. 25, 2018.

Hansen, B. E., “Threshold Effects in Non – dynamic Panels: Estimation, Testing and Inference”, *Journal of Econometrics*, Vol. 93, No. 2, 1999.

Key, N., “Farm Size and Productivity Growth in the United States Corn Belt”, *Food Policy*, Vol. 84, 2018.

Lin, B., Fei, R., “Regional Differences of CO_2 Emissions Performance in China’ s Agricultural Sector: A Malmquist Index Approach”, *European Journal of Agronomy*, Vol. 70, 2015.

Lio, M., Liu M. C., “Governance and Agricultural Productivity: A Cross – national Analysis”, *Food Policy*, Vol. 33, No. 6, 2008.

Leibenstein, H., “Allocative Efficiency VS ‘X – Efficiency’”, *The American Economy Review*, Vol. 56, No. 3, 1996.

Lau, L. J., Yotopoulos, P., “A Test for Relative Efficiency and Application to Indian Agriculture”, *American Economic Review*, Vol. 61, 1971.

Liu, H., Lin, B., "Ecological Indicators for Green Building Construction", *Ecological Indicators*, Vol. 67, 2016.

Lin, B., Tan, R., "Ecological Total – factor Energy Efficiency of China's Energy Intensive Industries", *Ecological Indicators*, Vol. 70, 2016.

Liu, H. X., Lin, B. Q., "Ecological Indicators for Green Building Construction", *Ecological Indicators*, Vol. 34, No. 5, 2016.

Lucas, Robert E., "On the Mechanics of Economic Development", *Journal of Monetary Economics*, Vol. 22, No. 1, 1988.

Malmquist, S., "Index Numbers and Indifference Curves", *Trabajos de Estatistica*, Vol. 4, No. 1, 1953.

Miller, S. M., Upadhyay M. P., "Total Factor Productivity and the Convergence Hypothesis", *Journal of Macroeconomics*, Vol. 24, No. 2, 2002.

Mamatzakis, E. C., "Public Infrastructure and Productivity Growth in Greek Agriculture", *Agricultural Economics*, Vol. 29, 2003.

Norton, L. R., "Is It Time for a Socio – ecological Revolution in Agriculture?" *Agriculture Ecosystems & Environment*, Vol. 235, 2016.

Oh, D. H., Heshmati, A. A, "Sequential Malmquist – Luenberger Productivity Index: Environmentally Sensitive Productivity Growth Considering the Progressive Nature of Technology", *Energy Economics*, Vol. 32, No. 6, 2010.

O'Donnell, C. J., Rao, D. S. P., Battese, G. E., "Meta – frontier Frameworks for the Study of Firm – level Efficiency and Technology Ratios", *Empirical Economics*, Vol. 34, No. 2, 2008.

Oh, D. H., Lee, J. D., "A Metafrontier Approach for Measuring Malmquist Productivity Index", *Empirical Economics*, Vol. 38, 2010.

Oh, D. H., "A Metafrontier Approach for Measuring an Environmentally Sensitive Productivity Growth Index", *Energy Economics*, Vol. 32, No. 1, 2010.

Onofri, A., Fulginiti, L. E., "Public Inputs and Dynamic Producer Behavior: Endogenous Growth in U. S. Agriculture", *Journal of Productivity Analysis*, Vol. 30, No. 1, 2008.

Rasul, G., Thapa, G. B., "Sustainability Analysis of Ecological and Conventional Agricultural Systems in Bangladesh", *World Development*, Vol. 31, No. 10, 2003.

Romeo, G. Teruel, Yoshimi K., "Public Infrastructure and Productivity Growth in Philippine Agriculture, 1974 – 2000", *Journal of Asian Economics*, Vol. 16, 2005.

Sheng, Y., Xu, X. P., "The Productivity Impact of Climate Change: Evidence from Australia' s Millennium Drought", *Economic Modelling*, Vol. 76, 2018.

Solow, R. M., "Technical Change and the Aggregate Production Function", *The Review of Economics and Statistics*, Vol. 39, No. 3, 1957.

Tamirat, T. W., Pedersen, S. M., Lind, K. M., "Farm and Operator Characteristics Affecting Adoption of Precision Agriculture in Denmark and Germany", *Acta Agriculturae Scandinavica, Section B – Soil & Plant Science*, Vol. 68, 2017.

Tapio, P., "Towards a Theory of Decoupling: Degrees of Decoupling in the EU and the Case of Road Traffic in Finland between 1970 and 2001", *Journal of Transport Policy*, Vol. 12, No. 2, 2005.

Tone, K., "A Slacks – based Measure of Efficiency in Data Envelopment Analysis", *European Journal of Operational Research*, Vol. 130, No. 3, 2001.

Tulkens, H., Vanden Eeckaut, P., "Non – parametric Efficiency, Progress and Regress Measures for Panel Data: Methodological Aspects", *European Journal of Operational Research*, Vol. 80, No. 3, 1995.

ülo, Mander, Mikk M., Külvik M., "Ecological and Low Intensity Agriculture as Contributors to Landscape and Biological Diversity", *Landscape & Urban Planning*, Vol. 46, 1999.

Vlontzos, G., Niavis. S., Pardalos, P., "Testing for Environmental

Kuznets Curve in the EU Agricultural Sector through an Eco - (in) Efficiency Index", *Energies*, Vol. 10, No. 12, 2017.

Wang, S. L., Mcphail, L., "Impacts of Energy Shocks on US Agricultural Productivity Growth and Commodity Prices—A Structural VAR Analysis", *Energy Economics*, Vol. 46, 2014.

Wang, Y., Shen, N., "Agricultural Environmental Efflciency and Agricultural Environmental Kuznets Curve Based on Technological Gap: the Case of China", *Polish Journal of Environmental Studies*, Vol. 25, No. 3, 2016.

Wang, J. Y., Wang, S. J., Chen, Y., "Leaching Loss of Nitrogen in Double - rice - cropped Paddy Fields in China", *Acta Agriculturae Zhejiangensis*, Vol. 7, No. 3, 1995.

West, T. O., Marland, G., "A Synthesis of Carbon Sequestration, Carbone Missions, and Net Carbon Flux in Agriculture: Comparing Tillage Practices in the United States", *Agriculture Ecosystems and Environment*, Vol. 91, 2002.

Wu, S. X., David, W., Stephen, D., et al., "Productivity Growth and Its Components in Chinese Agriculture after Reform", *Review of Development Economics*, Vol. 5, No. 3, 2001.

Xie H., Zhang Y., Choi Y., "Measuring the Cultivated Land Use Efficiency of the Main Grain - Producing Areas in China under the Constraints of Carbon Emissions and Agricultural Nonpoint Source Pollution", *Sustainability*, Vol. 10, No. 6, 2018.

Xue, S., Yang, T., Zhang, T., et al., "Spatial Effect and Influencing Factors of Agricultural Water Environmental Efficiency in Chian", *Applied Ecology And Environmental Research*, Vol. 16, No. 4, 2018.

Yu, S., Chancellor, W., "Exploring the Relationship between Farm Size and Productivity: Evidence from the Australian Grains Industry", *Food Policy*, Vol. 84, 2018.

Zhang, N., Zhang. G., Li, Y., "Does Major Agriculture Production Zone

Have Higher Carbon Efficiency and Abatement Cost under Climate Change Mitigation?”, *Ecological Indicators*, Vol. 105, 2017.

Zhou, P., Ang, B. W., Poh, K. L., “Slacks – based Efficiency Measures for Modeling Environmental Performance”, *Ecological Economics*, Vol. 60, 2006.

Zhang, N., Kong, F., Yu, Y., “Measuring Ecological Total – factor Energy Efficiency Incorporating Regional Heterogeneities in China”, *Ecological Indicators*, Vol. 51, 2015.

英文会议

Tone, K., “Dealing with Undesirable Outputs in DEA: A Slacks – based Measure (SBM) Approach”, *North American Productivity Workshop 2004*, Toronto, 23 –25 June 2004.

后　记

本书相关研究得到国家社会科学基金一般项目“两型农业全要素生产率增长的时空演变及驱动”（14BTJ014）的资助。笔者在撰写本书的过程中，得益于郝珍珍博士、文长存博士的宝贵意见和相关资料，谨致谢意。此外，作者指导的硕士研究生张晓雨、牛可萌和吴伟波等同学参与了本书的校稿工作，在此表示感谢。

最后，需要说明的是，限于作者水平有限，时间紧迫，本书难免存在诸多不足、遗漏甚至错误，恳请同行专家和读者给予批判指正。

韩海彬

2019 年 12 月